事例で学ぶ！

事業承継支援

完全マニュアル

経営・手続き・後継者の
3つの側面

公認会計士・税理士
岸田 康雄●著

ロギカ書房

はじめに

～事業承継支援は「問題を見つけること」がすべて～

　事業承継支援の正しい取組みは、お客様が抱える問題を正しく見つけることです。問題を正しく定義することができれば、事業承継問題の半分以上は解決できたようなものです。

　これまでの事業承継支援の取組みが、期待されるほどの成果を生み出さなかった理由は、支援者側の目線で支援していたことにあります。すなわち、お客様側の目線で支援が行われていなかったということです。

　生命保険契約を売りたい生命保険セールスマン、融資や投資信託を売りたい銀行員、資産税サービスを売りたい税理士、いずれも支援者側の商品・サービスを販売することを目的とし、取り扱う分野に関連した支援を提案し、実行してきました。「事業承継」をタイトルとする専門書も、ほとんどがこのような目線で書かれています。

　しかし、お客様側に立ってみますと、本当に解決すべき問題が他にあったということがあります。事業戦略の見直しが求められるお客様に、遺産分割問題が重要だからと生命保険を契約させられるケース、節税策など必要のないお客様に、融資による株式の買取りスキームが提案されるケースなど、お客様が抱える問題の本質は無視し、支援者側の商品・サービスに係る問題点だけしか見ていないケースが多く見られます。これでは事業承継の問題を解決したと言うことはできません。

　それでも、何が正しいのかわからないお客様は、それで満足してしまっているのです。結果的に本質的な問題が解決せず、後から問題が顕在化し、トラブルが発生するケースが多く見られます。

　それゆえ、**あるべき支援者の姿は、お客様が抱える問題を、正確かつ網羅的に把握しようとすることです。問題を漏れなく発見することが最大の支援策となります。**

　しかし、事業承継の問題の範囲はとても広く、その専門家と称される人たちであっても、それらを網羅的に把握することは著しく困難でしょう。

　そこで、本書は、事業承継の問題の有無を確認すべき領域を「フレームワーク」として整理し、全体像を明らかにすることとしました。

　事業承継の問題は、大別しますと、**企業経営の問題、後継者人材のメンタルな問題、経営資源の移転手続きの問題**、この３つに大別されます。支援者は、これら３つの分野のすべての典型論点を調査し、問題の有無を探らなければいけません。後継者キャリアの専門家であっても、Ｍ＆Ａの譲渡手続きの問題点を指摘しなければいけません。資産税の税理士であっても、社長のリーダーシップの問題点を指摘できなければいけません。幅広く、網羅的な観点とその支援が求められるのです。

　このような事業承継支援は、容易に行うことができるものではありません。そこで、

はじめに　i

本書の「フレームワーク」を参照しながら、支援すべき領域に漏れがないか、その都度、確認していただきたいのです。どのようなケースでも、見落としてる領域が必ずあるはずです。漏れなく問題点を見つけること、それに注力していただきたいのです。

　問題を正しく把握するには、お客様の立場にどれだけなりきれるかが勝負です。お客様の考え方や気持ちを理解するためには、お客様に共感して相互の信頼関係を築き、お客様の心の底にあるものを掘り起こさなければいけません。また、相談に来られたお客様だけでなく、ご家族や従業員、メインバンク、顧問税理士などの関係者にヒアリングして、可能なかぎり多くの情報を収集しなければいけません。

　事業承継の支援者が、本書の「フレームワーク」を活用することによって、より多くの事業承継問題を解決されるようになることを祈ります。

　最後に、本書を企画時から刊行まで担当していただいた株式会社ロギカ書房の橋詰守氏には心より感謝を申し上げます。

2019 年 1 月

公認会計士　岸田　康雄

目 次

はじめに
本書の利用方法

第1章　事業承継支援概論

1. 事業承継の支援が求められる3つの側面 ……………………………………… 2
2. 事業承継フレームワーク …………………………………………………………… 5
（1）課題のマトリックス　5
（2）親族内承継の課題　10
　【A-1】親族内承継の知的資産に関する課題　10
　【A-2】親族内承継の事業戦略に関する課題　14
　【A-3】親族内承継の後継者キャリアに関する課題　16
　【A-4】親族内承継の後継者のリーダーシップに関する課題　20
　【A-5】親族内承継の経営管理に関する課題　26
　【A-6】親族内承継の支配権移転に関する課題　29
　【A-7】親族内承継の債務移転に関する課題　35
（3）従業員承継の課題　39
　【B-1】従業員承継の知的資産に関する課題　39
　【B-2】従業員承継の事業戦略に関する課題　40
　【B-3】従業員承継の後継者キャリアに関する課題　41
　【B-4】従業員承継の後継者のリーダーシップに関する課題　44
　【B-5】従業員承継の経営管理に関する課題　45
　【B-6】従業員承継の支配権移転に関する課題　46
　【B-7】従業員承継の債務移転に関する課題　49
（4）第三者承継の問題　50
　【C-1】第三者承継の知的資産に関する課題　50
　【C-2】第三者承継の事業戦略に関する課題　52
　【C-3】第三者承継の後継者キャリアに関する課題　55
　【C-4】第三者承継の後継者のリーダーシップに関する課題　56
　【C-5】第三者承継の経営管理に関する課題　57
　【C-6】第三者承継の支配権移転に関する課題　58
　【C-7】第三者承継の債務移転に関する課題　61
3. コンサルティング業務の獲得 ……………………………………………………… 64
（1）事業承継支援の専門家は誰か　64

（2）専門家のセールス活動　69

（3）顧客との信頼関係を築く方法　72

（4）顧客に対する質問のテクニック　74

４．対話による課題発見と支援者の役割 ……………………………………… 76
事例

―解説―

【問１】事業承継の必要性の認識　78

【問２】事業承継の進め方　79

【問３】様々な支援者　81

第２章　親族内承継

１．贈与税の納税猶予制度（一般措置）……………………………………… 86
事例

―解説―

【問１】事業承継の検討の順番　87

【問２】納税猶予制度（一般措置）の内容　88

２．贈与税の納税猶予制度（特例措置）……………………………………… 90
事例

―解説―

【問１】事業承継税制の適用要件　91

【問２】納税猶予制度（特例措置）の内容　92

【問３】事業承継税制の適用期間　99

【問４】「特例承継計画」の書き方　100

特例承継計画書式　101

【問５】後継者へ贈与すべき株式の最低数　104

【問６】認定申請書および年次報告書の提出期間　105

【問７】事業承継税制適用の取消し　106

３．事業承継税制の応用論点 Q&A ……………………………………… 107
質問１　相続時精算課税制度　107

質問２　先代経営者以外の第三者からの贈与　107

質問３　一般措置を適用済み①：残された株式に対する特例措置の適用　107

質問４　一般措置を適用済み②：株主の追加と特例措置の適用　108

質問５　一般措置を適用済み③：相続時における特例措置への切り替え　108

質問６　複数の後継者　108

質問７　特例承継計画①：特例後継者の増減　109

質問8 特例承継計画②：特例承継計画書の作成方法　109

　　　　事業承継計画ワークシート　110

4. 相続税の納税猶予制度（計算例）⋯⋯⋯⋯⋯⋯⋯⋯⋯⋯⋯⋯⋯⋯⋯⋯⋯⋯⋯　111

計算例① 非上場株式とその他財産を相続するケース　111

計算例② 非上場株式のみ相続するケース　113

計算例③ 非上場株式とその他財産を相続するケース　114

計算例④ 非上場株式のみ相続するケース　115

5. 経営承継円滑化法と財産承継対策⋯⋯⋯⋯⋯⋯⋯⋯⋯⋯⋯⋯⋯⋯⋯⋯⋯⋯　116

事例

　―解説―

　【問1】資産保有型会社と資産運用型会社の定義　118

　【問2】事業承継税制を適用するための事業実態要件　121

　【問3】株式買取りによる株式承継のメリット・デメリット　122

6. 金融機関からの資金調達⋯⋯⋯⋯⋯⋯⋯⋯⋯⋯⋯⋯⋯⋯⋯⋯⋯⋯⋯⋯⋯⋯　125

事例

　―解説―

　【問1】税務上の退職金の金額　126

　【問2】承継スキームの提案：純資産が大きく借入金が小さいケース　127

　【問3】承継スキームの提案：純資産が小さく借入金が大きいケース　130

7. ファミリー・ビジネスの基本⋯⋯⋯⋯⋯⋯⋯⋯⋯⋯⋯⋯⋯⋯⋯⋯⋯⋯⋯⋯　133

事例

　―解説―

　【問1】支配権確保の難しさ　134

　【問2】持株会社体制による支配権の安定性　140

8. コーポレート・ガバナンスと経営革新⋯⋯⋯⋯⋯⋯⋯⋯⋯⋯⋯⋯⋯⋯⋯⋯　142

事例（大塚家具の例）

　―解説―

　【問1】後継者による経営革新　149

　　（参考）新しいビジネスモデルの創造　149

　　（参考）事業成長の方向性（アンゾフの成長マトリックス）　150

　【問2】社債発行による株式の買取りスキームの妥当性　150

　【問3】日本企業のコーポレート・ガバナンス　151

　【問4】引退しようとしない経営者　152

9. 経営環境の変化への適応⋯⋯⋯⋯⋯⋯⋯⋯⋯⋯⋯⋯⋯⋯⋯⋯⋯⋯⋯⋯⋯⋯　155

事例

　―解説―

　【問1】経営環境に適合していない事業の承継　156

【問2】経営環境に適合しているが継ぎたくない事業の承継　157

10. 少数株主 ⋯⋯⋯⋯⋯⋯⋯⋯⋯⋯⋯⋯⋯⋯⋯⋯⋯⋯⋯⋯⋯⋯⋯⋯⋯⋯⋯⋯⋯⋯ 159

事例

―解説―

【問1】少数株主と支配権の分散　161

【問2】社長交代における支配権確保　162

11. 事業用資産である土地の承継 ⋯⋯⋯⋯⋯⋯⋯⋯⋯⋯⋯⋯⋯⋯⋯⋯⋯⋯⋯⋯ 164

事例

―解説―

【問1】借地権の評価　166

【問2】借地権の評価（無償返還届出書の提出）　168

【問3】相続時の遺留分の計算　169

【問4】小規模宅地等の特例適用（特定同族会社事業用宅地）　170

12. 経営承継と後継者教育 ⋯⋯⋯⋯⋯⋯⋯⋯⋯⋯⋯⋯⋯⋯⋯⋯⋯⋯⋯⋯⋯⋯⋯ 172

事例

―解説―

【問1】後継者に求められる能力　175

【問2】社内教育をするか、他社への修行に出すか　178

【問3】後継者教育のためのキャリア・プラン　180

【問4】後継者に教えるべき「社長の仕事」　182

【問5】事業承継税制・特例承継計画　185

【問6】後継者に求められる経験　185

13. 引退する経営者の気持ち ⋯⋯⋯⋯⋯⋯⋯⋯⋯⋯⋯⋯⋯⋯⋯⋯⋯⋯⋯⋯⋯⋯ 188

事例

―解説―

【問1】社長交代したくない気持ち　189

【問2】引退後のライフプラン　190

第3章　株式評価と事業性評価

1. 株式評価の計算例（1）⋯⋯⋯⋯⋯⋯⋯⋯⋯⋯⋯⋯⋯⋯⋯⋯⋯⋯⋯⋯⋯⋯⋯ 194

事例

―解説―

【問1】会社の規模の判定　196

【問2】類似業種比準価額の計算　197

【問3】純資産価額の計算　198

【問4】 1株当たりの評価額の計算　199

2. 株式評価の計算例（2） 203

事例

―解説―

【問1】 会社規模の判定　205

【問2】 1株当たりの配当額、利益金額の計算　206

【問3】 類似業種比準価額の計算　207

【問4】 1株当たりの評価額の計算　208

【問5】 持株会社に出資される株式の評価額の計算　208

3. 後継者による事業性評価 210

事例

―解説―

【問1】 後継者による事業性評価の重要性　212

【問2】 現経営者との対話の必要性　213

ローカルベンチマーク　214

知的資産経営報告書　218

4. 事業性評価の進め方 224

事例

―解説―

【問1】 商流図を描く　228

【問2】 SWOT 分析を行う　229

【問3】 飲食店の事業性評価　231

第4章　従業員承継

1. 後継者の決意と覚悟 234

事例

―解説―

【問1】 経営者になるメリット・デメリット　235

【問2】 経営者になる前に検討すべき課題　236

2. 過大な債務 241

事例

―解説―

【問1】 債務の承継と放棄　242

第5章　第三者売却

1. 競争入札と株式価値評価 ——————————————————————— 246
　事例
　—解説—
　　【問1】買い手候補先の選定　249
　　【問2】M&A 仲介業者の業務委託契約の問題点　251
　　【問3】M&A 仲介業者方式による株価の計算　252
　　【問4】買い手から提示される株価　254
　　【問5】売り手の利益を犠牲にする M&A 仲介業者　260

2. 取引スキームの選択 ——————————————————————————— 262
　事例
　—解説—
　　【問1】株式譲渡と事業譲渡の相違点　264
　　【問2】売り手が事業譲渡を選好する理由　269
　　【問3】買い手が事業譲渡を選好する理由　270
　　　（参考）M&A 後に残された法人に対する事業承継税制の適用　271

3. 従業員と第三者の選択 ————————————————————————— 273
　事例
　—解説—
　　【問1】従業員承継の検討課題　274
　　【問2】従業員承継を断念すべき場合の対応　275
　　【問3】M&A で売却価格最大化するための戦術　276

4. M&A 売却の準備 ——————————————————————————————— 277
　事例
　—解説—
　　【問1】株式価値の計算方法　282
　　【問2】ＤＣＦ方式における将来キャッシュ・フローの評価　282
　　【問3】M&A 仲介業者方式による計算方法　282
　　【問4】株式譲渡に係る税金と手取額　283
　　【問5】退職金に係る税金と手取額　283
　　【問6】買い手候補に対するアプローチ方法　284

5. M&A 売却の競争入札 ——————————————————————————— 287
　事例
　—解説—
　　【問1】初期的な提案書（会社概要書）の作成　291

【問2】対象事業の情報開示（インフォーメーション・メモランダム）　292

　　　　　秘密保持契約のひな型　293

　　【問3】事業計画書の作成方法　298

　　【問4】買い手候補の選考プロセス　303

　　【問5】意向表明書の記載事項　305

　　【問6】希望売却価格の提示　307

　　【問7】売り手の価格交渉力とは　308

　　【問8】買い手候補が1社の場合の売却価格　310

6. M&Aの応用論点Q&A ————————————————————————— 311

　　質問1　譲渡スキーム　311

　　質問2　アーン・アウト　312

　　質問3　基本合意　313

　　質問4　条件交渉　314

　　質問5　責任の限定　315

　　質問6　クロージング前提条件　316

本書の活用方法

　支援者の立場からの分類として、税理士、中小企業診断士、金融機関の営業担当者、生命保険セールスマンの方々が本書をどのように活用すべきか、以下に記載しました。弱点を補完するという観点から、習得すべき支援スキルを提案しています。

　また、習得したい支援スキルによる分類として、親族内承継または相続対策を支援しようとする方々、親族外承継またはM&Aを支援しようとする方々が本書をどのように活用すべきか、記載しました。

支援者の立場からの分類1【税理士】

改訂版	課題発見フェーズ			課題解決フェーズ				
	企業経営論			後継者論			手続き論	
	知的資産	事業戦略	キャリア	リーダーシップ	管理	支配権（株式）	債務
親族内	A-1	A-2	A-3	A-4	A-5	A-6	A-7
	習得すべき					得意	
従業員	B-1	B-2	B-3	B-4	B-5	B-6	B-7
第三者	C-1	C-2	C-3	C-4	C-5	C-6	C-7

＜税理士の得意分野＞

A-6、A-7、B-6、B-7

　手続き論に含まれる株式や事業用資産の移転手続きは、税務と法務に関連する課題ですので、税務の専門家である税理士の得意分野となります。債務移転についても、決算

本書の活用方法　xi

書を作成し、企業財務を日常的に取り扱う税理士であれば、対応できるはずです。従業員承継では、株式買取りの資金調達の課題が出てきますが、日本政策金融公庫の創業融資などを取り扱う税理士であれば、対応できるはずです。

＜税理士が習得すべき支援スキル＞

支援スキル	本書で読むべき事例
A-1、A-2 B-1、B-2 C-1、C-2	第1章 4.「対話による課題発見と支援者の役割」 第2章 8.「コーポレート・ガバナンスと経営革新」 　　　 9.「経営環境の変化への適応」 第3章 3.「後継者による事業性評価」 　　　 4.「事業性評価の進め方」

　事業承継支援のスタートは、お客様との対話を通じて現経営者に事業承継の必要性に気づきを与え、後継者に事業承継の決意と覚悟を促すことです。この支援ができないのであれば、税務の専門知識と経験を提供する機会はやってきません。それゆえ、現経営者や後継者との対話で不可欠な「企業経営論」を習得しなければいけません。

　この点、決算書・申告書の作成というデスクワークに長年従事しているサラリーマン税理士は、企業経営者が抱える事業戦略や経営管理の悩み、経営者個人の生き方といったメンタルな問題を理解できないかもしれません。しかし、税理士事務所を自ら経営している開業税理士であれば、お客様と同じ経営者の立場にあるため、企業経営の課題を理解し、その支援スキルを習得することは可能であるはずです。

支援者の立場からの分類 2【中小企業診断士】

改訂版	課題発見フェーズ			課題解決フェーズ			
	企業経営論		後継者論			手続き論	
	知的資産	事業戦略	キャリア	リーダーシップ	管理	支配権(株式)	債務
親族内	A-1	A-2	A-3	A-4	A-5	A-6	A-7
	得意		習得すべき	得意			
従業員	B-1	B-2	B-3	B-4	B-5	B-6	B-7
第三者	C-1	C-2	C-3	C-4	C-5	習得すべき	

<中小企業診断士の得意分野>

A-1、A-2、B-1、B-2、C-1、C-2、A-4、A-5、B-4、B-5

　企業経営論である事業戦略の立案は、中小企業診断士の得意分野となります。その中に含まれる知的資産の把握と承継についても、各種補助金申請に慣れている中小企業診断士の主力商品と言えるでしょう。同様に、社長の仕事や経営力についても、企業経営論に密接に関連するものですから、経営者を個別指導している中小企業診断士であれば、対応できるはずです。

　これらを支援するためには、現経営者とのコミュニケーションが求められます。すなわち、中小企業診断士は、現経営者との「対話」を得意としているのです。

　このため、事業承継支援で最も重要な課題発見フェーズの支援能力（対話）と経験を備えた中小企業診断士は、支援者の中で中心的な役割を担うことが期待されます。

　なお、C-4 と C-5 は支援対象となりえません。

＜中小企業診断士が習得すべき支援スキル＞

支援スキル	本書で読むべき事例
A-3、B-3、C-3 C-6、C-7	第2章 12.「経営承継と後継者教育」 13.「引退する経営者の気持ち」 第4章 1.「後継者の決意と覚悟」 第5章 1.「競争入札と株式価値評価」 3.「従業員と第三者の選択」 4.「M&A 売却の準備」 5.「M&A 売却の競争入札」

　後継者のキャリア形成などメンタルな側面の支援は、経営者との対話を通じて心情を把握できるという点で、中小企業診断士にとって取り組みやすい分野だと思われます。具体的には、国家資格であるキャリア・コンサルタント資格を取得する、一般社団法人軍師アカデミーを受講することがよいでしょう。

　一般的に事業承継支援と言いますと、税務と法務の話と誤解される傾向にあり、手続き論に踏み込もうとする中小企業診断士が多いようです。しかし、この分野は、付け焼き刃で対応できるものではなく、支援者に重い責任が伴うため、お勧めはできません。ここは公認会計士や税理士など他士業と連携すべきでしょう。

　ただし、手続き論のうち第三者売却については、税務や法務よりも M&A のマッチングと条件交渉が中心課題となるため、M&A の支援スキルを習得することは効果的でしょう。

支援者の立場からの分類３【金融機関の営業担当者】

改訂版	課題発見フェーズ			課題解決フェーズ			
	企業経営論			後継者論		手続き論	
	知的資産	事業戦略	キャリア	リーダーシップ	管理	支配権（株式）	債務
親族内	A-1	A-2	A-3	A-4	A-5	A-6	A-7
	得意					習得すべき	
従業員	B-1	B-2	B-3	B-4	B-5	B-6	B-7
第三者	C-1	C-2	C-3	C-4	C-5	C-6	C-7

＜金融機関の営業担当者の得意分野＞

A-1、A-2、B-1、B-2、C-1、C-2

　金融機関の営業担当者として融資を提供しているのであれば、貸出金の回収可能性の評価は日常業務となるため、事業性評価が得意分野となるはずです。金融機関の融資は保証と担保に依存しすぎだと批判されることも多いですが、今後は事業性評価に基づく融資が求められる趨勢にあります。

　営業担当者は、お客様との関係性構築を仕事としており、そこにコミュニケーション能力が求められることから、現経営者との「対話」を得意としているはずです。このため、事業承継支援で最も重要な課題発見フェーズの支援能力（対話）を持つ営業担当者は、支援者の中で中心的な役割を担うことが期待されます。

＜金融機関の営業担当者が習得すべき支援スキル＞

支援スキル	本書で読むべき事例
A-6、A-7 B-6、B-7 C-6、C-7	第2章 1.「贈与税の納税猶予制度（一般措置）」 　　　 2.「贈与税の納税猶予制度（特例措置）」 　　　 3.「事業承継税制の応用論点」 　　　 4.「相続税の納税猶予制度」 　　　 11.「事業用資産である土地の承継」 第3章 1.「株式評価の計算例（1）」 　　　 2.「株式評価の計算例（2）」 第4章 2.「過大な債務」 第5章 1.「競争入札と株式価値評価」 　　　 2.「取引スキームの選択」 　　　 3.「従業員と第三者の選択」 　　　 4.「M&A 売却の準備」 　　　 5.「M&A 売却の競争入札」

　支配権移転や債務移転は、融資先の信用力が大きく変動する局面ですので、金融機関の営業担当者は嫌でも関与しなければいけません。M&A も同様です。したがって、営業担当者は、手続き論の支援スキルを習得することが求められます。具体的には、一級ファイナンシャル・プランニング技能士の資格を取得するなど、広く浅い知識を習得し、税理士や弁護士と密接に連携できるようになることが求められます。

支援者の立場からの分類 4【生命保険セールスマン】

改訂版	課題発見フェーズ			課題解決フェーズ			
	企業経営論		後継者論			手続き論	
	知的資産	事業戦略	キャリア	リーダーシップ	管理	支配権(株式)	債務
親族内	A-1	A-2	A-3	A-4	A-5	A-6	A-7
	習得すべき		得意				
従業員	B-1	B-2	B-3	B-4	B-5	B-6	B-7
第三者	C-1	C-2	C-3	C-4	C-5	C-6	C-7

＜生命保険セールスマンの得意分野＞

A-3、B-3、C-3

　生命保険を販売しているのであれば、お客様個人のライフプランの理解と提案が日常業務となるため、経営者個人のキャリア形成の話は慣れているはずです。

　また、生命保険セールスマンは、お客様との関係性構築を仕事としており、そこにコミュニケーション能力が求められることから、現経営者との「対話」を得意としているはずです。お客様の気持ちを理解して、親密な信頼関係を構築する能力を持っているのです。それゆえ、経営者個人の人生相談は得意としていることでしょう。このため、課題発見フェーズの中でも重要な後継者キャリア形成の支援能力（対話）を持つ生命保険セールスマンは、支援者の中で重要な役割を担うことが期待されます。

＜生命保険セールスマンが習得すべき支援スキル＞

支援スキル	本書で読むべき事例
A-1、A-2 B-1、B-2 C-1、C-2	第1章 4.「対話による課題発見と支援者の役割」 第2章 8.「コーポレート・ガバナンスと経営革新」 9.「経営環境の変化への適応」 第3章 3.「後継者による事業性評価」 4.「事業性評価の進め方」

　事業承継支援のスタートは、お客様との対話を通じて現経営者に事業承継の必要性に気づきを与え、後継者に事業承継の決意と覚悟を促すことです。この支援ができないのであれば、生命保険を販売するチャンスを獲得することはできません。それゆえ、現経営者や後継者との対話で不可欠な「企業経営論」を習得しなければいけません。

　一般的に事業承継支援と言いますと、税務と法務の話と誤解される傾向にあり、手続き論に踏み込もうとする生命保険セールスマンが多いようです。「相続・事業承継コンサルタント」と称して、あたかも手続き論の専門家のように振る舞っている生命保険セールスマンを巷で多く見かけます。しかし、この分野は、付け焼き刃で対応できるものではなく、支援者に重い責任が伴うため、お勧めはできません。ここは公認会計士や税理士など他士業と連携すべきでしょう。

　この点、大手企業を卒業して、個人事業主として保険代理店を経営している生命保険セールスマンであれば、お客様と同じ経営者の立場にあるため、企業経営の課題を理解し、その支援スキルを習得するは可能であるはずです。

　特に、マーケティングやセールスについてことは、他の専門家よりも高い能力と豊富な経験を持っているため、販促など営業戦略の立案を支援したり、ビジネス・マッチングの機会を提供したりするなど、事業戦略の課題に対する支援スキルを習得することは可能でしょう。

習得したい支援スキルからの分類1
【親族内承継または相続対策の支援スキルを身につけたい！】

改訂版	課題発見フェーズ			課題解決フェーズ			
	企業経営論			後継者論		手続き論	
	知的資産	事業戦略	キャリア	リーダーシップ	管理	支配権（株式）	債務
親族内	A-1	A-2	A-3	A-4	A-5	A-6	A-7
従業員	B-1	B-2	B-3	B-4	B-5	B-6	B-7
第三者	C-1	C-2	C-3	C-4	C-5	C-6	C-7

習得すべき

支援スキル	本書で読むべき事例
A-1～A-7 B-1～B-7	第2章「親族内承継」 第3章「株式評価と事業性評価」 第4章「従業員承継」

　本書の章立ては、基本的に事業承継の方向性によるものです。第2章に親族内承継の事例がまとめられているので、こちらを中心に読んでください。また、親族内承継における株式評価は、第3章Ⅰ「株式評価の計算例（1）」およびⅡ「株式評価の計算例（2）」で説明する税法（財産評価基本通達）の計算方式（相続税評価）を使うことになります。これは、M&Aの対価の支払いを想定した株式価値評価とは異なるものです。必ず習得しておきましょう。

　親族内承継の方向に進んでいたお客様が、後継者候補が継ぐことを拒否したなどの事情によって、それを断念する場合、すぐに第三者売却（M&A）に転換せず、代替案として従業員承継を検討します。それゆえ、第4章の従業員承継の事例も併せて読んでおきましょう。

本書の活用方法　xix

なお、本書では記載しておりませんが、従業員に経営を承継しつつ、親族に支配権を承継（株式を相続）するケース、すなわち「所有と経営の分離」の体制が見られることがあります（ただし、問題がある方向性ですので、避けるべきです）。親族内承継と従業員承継の両方を理解しておく必要があるでしょう。

習得したい支援スキルからの分類 2
【親族外承継または M&A の支援スキルを身につけたい！】

改訂版	課題発見フェーズ			課題解決フェーズ			
	企業経営論			後継者論		手続き論	
	知的資産	事業戦略	キャリア	リーダーシップ	管理	支配権（株式）	債務
親族内	A-1	A-2	A-3	A-4	A-5	A-6	A-7
従業員	B-1	B-2	B-3	B-4	B-5	B-6	B-7
第三者	C-1	C-2	C-3	C-4	C-5	C-6	C-7

習得すべき

支援スキル	本書で読むべき事例
B-1〜 B-7	第 4 章「従業員承継」
C-1〜 C-7	第 5 章「第三者売却」

　本書では第 5 章に第三者売却（M&A）の事例がまとめられているので、こちらを中心に読んでください。親族内承継と第三者売却では、求められる支援スキルが大きく異なります。M&A 特有の課題をしっかりと理解しておく必要があるでしょう。特に、第 5 章 1.「競争入札と株式価値評価」には、親族内承継における株式評価と異なる M&A 株価の計算方法が説明されていますので、必ず習得しておきましょう。

　従業員承継の方向に進んでいたお客様が、後継者候補が継ぐことを拒否したなどの事情によって、それを断念する場合、結果として第三者売却（M&A）が選択されます。株式など支配権を有償で売却する取引が行われるという点は、従業員承継と第三者売却において共通します。従業員承継は、買い手が従業員である M&A と考えることもできるでしょう。それゆえ、第 4 章の従業員承継の事例も併せて読んでおきましょう。

本書の活用方法　xxi

ちなみに、3つの方向性のうち最も難易度が高いのは、「従業員承継」です。これには後継者論において大きなハードルがあります。従業員は「後継者になる」決意を容易に固めることができず、サラリーマンから経営者に転身して「リーダーシップを発揮し、経営管理を行う」ようになることが難しいからです。従業員承継に向かうお客様を支援するケースは、慎重に支援するよう心掛けてください。

第1章

事業承継支援概論

1. 事業承継の支援が求められる3つの側面

　事業承継は、**企業経営者の立場（社長）の交代**であり、後継者が社長に就任して、企業経営を引き継ぐことです。また、事業承継は、**経営者の地位を裏付ける財産（株式）を移転すること**でもあります。これを支援するということは、**経営の承継**と**後継者の育成**及び**財産の承継**という3つの側面から助言を行うということです。

　そのためには、企業経営を理解し、事業の存続・成長を導かなければなりません。また、経営者になろうとする後継者の気持ちを理解し、そのキャリア・プランの選択を促したうえで、社長になるという人生最大の意思決定をサポートしなければなりません。同時に、個人財産の移転の手続きやそれに伴う税務や法務を考える必要があります。さらに、従業員や第三者への承継の場合は、株式の買取りに必要な資金調達という**財務の問題**も絡んできます。

　つまり、事業承継支援には、「事業をどうするか？」という企業経営の問題、「社長人材を創り出すことができるか？」という個人のキャリア選択や後継者育成の問題、「移転手続きはどうするか？」という税務や法務の問題、3つの問題が問われるのです。

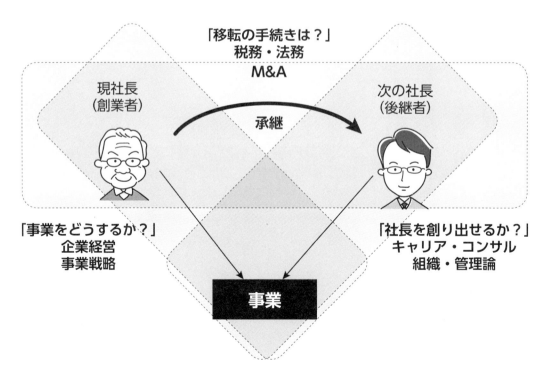

このようにパズルのような様々な問題を解きほぐすためには、各分野の専門家がその専門知識と経験を結集して取り組まなければなりません。そこで、士業連携によって互いに不足する機能を補うことになります。例えば、事業面と後継者キャリア面では中小企業診断士の役割が期待されますが、移転手続き面では弁護士や公認会計士・税理士の役割が期待されます。各機能に強みを持つ複数の士業が相互補完する支援体制を構築することが必要です。

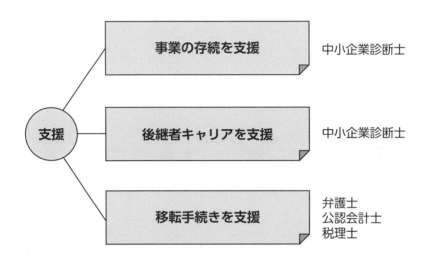

　AIによって、情報革命が本格化してきました。過去において、コンピュータの普及により人間の情報処理能力が上がり、ホワイトカラーの生産性は高まりました。それまでコンピュータに入力されたデータを分析するのは人間の役割でしたが、その仕事をAIが担うようになります。

　将棋や囲碁では既にAIがプロ棋士を上回るようになりましたが、これはルールが明確に規定されているからです。複雑なルールであっても、それが明確であればコンピュータは学習・情報処理能力を駆使して、人間を凌駕するのです。ビジネスの世界で言えば、経理・会計・税務がそうです。経理・会計・税務の仕事は、法律や会計基準といったルールに従うことが重視されます。個性を発揮して勝手な方法でやることは求められていません。

　AIは、目的が明確な仕事は得意です。しかし、目的の背景に多様な価値観があるものについては対応が難しいでしょう。

　例えば、AIに事業承継のアドバイスをさせるとします。このとき目的が、節税額や手取現金を最大化することなのか、遺産分割を円満に行うことなのか、後継者の幸せを追求することなのか、あるいは社会に貢献できる企業を築き上げることなのか、事業承継の当事者ですら理解できていません。目的によって適切なアドバイスは変わってきますが、AIは価値観をすりあわせて目的を設定することができません。そこは人間の役割であり、今後もそれは変わらないでしょう。

　将来、公認会計士や税理士の仕事は、半分が消える可能性があります。法律や会計基

準に照らして情報処理するだけなら AI で代替できるからです。一方、経営コンサルタントは残ります。経営コンサルタントは、ルールを遵守した情報処理を行う以前に、経営者個人の気持ちに共感して、感情面をコントロールしたり、複数の人間の利害関係や感情を調整したりする必要があります。そのためには、法律や金銭など経済合理性を超えた、リアルなコミュニケーションが求められます。ともに喜び、悲しみ、笑うことで人の心は動くのです。そういった感情論の伴うコミュニケーションは、人間に残された最後の領域の1つです。そして、全体を見て総合的な判断を下す力は AI には簡単に代替されません。物事を幅広く見る視野の広さや、離れたものを結びつける発想力です。

　事業承継支援は、税務や法務だけでなく、企業経営、後継者キャリアという広い領域に及ぶ複雑な総合格闘技であるため、AI で代替することは不可能でしょう。公認会計士や税理士は、このような経営コンサルティングの分野に進むべきではないでしょうか。

2.
事業承継フレームワーク

（1）課題のマトリックス

　事業承継フレームワークは、中小企業の事業承継の際に発生する**課題（論点、解決すべき問題点）**を整理したものです。事業承継に伴って発生する課題は多岐にわたるため、すべてを把握するのは困難です。また、1つの課題を見つけ、それを解決できたとしても、他の課題の把握が漏れていたために事業承継に失敗してしまうケースが多々あります。そこで、事業承継に伴う課題を漏れなく把握するために、全体像をここに整理してみました。それが以下のマトリックスとなります。

　承継先には3つの方向（親族内、従業員、第三者）がありますが、いずれにしても、発生する論点は3つの側面（企業経営、後継者育成、移転手続き）に切り分けることができます。ここでは、これら3つの側面を細分化して、**7つの側面（知的資産、事業戦略、キャリア、リーダーシップ、経営管理、支配権、債務）**に切り分けますと、合計して21個（＝3×7）のカテゴリーを設けることができます。これをマトリックス形式で表示したものが、事業承継フレームワークです。

事業承継フレームワークのマトリックス
何を継ぐのか？

改訂版	課題発見フェーズ			課題解決フェーズ			
	企業経営論			後継者論		手続き論	
	知的資産	事業戦略	キャリア	リーダーシップ	管理	支配権（株式）	債務
親族内	A-1	A-2	A-3	A-4	A-5	A-6	A-7
従業員	B-1	B-2	B-3	B-4	B-5	B-6	B-7
第三者	C-1	C-2	C-3	C-4	C-5	C-6	C-7

誰に継ぐのか？

適切に課題を設定する

解決策を提示する

2. 事業承継フレームワーク

事業承継問題は、課題を発見するフェーズと課題を解決するフェーズに大別することができます。

課題発見フェーズでは、現経営者は事業承継の必要性を認識していないか、多少は認識しているとしても何をすればよいかわからず悩んでいる状況にあります。これに対して求められる支援は、事業承継の必要性を認識させること、すなわち「気づき」を与えることです。つまり、後継者が「私が事業を引き継いでるぞ、よし、進めよう！」という心の状態に至ることです。

具体的な手段は、現経営者との『対話』です。『対話』の目的は2つあります。1つは、現経営者の頭の中にある知的資産を後継者に伝達することです。もう1つは、現在の事業について話すことによって事業性評価を行い、事業そのものの存続・成長のために何をすべきか考えることです。それゆえ、事業承継の3つの側面で見ますと、主たる課題は**「企業経営に関する課題」**となります。

この点、事業承継フレームワークにおいて企業経営論は、①知的資産と②事業戦略に分けて考えます。

①知的資産の課題は、顧客関係、営業力、技術・ノウハウ、許認可といった競争力の源泉、他社との差別化要因となる目に見えにくい資産を把握するということです。これは経営革新における最も重要な検討課題となるでしょう。知的資産を検討することは事業戦略立案のために必要なプロセスの1つに過ぎませんが、極めて重要なものであるため、事業戦略とは別建て表記してあります。

一方、②事業戦略の課題とは、先代経営者によって経営されてきた事業をどのように存続・発展させるかということであり、低下した収益性を回復させること、新製品・サービスを開発すること、組織構造を再構築すること、既存事業を廃止して新規事業を開始することなど、経営革新に係るものとなります。

また、3つの側面における**「後継者自身に生じる課題」**は、③キャリア形成、④リーダーシップ、⑤経営管理の3つに分けて考えますが、キャリア形成の課題は、課題発見フェーズで解決しなければなりません。これは、後継者が1人の人間としてどのように生きるか、サラリーマンとして働く選択肢を捨てて、社長（企業経営者）になるという決意をし、覚悟を決めることができるかという課題です。支配権移転を先に行ってしまうと後戻りできなくなるため、先に解決すべきものとなります。

これに対して、**課題解決フェーズ**では、現経営者及び後継者は、事業承継すると決定したものの、それを実行するための具体的手続きがわからない状況にあります。これに対して求められる支援は、実行手続き（税務・法務・財務）を教えること、その実行を外注する専門家（公認会計士・税理士や弁護士）を選任することです。つまり、後継者が「この解決策を使おう！」という心の状態に至ることです。

3つの側面から見ますと、後継者論のうち、④リーダーシップと⑤経営管理が課題となります。

④リーダーシップの課題とは、後継者が社長として組織・従業員を率いることに関し

て、リーダーシップを発揮できるかという課題です。先代経営者によって雇われた従業員は、長年にわたり先代経営者の部下として働いてきたため、突然現れた若い社長（後継者）のために働こうなどとは思わないでしょう。この状況を変革し、経営者としての求心力を創出するためには、新しい経営環境に適合する新しい経営理念・経営戦略を打ち出すことが必要となります。

　一方、⑤従業員を率いるための経営管理（マネジメント）の課題があります。経営戦略が変われば、組織体制や人事制度も変えなければなりません。また、新しい事業を始めた場合には、これまで知らなかった法令に従わなければなりません。特に、経営者交代を契機として、これまで隠されていた法令違反が顕在化することが多いはずです。後継者は、組織との関係において、リーダーシップとマネジメント、さらにコンプライアンスの面から経営者としての職務を遂行しなければならないのです。

　最後に解決すべきものは、**承継の手続きに伴う課題**で、支配権移転と債務移転に分けて考えます。これらの手続き論のほとんどは、税務と法務及び財務に関わるものです。

　⑥支配権移転の課題は、個人事業における不動産、法人における株式など事業用資産を現経営者から後継者に移転する手続きのことであり、無償の場合には相続税や贈与税をどのように軽減するか、有償の場合には買取資金をどのように調達するかという課題が伴います。また、親族内承継の場合は、後継者以外にも事業用資産を取得する権利を持つ者（後継者以外の推定相続人）が存在しているため、相続における遺産分割も重要な課題となります。

　一方、⑦債務移転の課題は、銀行借入金や個人保証という債務（マイナスの事業用資産）を引き継ぐか、可能であれば引き継がない方法を見つけるという課題です。事業のために必要な有形の資産（モノ、カネ）には、プラスとマイナスの両面があります。支配権と債務は表裏一体の関係があるのです。

課題発見フェーズと課題解決フェーズ

	課題発見フェーズ		課題解決フェーズ
コンサル	課題を発見するフェーズ	課題発見	課題を解決するフェーズ
状況	事業承継の必要性認識していない。どうしようか悩んでいる。	承継を決定	事業承継を決定したが、実行するための具体的な手続きがわからない。
求められる支援	必要性に気づいてもらう 何が課題なのか特定する		実行手続きを教える 実行する専門家を選ぶ
具体的手段	現経営者との対話 （事業性と知的資産）		税務と法務の手続き M&Aの手続き
ゴール 心の変化	よし、進めよう！		この手を使おう！

　このように2つのフェーズに分けてフレームワークを設けましたが、課題発見フェーズですべての課題が発見されるわけではなく、また、課題解決フェーズで全ての課題が解決されるわけではありません。後継者のキャリア形成の課題のほとんどは課題発見フェーズで解決されるべきでしょう。また、支配権移転と債務移転の課題が発見されるのは、主として課題解決フェーズになります。

　課題発見フェーズと課題解決フェーズの切り分けは、**支援者側の支援目的**によるものです。課題発見フェーズにおける支援者の目的は、お客様が課題を発見できるように支援すること、課題解決フェーズにおける支援者の目的は、お客様が問題を解決できるように支援することになります。

企業経営論	事業戦略	事業の収益性・成長性、事業再構築又は新規事業
	知的資産	顧客関係、営業力、技術・ノウハウ
後継者論	キャリア	社長になる決意と覚悟
	リーダーシップ	社長と従業員との信頼関係、経営理念
	管理	人事・組織の管理、規則・法令遵守
手続き論	支配権の移転	株式承継（法人）又は不動産承継（個人）、遺産分割と相続税
	債務の移転	個人保証の引継ぎ、解除

以下、マトリックスに番号を付して、事業承継に伴う課題を分類し、代表的なケースを見ていきましょう。

改訂版	課題発見フェーズ			課題解決フェーズ			
	企業経営論		後継者論			手続き論	
	知的資産	事業戦略	キャリア	リーダーシップ	管理	支配権（株式）	債務
親族内	A-1	A-2	A-3	A-4	A-5	A-6	A-7
従業員	B-1	B-2	B-3	B-4	B-5	B-6	B-7
第三者	C-1	C-2	C-3	C-4	C-5	C-6	C-7

（2）親族内承継の課題

【A-1】

親族内承継の知的資産に関する課題

改訂版	課題発見フェーズ			課題解決フェーズ			
	企業経営論		後継者論			手続き論	
	知的資産	事業戦略	キャリア	リーダーシップ	管理	支配権（株式）	債務
親族内	A-1 課題 解決策 現状	A-2	A-3	A-4	A-5	A-6	A-7
従業員	B-1	B-2	B-3	B-4	B-5	B-6	B-7
第三者	C-1	C-2	C-3	C-4	C-5	C-6	C-7

　親族内承継の**知的資産**に関する課題とは、承継すべき経営資源（ヒト・モノ・カネ・知的資産）の中で最も重要なものと位置づけられる知的資産をどのように承継すべきかという課題であり、顧客関係、営業力、技術・ノウハウなど目に見えないけれども、それが無くなると事業が存続できなくなるほどの重要な経営資源を、どのようにして後継者へ移転することができるか検討することになります。

　実務上見られる典型的な課題（論点）として、以下のようなものが挙げられます。

【課題】

　B to B ビジネスを営む当社は、先代経営者の属人的な関係に基づいて大口得意先との取引を続けてきたため、社長交代によって取引が打ち切られる可能性が高い。

　創業者の強烈な営業力によって顧客開拓が行われていた場合、得意先との取引関係が、現経営者の属人的な営業活動（飲食、ゴルフなど）によって構築されていたはずです。そのような場合、現経営者が引退することによって、大口取引契約が切られ、売上高が大きく減少してしまうおそれがあります。

　このような問題に直面しないようにするため、現経営者の引退前の数年間、後継者は現経営者と同行して得意先へ訪問し、仕入れ担当者との間で**強固な人間関係を築いておくこと**が必要です。

【課題】

　現経営者の人脈によって営業活動が行われてきたため、社長交代すると、新規顧客の開拓ができなくなる。

　創業者の強烈な営業力によって販売活動が行われていた場合、新規顧客の開拓などのマーケティング活動が現経営者の属人的な営業活動（飲食、ゴルフなど）によって行われていたはずです。そのような場合、現経営者が引退することによって、新規契約を獲得することができなくなり、売上高が大きく減少してしまうおそれがあります。

　このような問題に直面しないようにするため、現経営者の引退前の数年間、後継者は現経営者と一緒に営業活動を行って、マーケティング活動のやり方を習得することが必要です。また、トップ営業に依存する属人的な営業活動だけでなく、若い営業マンを教育して組織的な営業活動を行う体制を構築したり、インターネット販売を開始してチャネルを増やしたりするなど、**社長1人に依存しない営業体制に転換すること**が必要です。

【課題】

　工場の製造現場では職人の高度な技術力に依存してきたが、職人も高齢化してきており、先代経営者と同時期に引退する予定だ。

　製造業において工場で働く職人に属人的に帰属する技術・ノウハウは、競争力の源泉

2. 事業承継フレームワーク

となる貴重な経営資源です。しかし、これらは人間の頭の中に入っているものであるため、引退とともに消滅してしまいます。そこで、これらをマニュアル化など「見える化」する、OJT によって若年層の頭の中へインプットしておくなど、**技術・ノウハウを伝承するための手続き**が必要となります。

　製造業だけでなくサービス業など他業種においても、同様に技術・ノウハウを伝承する手続きが必要となることがあります。

【課題】

　後継者が承継することになったが、既存事業の価値や競争力の源泉が何か理解できていない。

　後継者は、ゼロから事業を興すわけでなく、**すでにでき上がった既存事業を受け継いで経営を始める**わけですから、既存事業の価値や競争力の源泉が何か、理解しなければいけません。これらは、ヒト・モノ・カネといった目に見える経営資源が源泉となっているケースもありますが（新規事業へ投資する資金を既存事業で獲得した現金で賄う場合など）、ほとんどのケースは、現経営者の**営業力や技術・ノウハウなど目に見えない経営資源**が源泉となっています。

　このような経営資源は、現経営者の頭の中に蓄積されているものですから、**後継者は現経営者との対話**を通じてこれらを聞き出し、事業承継を行う前にすべて理解しておかなければなりません。

　ゼロベースで新規事業の立上げを検討することもあるかもしれませんが、それは既存事業の存続と並行して検討すべきものです。まずは既存事業を理解すること、これが重要です。

【課題】

　親子のコミュニケーションが少ないため、先代経営者の事業に対する想いや情熱が後継者である子供に伝えられていない。

　事業承継のタイミングにおいて、後継者は、自らの信念や価値観を反映した経営理念を新たに創り出すことが求められます。しかし、後継者は社長業の知識も経験も無いため、経営者として何を考えて仕事をすればよいか、明確に理解できていません。

　そこで、事業を引き継ぐ前に、経営者としての先輩である現経営者にこれまでの経営理念を聞いておくべきでしょう。創業時の思い、既存事業に対する情熱を聞いて、なぜ

既存事業を成功させることができたのか、その経緯を理解するのです。なぜなら、経営者の思いや価値観と一致するような事業戦略を実行しなければ、事業を成功させることができないからです。

「やらされている」「何となく」といった受身の気持ちで成功させることができるほど、事業の経営は簡単なものではありません。**適切な事業戦略と経営者の情熱が重なり合ってはじめて事業が成立する**のです。

しかし、後継者は、現経営者の思いや価値観を真似する必要はありません。現経営者とは別人格ですから、独自の思いや価値観を持っているはずです。それに立脚した事業戦略を立案すればよいのです。その結果、既存事業を再構築することもあるでしょう。結局のところ、後継者がやりたい仕事をやればよい、その実現のために既存事業（既存の経営資源）を活用するということなのです。

第1章 事業承継支援概論

2. 事業承継フレームワーク

【A-2】

親族内承継の事業戦略に関する課題

改訂版	課題発見フェーズ			課題解決フェーズ			
	企業経営論			後継者論		手続き論	
	知的資産	事業戦略	キャリア	リーダーシップ	管理	支配権（株式）	債務
親族内	A-1	A-2 課題 解決策 現状	A-3	A-4	A-5	A-6	A-7
従業員	B-1	B-2	B-3	B-4	B-5	B-6	B-7
第三者	C-1	C-2	C-3	C-4	C-5	C-6	C-7

　親族内承継における**事業戦略**に関する課題とは、事業そのものを存続・成長させるためにどのようにすべきかという課題であり、収益性の向上や成長可能性の回復を図ること、事業そのものが行き詰まった場合には事業を再構築したりまたは新規事業を立ち上げたりすることを検討することになります。

　実務上見られる典型的な課題（論点）として、以下のようなものが挙げられます。

【課題】

　長年営んできた事業を巡る市場環境が厳しくなり、収益性が低下してきた。国内市場が縮小し、事業の存続が難しい状況となった。

　現経営者が気づかないうちに外部経営環境が大きく変化していることがあります。創業から長い年数を経て、経営環境に対して事業戦略が適合しなくなっている状況です。

この点について、現経営者が気がついていなくとも、後継者が若者の視点から気がついていることがあります。そこで、現経営者と後継者が対話を行って事業性を評価し、今後の事業戦略を一緒に考えるべきなのです。既存の事業戦略が機能しない場合には、新しい商品・サービスを導入するなど事業戦略を修正したり、既存の事業を廃止して新しい事業を立ち上げるなど、事業構造を根本的に変革したりすることがあります。国内市場が飽和状態となって売上高の減少に苦しむときは、海外市場への進出も決断しなければいけないかもしれません。

　事業再構築という経営革新は容易ではありません。社長交代が行われる事業承継は、このような大胆な経営革新を実行する絶好の契機となるはずです。

【A-3】

親族内承継の後継者キャリアに関する課題

改訂版	課題発見フェーズ			課題解決フェーズ			
	企業経営論			後継者論		手続き論	
	知的資産	事業戦略	キャリア	リーダーシップ	管理	支配権（株式）	債務
親族内	A-1	A-2	A-3	A-4	A-5	A-6	A-7
従業員	B-1	B-2	B-3	B-4	B-5	B-6	B-7
第三者	C-1	C-2	C-3	C-4	C-5	C-6	C-7

　親族内承継の**後継者キャリア**に関する課題とは、後継者が事業（会社）のオーナー経営者になる決意を固め、責任を引き受ける覚悟ができるかという課題であり、企業経営の知識と経験に乏しい後継者が一人前の経営者に成長するプロセスを検討することになります。

　親族内承継の後継者は、現経営者の子供ということになりますが、幼少の時期から企業経営者である父親の背中を見て育ってきているため、自分が経営者となって事業を引き継ぐことは当然だと思い込んでいるケースが多いようです。それゆえ、経営者になる決意を固めることは、それほど難しくはありません。また、現経営者の子供であるため、株式を無償で受け取ることができ（生前贈与）、税負担も軽減される制度（経営承継円滑化法の納税猶予制度）があることから、支配権の移転手続きで問題となるケースはほとんどありません。

　しかし、引き継ぐ事業が、**後継者にとって本当にやりたい仕事であるかどうか**が問題となります。社外で働いている子供を父親の会社へ入社させる場合、後継者としての決意と覚悟が求められます。後継者になると決めた場合であっても、後継者の抱く思いや

価値観は、現経営者とは異なっていて当然ですから、現経営者とは異なる新たな経営理念を掲げ、引き継ぐ事業の経営革新を行うことができるかどうか、検討することになります

　実務上見られる典型的な課題（論点）として、以下のようなものが挙げられます。

【課題】

　現経営者が引退しようとしないため、後継者への社長交代が遅れている。

　よくある問題です。「後継者が頼りないので、時期尚早だ」というのは口実です。本音は、現経営者個人のメンタルが原因で**「引退後、何もすることがない状態が怖い」**というものです。

　特に創業者である経営者は、仕事に人生を賭けて働いてきており、仕事が生きがいになっているはずです。しかし、どんなに偉い人でも、引退すれば仕事が無くなり、生きがいを失ってしまいます。

　このような状況を避けるには、現経営者は、**引退後に次に自分がやりたい事を見つけておく**しかありません。海外旅行して遊ぶ、趣味に没頭するのもいいですが、それでは満足しないでしょう。そこで、社会貢献の活動を始める、業界団体の要職に就く、中小企業の経営コンサルタントとして行政機関で働く、あるいは、自ら小さな会社を新たに立ち上げてもよいでしょう。**第二の人生を創ることが、引退する経営者の新たな生きがい**となります。

【課題】

　先代経営者から無理やり社長に就任させられ、仕方なく社長になった後継者の意欲が乏しい。やる気がない。

　事業承継の最大の課題は、後継者自身に社長になる決意と覚悟ができているかです。後継者は、サラリーマンになる、自ら起業するといった他のキャリア・プランを捨てて、**オーナー経営者になるという選択肢を自ら選んでいること**を自覚しなければなりません。「社長の息子としてレールが敷かれているから」といった消極的な姿勢では、社長は務まりません。また、経営者としての判断力や人間力を鍛えておくことはもちろんのこと、社内外で社長として認められるような人間関係を作っておくことが求められます。なお、経営環境の変化が激しいこの時代、社長交代を経営革新のチャンスとして捉えることが

2. 事業承継フレームワーク　17

求められます。

　確かに、創業者の理念、伝統、価値観など、未来に引き継いでいくべきものはたくさんあります。しかし、これまで成功した事業であっても、変化する経営環境に適合しなくなってきている部分があるはずです。そこで、後継者は客観的な観点から事業を見直す必要があるのです。そのためには、後継者がこれから何をやりたいのか、自ら事業の方向性を決めておき、その理解者や協力者を増やしておかなければいけません。後継者が自ら経営をコントロールできるようになるための準備をしっかりと行っておくことが重要です。

【課題】

　後継者と想定している子供が、医者として活躍している。

　現経営者は、自分の子供に自分の事業を引き継いで欲しいと思う親心を持っているはずです。しかし、子供が家業とは別の世界で活躍している場合、**子供のキャリアの選択**を親子で話し合ってみることが必要です。親子でのキャリア相談は恥ずかしくてできないというのであれば、事業承継の専門家を交えて対話すればよいでしょう。子供が経営者の仕事やその面白さを知らないのであれば、現経営者である親がこれまでの体験談、仕事のやりがいを語ってあげることによって、事業を継ごうと思うかもしれません。しかし、医者になったり大手上場企業で活躍したりして、子供が価値あるキャリアを自ら築いた場合には、中小企業の経営者という仕事に魅力を感じないこともあるでしょう。

　いずれにせよ、子供が自ら「後継者になるかどうか」意思決定するプロセスを経る必要があります。親が子供のキャリアを勝手に決めつけるわけにはいけません。親子の対話を通じて、何が子供にとって最適なキャリアなのか、一度冷静に話し合ってみる必要があります。

【課題】

　現在のビジネスは、後継者がやりたいと思っているビジネスではない。先代経営者は既存事業が今後も成長すると信じているが、後継者は既存事業が今後衰退すると思っている。

　後継者は、先代経営者から引き継いだ事業の現状を把握し、今後の事業戦略を考えなければいけません。事業承継の本質が、新たな価値を生み出すために、既存の価値（経営資源）を受け取ることだと考えますと、新たな事業価値を生み出す方向性は、既存事

業の延長線上にある必要はないものの、**既存事業の経営資源を活用して**生み出していかなければいけません。

　既存事業は先代経営者が過去に構築した事業であり、今の経営環境に合わないと判断すれば、新たな事業を創造しなければいけません。そのためには、先代経営者の頃から働いている従業員の協力を得ることが不可欠です。しかし、従業員は、これまでの仕事のやり方を変えたくないので（変えるにはエネルギーを要するためです）、新規事業の開始には反対するかもしれません。もし従業員に反対されたとすれば、新規事業を立ち上げることはできません。

　それゆえ、新規事業の開始は、従業員との信頼関係ができ上がり、リーダーシップを発揮できる状況になった後で取り組むべき課題と考えるべきです。最初のうちは既存事業を完全に掌握して経営できるようになることを目指し、それができるようになれば、新しい経営理念とそれに基づく事業戦略を従業員に説明して新規事業について理解を得るようにします。

【A-4】
親族内承継の後継者リーダーシップに関する課題

改訂版	課題発見フェーズ			課題解決フェーズ			
	企業経営論			後継者論		手続き論	
	知的資産	事業戦略	キャリア	リーダーシップ	管理	支配権(株式)	債務
親族内	A-1	A-2	A-3	A-4 課題 ← 解決策 ← 現状	A-5	A-6	A-7
従業員	B-1	B-2	B-3	B-4	B-5	B-6	B-7
第三者	C-1	C-2	C-3	C-4	C-5	C-6	C-7

―リーダー―
部下や組織をまとめる立場の人

リーダーシップ
全員の心をひとつにするための働きかけ

―メンバー―
まとめられる立場の人

　親族内承継の**後継者リーダーシップ**に関する課題とは、社長と従業員との信頼関係に基づき、組織を率いる能力を発揮することができるかという課題です。リーダーシップの定義は様々なものがありますが、企業経営に関する定義としては、従業員を通して経営課題を解決する力であると言えましょう。営む事業を通じて、組織が何を目指すのか、**経営理念**（組織の目標や方向性）によってゴールを明確化し、それを組織内で共有しなければいけません。経営者のリーダーシップは、経営理念を示し、その実現のために従

業員の動機づけを行い、組織を活性化させることなのです。

　事業承継のために入社してきた子供の場合、後継者としてリーダーシップについては、現場実務で実績を作らないうちにお題目だけを掲げても従業員はついてきてくれず、**従業員との信頼関係**を構築するまで機能させることができないでしょう。経営者としてのリーダーシップを発揮するには、**後継者と従業員との人間関係**をいかにつくり上げるかが問題となります。

　実務上見られる典型的な課題（論点）として、以下のようなものが挙げられます。

【課題】

　先代経営者に忠誠を尽くしてきた従業員たちが、若い後継者の指揮命令に従って働いてくれない。後継者の人望が乏しく、リーダーシップが発揮されないため、従業員が顧客を引っ張って独立してしまうおそれがある。

　当然ですが、従業員は先代経営者に雇われ、先代経営者の経営理念やリーダーシップに従って働いてきています。社長がオーナーでもある多くのケースにおいては、経営者の求心力が極めて強くなります。このような状況がある中で、後継者が突然に社長として登場し、リーダーシップを発揮しようとしても、それを従業員に受け入れてもらうことは至難の業です。

　たとえば、先代経営者がカリスマ的な存在で、リーダーシップが強ければ強いほど、従業員には「指示待ちの姿勢」が染み付いているはずです。そのような組織風土のまま、リーダーシップに欠ける後継者（たとえば、協調する、調整するタイプの性格の人物）が事業承継すると、おそらく事業は回らなくなるでしょう。そのため、後継者は自ら経営しやすいように組織風土を変えなければなりません。

　特に、先代経営者が**創業者**である場合、経営者は**個人のカリスマ性を求心力**としてリーダーシップが発揮されてきたはずです。しかしながら、人格の異なる後継者が、先代経営者と同じスタイルをとることは困難です。そこで、後継者は、**従業員とともに成長を目指すスタイルへの転換**を目指すべきです。つまり、属人的経営を止めて、チーム全体で力を合わせて推進する**組織的経営への変革**が必要になります。

　このような組織的経営を行う場合に、**従業員たちの求心力となるものが「経営理念」**なのです。後継者が自らを求心力の中心に位置することが困難であるため、経営理念という概念を求心力の中心に位置づけます。

　後継者は、従業員との積極的なコミュニケーションを通じて信頼関係を築き、自らの考え方や信念・価値観を伝えます。それによって、新しい経営者と従業員との間で「経営理念」をしっかりと共有することができれば、組織全体が一体となって動く新たな体

制を創ることができるはずです。

　組織的経営体制に移行するには、意外と長い時間がかかります。移行が完了するまでは、後継者主導の新規事業や人事制度改革には取り組まない方がいいでしょう。それをやると従業員が戸惑うからです。経営者であれば、それが将来の事業戦略のために必要だと理解できても、従業員には理解できません。社長交代して後継者が先代経営者と異なる動きをすると、求心力の無さから社内は大混乱に陥ります。いったんは従業員との人間関係作りに時間を費やし、組織的経営体制に移行するまで後継者は何もしてはいけません。後継者が慌てると自滅するケースがあるため、落ちついて組織を安定化させなければなりません。

【課題】

　若い後継者が積極的に経営革新に取り組もうと努力しているが、既存の従業員が理解してくれない。先代経営者と異なる経営理念を掲げようとする後継者は、どうすればリーダーシップを発揮できるか。

　事業承継を行った直後の後継者は、最初に**従業員との人間関係**を構築しなければいけません。そのために後継者が「自分はどのようなスタイルの経営者になるべきか」と、**自分の性格や考え方・価値観を知ること**も必要です。同時に、従業員の考え方を知って相互理解を深めるために、個人面談や社内飲み会を行って、**コミュニケーション、対話を行うこと**が必要です。それによって、経営者と従業員との信頼関係をゼロから築きあげるのです。

　もちろん、後継者の社長就任当初は、従業員との信頼関係はできていませんから、すぐにリーダーシップを発揮することは難しいでしょう。その一方で経営環境の変化に適合するような新しいビジネスモデルを導入することが急務となっているはずです。そのような状況では、これからの時代を生き抜くための拠り所となる考え方や価値観を後継者が自ら創り出す必要があります。

　そこで、「**経営理念**」**を再設定する**のです。それに基づいて事業戦略を再構築します。結果として、ドメイン（事業領域）の再定義が必要になり、経営資源の再配分や新規調達が必要になることもあるでしょう。これは大きな**経営革新**です。

　創業者である先代経営者の時代は、個人のカリスマ性や人間関係に基づき、経営者個人が求心力となっていたことでしょう。しかし、そのような人間性を持たない後継者は、自らを求心力として機能させることができません。

　そこで、従業員と同じ「経営理念」を設定し、同じ「経営理念」に向かって働く同志であると理解させ、同じ方向をともに目指していくという協調体制を組織の求心力とするのです。すなわち、経営者個人が引っ張る組織ではなく、「**経営理念**」に向かう仕事

そのものを求心力とする**組織的経営体制**です。

【課題】

　先代経営者の強烈なカリスマ性（個性）によって引っ張ってきた事業であるため、経営理念が明文化されていない。

　経営理念とは、経営者の思いや考え方、価値観を明確にしたもので、経営者の行動基準であると同時に、意思決定の際の判断基準となるものです。事業承継のタイミングでは、後継者は、自らの信念や価値観を反映した経営理念を新たに創り出すことが求められますが、その前に**経営者としての先輩である現経営者の経営理念を確認しておかなければなりません。**

　しかし、少人数の仲間と一緒に創業した現経営者の場合、経営理念が明文化されていないケースのほうが多いことでしょう。それゆえ、**後継者は現経営者との対話**（コミュニケーション）を通じて、経営理念の基礎となる価値観や考え方を聞き出す必要があります。

　事業承継のタイミングでは、これまでと比べて経営環境が大きく変化しています。経営環境が変化すれば、当然に経営者の考え方や価値観も変化するはずです。また、事業承継のタイミングで経営理念を掲げようとするのは後継者であり、現経営者とは別人格の人間ですから、これまで掲げられてきた経営理念と異なるものになって当然です。それゆえ、経営理念を「見直す」ことが必要になっている可能性があります。そのような場合、後継者の思いや価値観を反映した新しい経営理念を創り出し、それを明文化することによって、事業の存続・発展が可能となるのです。

【課題】

　後継者と想定している子供が、大学を卒業して就職することになった。他社に就職させるか、自社に就職させるか、どのように判断すればよいか？

　親族内承継で**子供**を後継者と想定する場合、自社で育成するか、他社で育成するかという問題があります。比較的規模の大きな会社である場合、新卒で自社に就職されて、内部で育成するということも可能でしょう。

　しかし、**中小規模の会社である場合、社外で育成すべき**です。その理由の1つは、現経営者が自ら後継者教育を行うことが難しいからです。後継者が親族の場合、現経営者

2. 事業承継フレームワーク　23

は社長であると同時に親であり、後継者は部下であると同時に子供です。つまり、上司部下の関係と親子の関係が併存するのです。その結果、部下と上司との関係において親子の感情が入り込み、後継者への指導が極端に厳しくなったり、中途半端に甘くなったりするため、後継者が一人前の社長へ成長することができないケースが多いのです。また、現場の従業員にとっても、「社長の御曹司」が入社されて困ってしまうからです。将来の自分の上司に対して、厳しく指導できる従業員などいません。これでは後継者が成長できないだけでなく、現場の従業員に余計な負担をかけてしまうことになります。

　したがって、**子供を後継者に想定するのであれば、社外で育成したほうがよい**のです。

　ただし、社外で就職したところで、自社に入ってくれるかどうかわかりません。子供がそのまま外の職場でキャリアを積むことを希望する可能性もあります。つまり、子供の就職先には、**子供がやりたい仕事、好きな仕事で自己実現するための職場**と、**子供が経営者になる準備としての職場**という2つの選択肢があるのです。

　やりたい仕事で自己実現することが目的であれば、現経営者の事業とは全く関係ない事業の職場を選ぶこともできます。医者や弁護士になったり、金融機関や大手商社など大企業で活躍したりすることを望む子供がいるはずです。一方、経営者になる準備であれば、現経営者と同業者の職場を選ぶことになります。同じ地域では採用してくれないと思われますので、地域の異なる同業他社で大企業を選ぶことになるでしょう。

　子供が経営者になる準備をさせるのであれば、就職先としてふさわしいのは、**厳しく鍛えてくれる職場、嫌な思いや理不尽な思いを経験させられる職場**です。なぜなら、後から自社に入ってしまうと社長の御曹司として大切に扱われることは間違いないため、そのときには従業員の辛い立場や現場の苦労を経験することはできなくなってしまうからです。

　経営者が**従業員に対してリーダーシップを発揮するには、従業員の気持ちを理解する能力を持つことが不可欠**です。それは社外で修行期間中でなければ習得することができないでしょう。このような社外での経験は、経営者として一人前になるための貴重な財産となるはずです。

【課題】

　大きな実績を残している古参の営業部長（幹部）の発言力が強く、後継者がリーダーシップを発揮することができない。

　事業承継を行う場合、幹部社員の登用は本来は後継者が行うべきものです。また、新卒社員などの採用も後継者が行うべきです。事業承継のタイミングでは社長の若返りだけでなく幹部社員の若返りも必要であるため、営業部長、工場長、管理部長なども交代させていきます。その際に後継者は**自分の右腕にしたい人材**を自ら選ぶことが重要です。

それによって、後継者の社内での立場を強固にしていくのです。

　実績豊富な営業部長は後継者が何もわからない入社時から営業の第一線で活躍してきたわけですから、後継者が頑張ったところで追いつけるはずはありません。営業部長は、「うちの会社は自分が稼いでいるのだ、仕事がろくにできないお坊ちゃんに偉そうに命令される筋合いはない」と反発するはずです。しかし、周りの幹部社員が後継者の味方につく人材で固められてくれば、営業部長のほうの立場が弱くなりますから、時間が経てば後継者に従うようになるでしょう。

　経験と実績に勝る古参の幹部社員に対してリーダーシップを発揮するには、時間をかけて社内を**後継者中心の組織体制**に変えていくしかないのです。

【A-5】

親族内承継の経営管理に関する課題

改訂版	課題発見フェーズ			課題解決フェーズ			
	企業経営論			後継者論		手続き論	
	知的資産	事業戦略	キャリア	リーダーシップ	管理	支配権(株式)	債務
親族内	A-1	A-2	A-3	A-4	A-5 課題 解決策 現状	A-6	A-7
従業員	B-1	B-2	B-3	B-4	B-5	B-6	B-7
第三者	C-1	C-2	C-3	C-4	C-5	C-6	C-7

親族内承継の**経営管理**に関する課題とは、後継者が、経営目標を達成するために、仕事のルールや規則を設け、従業員の仕事を管理することができるかという課題です。たとえば、適切な人事評価制度を設定することができるか、効率的な組織構造へ変革することができるか、社内規則や法令を遵守する組織風土を作ることができるか、検討することになります。日常的には、PDCA サイクルを回すことによって従業員の業務が効率的に遂行されるかどうか監督します。

実務上見られる典型的な課題（論点）として、以下のようなものが挙げられます。

【課題】

後継者を支える経営人材（若年層の経営幹部候補）が育っていない。

事業承継の直後における経営判断については、全て後継者が自ら行うのではなく、権

限を移譲したり、専門性や知見のある経営幹部の意見を引き出したりすることが求められます。

また、**後継者を支える次世代の経営幹部**が育っているかどうかが重要な課題です。有能な経営幹部は一朝一夕には育ちませんので、早期に計画を立てて幹部を養成しながら、上位役職者の引き上げも行いつつ、**経営幹部社員の世代交代**も進めていくことになります。

【課題】

　先代経営者が属人的に管理してきた組織であったため、後継者が自ら管理できるような組織になっていない。

経営管理面において、創業者である現経営者と違い、後継者は、会社の組織がある程度でき上がった状態で入社することになります。そのため、現経営者のように会社とともに成長を実現したわけではなく、事業を隅から隅まで熟知しているわけでもないため、長年の経験の蓄積による直感的な経営判断を行うことができません。

それゆえ、後継者は、**社内の情報を吟味して合理的に経営判断する**ことが求められることとなり、**そのための情報が収集、分析され、業務報告が確実に社長へ上がってくるような組織体制**を構築する必要があります。そのための IT システムへの投資は不可欠でしょう。

【課題】

　先代経営者は、経理・財務に無頓着であったが、事業は何とか運営できていた。しかし、今後は経理・財務担当者が必要となるのではないか。

経営者の中でも創業者は、ゼロから 1 を生み出す超人的な能力を発揮した人です。このような創業者には、強力な営業力で引っ張るタイプが多いため、細かいことは気にしません。それゆえ、大雑把な財務管理が行われることになり、どんぶり勘定となる傾向にあります。

しかし、事業が成長し規模が大きくなると、正しい経理に基づいて経営者が現状把握したり、正しい財務管理で資金を効率的に使ったりすることが重要になってきます。それゆえ、後継者は、事業承継を行う前の段階から、自分の**右腕ともなる管理系の専門人材**を雇い入れ、経理・財務担当者といて育成しておかなければなりません。

後継者が継いだ直後は、経営に多少の混乱やトラブルが発生します。そのような場合

2. 事業承継フレームワーク

でも経理・財務管理がしっかりしていれば、それを乗り切ることができます。後継者は、自分を中心とする経営体制を自ら構築しなければならないため、営業だけでなく**管理系の人材育成**も考える必要があるのです。

【課題】

先代経営者の頃から、経営陣と従業員と仲が悪い、労使関係が悪化している。

ある程度の規模まで成長した会社であれば、従業員と経営者の関係が多少悪くとも、組織として機能すれば会社として存続することは可能です。社長不在でも組織的に経営されていれば、事業として成り立ちます。

しかし、労使関係の悪化によって従業員のモチベーションが下がり、業務の効率性は低下しているはずですから、業績は悪化することになるでしょう。売上と利益は減少し、赤字になる可能性もあります。このような状況は、経営者のリーダーシップと経営管理手法の問題ですから、経営者自身がそれらを改善させなければいけません。

このような状況で後継者が事業を承継したとすれば、就任していきなり従業員との対立に直面することとなります。いくら優秀な後継者であっても、これではやる気を失いますし、仮に改善を図るとしても多大な時間と労力を要します。つまり、これは価値の無い事業を引き継いでしまったということです。第三者承継（M&A）でも同様の事態が発生しますが、買い手側からすれば大失敗ということになります。

従業員と経営者との関係性が悪化したこと、これは避けられない事実なのでどうしようもありません。重要なのは、その事実を後継者が事業承継の前に知っていたかどうかということです。

後継者は、事業承継を行おうと考えるときには、第三者承継（M&A）で言うところの「デュー・ディリジェンス」を実施し、自分が引き継ぐ事業に問題がないか、事前に確認しておかなければなりません。そうすれば、従業員との関係性が悪化している状況を検出し、価値の無い事業だと判断して、「事業を承継しない」という意思決定を選択肢として持つことができるでしょう。そのような意思決定を行わずに事業承継し、後でトラブルになってしまうと後継者の人生は取り返しのつかない失敗に直面することになるのです。

【A-6】

親族内承継の支配権移転に関する課題

改訂版	課題発見フェーズ			課題解決フェーズ			
	企業経営論			後継者論		手続き論	
	知的資産	事業戦略	キャリア	リーダーシップ	管理	支配権（株式）	債務
親族内	A-1	A-2	A-3	A-4	A-5	A-6 課題 解決策 現状	A-7
従業員	B-1	B-2	B-3	B-4	B-5	B-6	B-7
第三者	C-1	C-2	C-3	C-4	C-5	C-6	C-7

　親族内承継における**支配権移転**に関する課題とは、目に見える経営資源として代表的な「モノ」すなわち、事業用資産をどのように移転するかという課題であり、法人であれば**非上場株式**の贈与（または遺贈）を、個人であれば**不動産**およびその他個別資産の贈与（または遺贈）を検討することになります。

　中小企業の法人の場合、後継者が承継後に安定して経営を行うには、後継者が会社法上の支配権を確保する必要があります。この点、賃借すればすむ事業用不動産と異なり、後継者は株式を集中的に取得して、**十分な議決権**を確保しなければなりません。その際、株主総会の特別決議が可能な3分の2超、少なくとも普通決議が可能な過半数の議決権株式を取得することができるかが重要な問題となります。

法人の議決権数と株主の権利

議決権数	可能な決議または権利行使の内容	備考
3/4 以上	特殊決議（剰余金配当等に関する株主ごとの異なる取扱いへの定款変更）	非公開会社の場合
2/3 以上	特別決議（定款変更、解散、事業譲渡等）	
過半数	普通決議（役員の選任解任、計算書類の承認等）	
1/3 超	特別決議の否決	
1/4 超	特殊決議の否決	
10/100 以上	解散判決請求権	
3/100 以上	株主総会招集請求権、帳簿閲覧請求権、役員の解任請求の訴え等	
1/100 以上	株主総会の議題提出権等	取締役会設置会社の場合

個人の事業用資産の移転

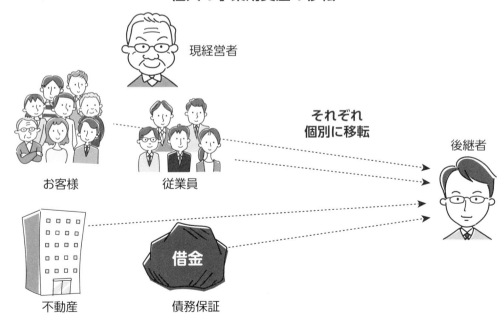

法人化された事業用資産の移転

現経営者

後継者

まとめて移転

お客様　従業員

会社

不動産　債務保証

借金

実務上見られる典型的な課題（論点）として、以下のようなものが挙げられます。

【課題】
　法人に多くの少数株主（親族外、遠い親戚）が存在し、将来的に株式が分散して買取りを請求されるおそれがある。

　株式承継の局面では、後継者の支配権を確立し、安定的な事業を承継する必要があります。しかし、法人に現経営者以外の少数株主が存在し、彼らが所有する株式を後継者に承継できないとすれば、事業承継後も少数株主が残されることとなります。会社を支配するのは社長（代表取締役）と勘違いするお客様もいますが、会社を支配するのは**株主**であり、その権利を証明するものが株式です。それを簡単に後継者以外の人間に分散させてはいけません。
　株式が分散している状況の場合、現経営者と同年代の株主であれば、おとなしく黙っているかもしれませんが、少数株主に相続が発生すると、彼らの相続人が株主となるた

め、会社の支配権を奪いに来たり、株式の高額な買取りを要求したりすることによって、経営の安定が損なわれるおそれがあります。そこで、現経営者から後継者への株式承継のタイミングで、少数株主の所有する株式を**後継者又は発行法人が買い取っておくべき**でしょう（贈与してもらうことが理想的です）。現経営者にとっては親しい親戚であったしても、後継者にとっては遠い親戚であり、赤の他人も同然です。少数株主に対する株式買取交渉は、社長交代した後に後継者が行うのではなく、現経営者の時代に行うほうが、ずっと円満に買い取ることができるはずです。

【課題】

少数株主が存在するが、名義株である可能性が高い。少数株主の所在が不明である。

株式承継の局面では、後継者の支配権を確立し、安定的な事業を承継する必要がありますが、法人に現経営者以外の少数株主が存在し、それらが**名義株**であれば、現経営者の株式の一部が承継できずに放置されることになります。また、所在不明の少数株主が突然現れ、株式の高額な買取りを要求することによって、経営の安定が損なわれるおそれがあります。そこで、現経営者から後継者への株式承継のタイミングで、名義株の整理、所在不明の株主の調査及びその株式の整理を行い、**後継者又は発行法人が買い取っておくべき**でしょう（贈与してもらうことが理想的です）。

【課題】

事業所の土地を現経営者が個人で所有し、法人へ賃貸している。

現経営者は、事業用資産をすべて法人化しておくべきではありますが、土地など一部の資産を個人所有としているケースも多く見られます。典型的な例が、オーナー経営者の**個人所有の土地の上に、法人所有の建物（営業所、工場、店舗など）を建てているケース**です。このような状況の場合、土地に係る**借地権**が発生し、それを個人と法人との間で取引したと考えなければならないため、その対価としての権利金の授受が無い場合には、法人に対して権利金の認定課税（受贈益に対する法人税等の課税）の問題が発生するおそれがあります。

建物が長期間にわたって利用されてきたのであれば、「時効の借地権」の問題として処理することが可能であり、税務上、大きな問題とはなりません。しかし、事業承継のために非上場株式を後継者に贈与する場合、あるいは、相続時に土地を後継者に相続す

る場合には、その借地権が個人か法人のどちらに帰属するか、借地権をどのように評価するかが問題となります。

また、通常は土地を生前贈与しないため、先代経営者は土地を相続時まで持ち続けることとなります。生前に土地を移転させるのであれば、法人が買い取ることによって現経営者に対して現金を支払い、後継者以外の相続人に対する相続財産を確保しておくことは、効果的な相続対策となります。

> 【課題】
>
> 後継者である子供に全ての事業を継がせると、後継者ではない子供に継がせる財産が小さくなり、将来の相続時に遺産分割を巡る争いが発生するおそれがある。

親族内承継は、個人財産を抱えるオーナー経営者個人の相続の話と関連するため、複数の相続人の間の遺産分割が問題となります。相続に先行して、生前に事業用資産を贈与したとしても、それは相続時の遺留分の計算上は「特別受益」として持戻しの対象となり、相続財産を巡る争いを回避することができないからですです。

この対応策の1つは、**経営承継円滑化法の民法特例**を適用することです。除外合意と固定合意がありますが、非上場株式の全部又は一部（値上り部分）を遺留分の計算から除外することが可能となります。

また、生命保険などによって、後継者以外の相続人に対して相続させる「事業用ではない資産」を蓄積しておき、後継者が取得する多額の事業用資産とのバランスを図ることも効果的です。

> 【課題】
>
> 法人の株式評価額が高いため、株式の贈与に伴う税負担が重すぎる。

親族内承継では、オーナー経営者個人の株式や事業用資産を、後継者である子供に無償で譲り渡すこと（贈与）が一般的です（もちろん遺言を作って遺贈することも可能ですが、望ましい方法ではありません）。

しかし、高収益で規模の大きな法人の株式評価額は、驚くほど高くなっており、それに対する贈与税負担は著しく重いものとなります。従来、このような状況に直面した経営者が株式承継を躊躇してしまうことによって事業承継が進まなくなることが社会的な問題となっていました。

2. 事業承継フレームワーク

この対応策の1つは、**経営承継円滑化法の贈与税の納税猶予制度**を適用することです。2018年に導入された**特例措置**を適用しますと、**100%**の株式に係る納税が猶予されますので、もはや株式評価を引き下げる対策は必要とはされなくなりました。今後の経営者は、高い株式評価に気兼ねすることなく、事業の業績向上に邁進することができるでしょう。

　また、経営承継円滑化法を使うまでもない小規模な法人の場合、複数年度にわたって暦年贈与を繰り返したり、退職金支給で株式評価額を引き下げた上で相続時精算課税によって贈与したりすることが効果的な株式承継の方法となります。

【課題】

　子供2人が会社に入っており、どちらに株式を継がせればよいか悩んでいる。

　相続時に遺贈によって兄弟で株式を均等に分割してしまうケースを見ることがあります。確かに、現経営者は親心から兄弟を平等に扱おうとするかもしれません。しかし、兄弟が同じような比率で株式を所有していれば、くだらない意地の張り合いで兄弟喧嘩が始まり、社内を混乱に陥れます。いったん喧嘩が始まれば、兄弟はどちらも折れずに果てしない主導権争いが続き、会社の業績は悪化することになります。血縁の絆を過信してはいけません。もともと親しい間柄であっただけに、一度関係がこじれると、修復はまず不可能です。

　このようなケースでは、現経営者が後継者を決めるしかありません。経営者として優秀なほうを選ぶことになりますが、判断がつかない場合は長子を選ぶことでしょう。**後継者である子供には株式の全てを渡し、後継者ではない子供にはそれ以外の財産（不動産や金融資産）を渡す**べきなのです。

　そして、**継がない子供は社外に出す**ことになります。その場合、サラリーマンとして働くことが難しい状況である可能性が高いので、現経営者の個人財産を使って支援し、後継者ではない子供に個人事業を新たに始めさせるとよいでしょう。

　経営者として優秀でないと判断されたわけですから、ゼロから創業は難しいはずです。現実的には、その子供には**不動産賃貸業**を始めさせ、楽して生活させてやることになると思われます。

　事業が複数ある場合（たとえば、複数店舗を営む飲食業など）は、**会社分割**によって事業を2つに分けて、それぞれ別々の子供に承継するという方法もあります。ただし、会社分割によって規模の経済を失って収益性が低下すれば、事業価値を毀損することになりますので、慎重に検討すべきでしょう。

【A-7】

親族内承継の債務移転に関する課題

改訂版	課題発見フェーズ			課題解決フェーズ			
	企業経営論			後継者論		手続き論	
	知的資産	事業戦略	キャリア	リーダーシップ	管理	支配権（株式）	債務
親族内	A-1	A-2	A-3	A-4	A-5	A-6	A-7
従業員	B-1	B-2	B-3	B-4	B-5	B-6	B-7
第三者	C-1	C-2	C-3	C-4	C-5	C-6	C-7

　親族内承継の**債務移転**に関する課題とは、事業承継に伴って現経営者が負担する債務（銀行借入金、個人保証）を引き継ぐことができるかどうかという課題であり、そもそも銀行借入金を引き継がないようにする方法はないか、銀行借入金を引き継ぐとしても、個人保証を外す方法はないか、検討することになります。

　また、現経営者からの役員借入金（現経営者から見れば貸付金）を引き継ぐことも問題となるため、現経営者による**債権放棄**（法人から見れば債務免除）、貸付金の現物出資による新株発行（**DES**：Debt Equity Swap）の実行可否について検討することとなるでしょう。

　実務上見られる典型的な課題（論点）として、以下のようなものが挙げられます。

2. 事業承継フレームワーク　35

【課題】

　会社の借入金、経営者の個人保証（連帯債務）が過大で、後継者がそれらを継ぐことを拒んでいる。

　社長交代は、経営者としての権限の移転であるとともに、個人が負担する責任の引受けでもあります。つまり、現経営者が負担してきた個人保証は後継者に引き継がれることを意味します。この点、事業に十分な収益力があり、事業からのキャッシュ・フローで借入金を問題なく返済できるのであれば、後継者もためらうことはないでしょう。確かに、大きな銀行借入金を抱える事業であれば、それを引き継ぐ後継者に勇気が必要かもしれません。しかし、株式という価値ある財産を承継する見返りとして負担すべき債務ですから、後継者は覚悟を決めて引き受けなければいけません。

　しかし、事業の収益性が低下し、事業からのキャッシュ・フローで返済できるか微妙である状況のときが問題となります。後継者は、「もしかしたら、この会社は倒産するかもしれない、そうなったら私は破産だ」と考えて、躊躇することになります。

　このような場合、金融機関と交渉して、**経営者保証ガイドライン**の適用を求めることができます。

　経営者保証ガイドラインとは、経営者の個人保証を依存しない融資を促進していこうとする金融機関の自主規制ルールです。法人と経営者個人との関係の明確な分離、財務基盤の強化、財務状況の適時適切な情報開示という3つの要件が充足された場合、原則として、経営者の個人保証を取らないで融資を実行すべきとされています。

　これは法的な強制力を持たないため、経営者保証ガイドラインの適用を強制することはできません。金融機関に交渉し、頭を下げてその適用をお願いすることとなります。金融機関も融資がビジネスですから、個人保証を外すことに抵抗するはずです。しかし、粘り強く、最低1年くらい交渉すれば受け入れられ、個人保証が外されるケースが出てきています。

　経営者の個人保証が外れる（または外す方向で金融機関との交渉を続ける予定だ）とすれば、後継者にとっての心配、すなわち、「会社が倒産したら、自分も破産してしまう」という問題が解消され、事業を承継する決意を固めることができるはずです。

【課題】

　事業そのものの収益性は悪くないが、過去の投資失敗によって負担した銀行借入金が重く、大幅な債務超過となっている。

　事業の投資のために調達した借入金が残されているのであれば、当然に事業からの

キャッシュ・フローで返済しなければいけません。そのために収益性の改善の努力を求められるでしょう。しかし、不動産や金融商品の投資など本業以外の投資で失敗したために抱えてしまった借入金について、事業と一緒にそれを後継者に継がせるのは酷な話です。

その場合、後継者には**借入金を無理して引き継ぐ**という選択肢と、**借入金は現経営者の世代で消滅させる**という選択肢があります。

現経営者の世代で消滅させるとすれば、いったん会社を法的に倒産させ、その連帯保証人である現経営者が自己破産することになります。ただし、既存事業が存続したままで会社を急に破綻させてしまうと、事業価値（キャッシュ・フローを生み出す経営資源）を喪失してしまうことになりますから、現経営者の生前に後継者が新たな新会社を立ち上げ、破綻させる前に新会社へ経営資源を移しておく必要があります。顧客関係や技術・ノウハウなどの知的資産は、情報という「目に見えない資産」ですから、課税されず無償で移転させることが可能です。また、「ヒト」という経営資源も、従業員の雇用契約を解除して新会社と新たな雇用契約を締結することになりますから、こちらも課税されず無償で移転させることが可能です。

あとは「モノ」ですが、不動産など評価額の高い資産の移転はあきらめ（移転すると債権者との関係で問題となります）、什器備品や在庫といった小さな資産のみ、後継者の自己資金や借入金で賄って購入すればよいでしょう。このように、**譲渡対価の支払い無く、課税も回避しながら、徐々に経営資源を新会社へ移していけば、借入金から事業を切り離すことが可能となります。**

もちろん、経営資源をすべて喪失した既存事業（会社）は、収益力が無くなり、多額の借入金を残しつつもキャッシュ・フローが止まって、すぐに破綻することになります。**残された会社の借入金は、現経営者が責任をとって保証債務の履行のために返済します。**それでも借入金が残ってしまった場合、自己破産するか、将来の相続発生時に**相続放棄**することによって、相続人へ債務を引き継がない手続きを取ることとなるでしょう。

【課題】

　先代経営者個人による「貸付金」すなわち、法人の「役員借入金」が大きい。

会社の資金繰りのため、会社が経営者から一時的に資金を借り入れることがあります。このような借入金は、会社の資金に余裕ができたときに返済すべきものですが、資金繰りに余裕がない状態が長期間継続した場合には、その債務**「役員借入金」**が累積していくことになります。これは先代経営者個人の立場から見れば金銭債権**「貸付金」**ですので、それが相続財産となれば相続税が課されることになります。そこで、事前に債権債

務を解消しておかなければなりません。

　銀行からの資金を借り入れる、または、法人契約の生命保険を解約することによって資金調達し、その資金を先代経営者からの借入れに充てれば解消しますが、それでは会社の財務状態が悪化しますし、先代経営者個人の相続税対策の問題が残されます。それゆえ、通常は資金を動かさずに債務を消滅させることを考えるのです。

　債権債務を消滅させる方法の1つは、**DES**（デット・エクイティ・スワップ）を実行し、会社の借入金を資本に組み入れる、すなわち、先代経営者個人の**貸付金を現物出資すること**です。この結果、先代経営者の持株数が増えますので、その株式承継を検討しなければいけません。しかし、債務超過の状況でDESを実行しますと、貸付金の評価が券面額より低い評価額となり、会社に債務免除益が発生するため、それに対する法人税等の課税が問題となります（これに対する解決策として「疑似DES」があります）。

　もう1つは、先代経営者が会社に対して**債権放棄を行うこと**です。この結果、会社に債務免除益が発生するため、繰越欠損金と相殺することができなければ、それに対する法人税等の課税が問題となります。また、会社の債務免除によって株式の評価額が上昇し、先代経営者以外の株主に対して贈与税が課される可能性があります **（株主間贈与）**。債権放棄を行うのであれば、個人側は「債権放棄通知書」を作成し、会社側は取締役会議事録を作成しておくとよいでしょう。

　なお、繰越欠損金が足りず、債務免除益に対する課税に耐えられないときは、会社を解散し、**期限切れ欠損金まで活用**しなければいけません。すなわち、会社を解散して清算することになります。

（3）従業員承継の課題

【B-1】

従業員承継の知的資産に関する課題

改訂版	課題発見フェーズ			課題解決フェーズ			
	企業経営論		後継者論			手続き論	
	知的資産	事業戦略	キャリア	リーダーシップ	管理	支配権（株式）	債務
親族内	A-1	A-2	A-3	A-4	A-5	A-6	A-7
従業員	B-1 課題 解決策 現状	B-2	B-3	B-4	B-5	B-6	B-7
第三者	C-1	C-2	C-3	C-4	C-5	C-6	C-7

　従業員承継の**知的資産**に関する課題とは、承継すべき経営資源（ヒト・モノ・カネ・知的資産）の中で最も重要なものと位置づけられる知的資産をどのように承継すべきかという課題であり、顧客関係、営業力、技術・ノウハウなど目に見えないけれども、それが無くなると事業が存続できなくなるほどの重要な経営資源を、どのようにして後継者へ移転することができるか検討することになります。

　従業員にとっての知的資産はあまりに身近で日常的な経営資源であるために、従業員にとって当たり前で気づかなかったことが、実は「事業の存続に不可欠の知的資産」であったということがよくあります。客観的な立場の専門家の支援を受けるなど、後継者にとって重要な知的資産を漏らさず承継することができるかが問題となります。

　実務上見られる典型的な課題（論点）は、**【A-1】親族内承継の知的資産に関する課題**と同じものとなります。

2. 事業承継フレームワーク　39

【B-2】

従業員承継の事業戦略に関する課題

改訂版	課題発見フェーズ			課題解決フェーズ			
	企業経営論			後継者論		手続き論	
	知的資産	事業戦略	キャリア	リーダーシップ	管理	支配権（株式）	債務
親族内	A-1	A-2	A-3	A-4	A-5	A-6	A-7
従業員	B-1	B-2 課題 解決策 現状	B-3	B-4	B-5	B-6	B-7
第三者	C-1	C-2	C-3	C-4	C-5	C-6	C-7

　従業員承継における**事業戦略**に関する課題とは、事業そのものを存続・成長させるためにどのようにすべきかという課題であり、収益性の向上や成長可能性の回復を図ること、事業そのものが行き詰まった場合には事業を再構築したり又は新規事業を立ち上げたりすることを検討することになります。

　これまでサラリーマンとして給料をもらう立場にあった従業員が、経営者として給料を払う立場で企業経営を考えられるよう、後継者自身が自己変革することができるかどうか問題となります。

　実務上見られる典型的な課題（論点）は、**【A-2】親族内承継の事業戦略に関する課題**と概ね同じものとなります。

40

【B-3】

従業員承継の後継者キャリアに関する課題

改訂版	課題発見フェーズ			課題解決フェーズ			
	企業経営論			後継者論		手続き論	
	知的資産	事業戦略	キャリア	リーダーシップ	管理	支配権（株式）	債務
親族内	A-1	A-2	A-3	A-4	A-5	A-6	A-7
従業員	B-1	B-2	B-3 課題／解決策／現状	B-4	B-5	B-6	B-7
第三者	C-1	C-2	C-3	C-4	C-5	C-6	C-7

　従業員承継の**後継者キャリア**に関する課題とは、後継者が事業（会社）のオーナー経営者になる決意を固め、責任を引き受ける覚悟ができるかという課題であり、企業経営の知識と経験に乏しい後継者が一人前の経営者に成長するプロセスを検討することになります。

　従業員承継の後継者は、会社の役員や従業員であり、現経営者の親族ではない他人ということになりますが、サラリーマンとして長年働いてきたため、自分が事業（会社）のオーナーとなって支配すること、経営者として組織のトップに立つことに尻込みするケースが多いようです。それゆえ、後継者である従業員が経営者になる決意を固めることは、極めて難しい課題となります。

　また、特定の職務において能力が高く、経験が豊富な従業員であっても、経営管理を職務とする社長職として成功できるかどうかわかりません。優秀なトップ・セールスマンであっても、財務や管理の仕事が大嫌いというケースも多く見られます。どんなに優秀な従業員であっても、経営管理という職務（社長職）の知識と経験は無いわけですから、経営企画担当などの職務に就けて、経営者としての教育や現経営者からの OJT を

2. 事業承継フレームワーク　41

受けることができるか、一人前の経営者に成長することができるかが問題となります。

そして、後継者へ社長交代した後、先代経営者がどれだけ現場に残って後継者に伴走することができるか、検討しておく必要があります。

実務上見られる典型的な課題（論点）は、**【A-3】親族内承継の後継者キャリアに関する課題**と概ね同じものとなりますが、重複しないものとして、以下のような課題が挙げられます。

【課題】

親族内に後継者がいないにもかかわらず、先代経営者は事業承継について何も考えておらず、引退しようとしない。

現経営者は、事業承継することを不安に思っています。それは、**経営者として仕事中心の人生を行きてきたため、仕事の無い人生が想像できないから**です。生きがいである仕事を失って、自分はどのように毎日過ごせばよいのだろうかと、自分自身の老後の生活について、**不安や心配、寂しい思い**を抱くはずです。

それゆえ、事業承継のタイミングで、現経営者の**引退後のキャリア形成を支援する**ことが求められます。つまり、**次の仕事を見つける**のです。「のんびり遊んで暮らしなさい。」と言っても、仕事ほど面白いことはこの世の中にはない、仕事が一番楽しいと思っている経営者は、趣味に没頭したり旅行で遊んだりしようとは思わないのです。

例えば、慈善事業やボランティア活動に取り組む、業界団体など公的な仕事に取り組む、新たな事業と立ち上げるなど、現経営者が引退後のキャリアを考えるとよいでしょう。キャリア・コンサルタントなど外部専門家の助言や指導を受けながら考えることも効果的です。

【課題】

サラリーマンとして勤務してきた従業員を後継者にしたいと考えているが、経営者としての経験がなく、企業オーナー・経営者になることを覚悟することができないようだ。

サラリーマンが経営者になるには、会社を辞めて起業するしかありません。しかし、ゼロから事業を立ち上げる「起業」や「創業」は、事業価値をゼロから創り始めることになるため、極めて難易度の高い仕事となります。「起業家」と言えば聞こえ方はよいですが、現実のところ起業家の大部分が失敗しているため、成功する人はごく一部なの

です。

　しかし、事業承継は、それほど難しいものではありません。経営資源が揃っていてすでに稼働している、価値ある事業が手に入るからです。しかも、第三者間のM&Aのように高い価格での譲渡を要求されることはなく、手が届く低い金額で譲り受けることができます。つまり、従業員承継は、従業員個人にとって、宝くじに当たったと言っても過言ではない、極めて恵まれた機会なのです。

　長年サラリーマンとして働いてきた従業員は、経営者の立場で働くことに自信が持てず、「自分には無理だ」と言い出すケースが多く見られます。しかし、運良く後継者として任命されたことに感謝し、その恵まれた機会を正しく認識することができれば、企業オーナー及び経営者になることを決意することができると思います。

【B-4】

従業員承継の後継者リーダーシップに関する課題

改訂版	課題発見フェーズ			課題解決フェーズ			
	企業経営論			後継者論		手続き論	
	知的資産	事業戦略	キャリア	リーダーシップ	管理	支配権(株式)	債務
親族内	A-1	A-2	A-3	A-4	A-5	A-6	A-7
従業員	B-1	B-2	B-3	B-4 課題 現状 解決策	B-5	B-6	B-7
第三者	C-1	C-2	C-3	C-4	C-5	C-6	C-7

　従業員承継の**後継者リーダーシップ**に関する課題とは、社長と従業員との信頼関係に基づき、組織を率いる能力を発揮することができるかという課題です。後継者は、経営理念（組織の目標や方向性）を示し、その実現のために従業員の動機づけを行わなければなりません。

　事業承継されることになった従業員のリーダーシップについては、現場で実績を作らないうちにお題目だけを掲げても他の従業員はついてきてくれず、他の従業員との間の信頼関係を構築するまで、機能させることはできないでしょう。経営者としてのリーダーシップを発揮するには**後継者と従業員との人間関係**が問題となります。

　実務上見られる典型的な課題（論点）は、**【A-4】親族内承継の後継者リーダーシップに関する課題**と同じものとなります。

【B-5】

従業員承継の経営管理に関する課題

改訂版	課題発見フェーズ			課題解決フェーズ			
	企業経営論			後継者論		手続き論	
	知的資産	事業戦略	キャリア	リーダーシップ	管理	支配権(株式)	債務
親族内	A-1	A-2	A-3	A-4	A-5	A-6	A-7
従業員	B-1	B-2	B-3	B-4	B-5	B-6	B-7
第三者	C-1	C-2	C-3	C-4	C-5	C-6	C-7

　従業員承継の**経営管理**に関する課題とは、後継者が、効率的な組織を作り上げて、従業員の業務を管理することができるかという課題です。例えば、適切な人事評価制度を設定することができるか、事業戦略に適合して組織構造を変えることができるか、社内規則や法令を遵守する組織風土を作ることができるか、検討することになります。日常的には、PDCAサイクルを回すことによって従業員の業務が効率的に遂行されるかどうか監督します。

　従業員として働く立場を経験していることから、現場の業務の改善点や、従業員がモチベーションを上げるポイントを理解していることが、従業員であった後継者の強みとなります。各現場の部分最適を図る従業員目線ではなく、全体最適化を図る経営者目線に切り替えて、効果的かつ効率的な経営管理体制を構築することができるかどうかが問題となります。

　実務上見られる典型的な課題（論点）は、**【A-5】親族内承継の経営管理に関する課題**と概ね同じものとなります。

2. 事業承継フレームワーク　45

【B-6】

従業員承継の支配権移転に関する課題

改訂版	課題発見フェーズ			課題解決フェーズ			
	企業経営論			後継者論		手続き論	
	知的資産	事業戦略	キャリア	リーダーシップ	管理	支配権（株式）	債務
親族内	A-1	A-2	A-3	A-4	A-5	A-6	A-7
従業員	B-1	B-2	B-3	B-4	B-5	B-6 課題／現状 解決策	B-7
第三者	C-1	C-2	C-3	C-4	C-5	C-6	C-7

　従業員承継における**支配権移転**に関する課題とは、目に見える経営資源として代表的な「モノ」すなわち、事業用資産をどのように移転するかという課題であり、法人であれば**非上場株式**の有償の譲渡を、個人であれば**不動産**およびその他個別資産の有償の譲渡を検討することになります。

　従業員承継の場合、現経営者が所有する株式や事業用資産を後継者に対して有償で譲渡することになりますが（親族内承継のように無償というわけにはいきません）、その**買取資金が無いケースがほとんど**であるため、**日本政策金融公庫**などの金融機関からのその資金を調達することができるかが問題となります。

　実務上見られる典型的な課題（論点）として、以下のようなものが挙げられます。

【課題】

　後継者である従業員には、事業を買い取る資金が全く無い。

子供への親族内承継を断念した現経営者が、すぐに直面する問題が、後継者にしたいと考えた従業員に、事業の買取資金がないという現実です。

　この点については、「私がこれまで十分稼いできたし、十分な退職金もいただくから、事業はタダで従業員に引き継いでもいい」という気前の良い経営者もいます。つまり、従業員に対して会社や事業を無償で譲渡する（贈与する）という方法です。ただし、従業員は他人ですから、奥様や子供など推定相続人から従業員承継に反対されることがないよう、事前に親族全員で話し合い、合意しておかなければいけません。

　有償で譲渡するという場合であっても、会社の**株式評価が非常に高くなっているために従業員が買い取ることができない状況**に直面します。しかし、ほとんどのケースは、会社に余剰資金（定期預金や有価証券など）や生命保険（保険積立金）があるために株式評価の高くしている状況です。これについては、2つの対処方法があります。

　1つは、**株式評価を下げてから会社の株式を譲渡する方法**です。余剰資金や保険解約返戻金を現経営者に退職金として支払うか、株主に剰余金の分配を行えば、株式評価額は低下します。従業員に手が届く金額（たとえば、3,000万円など）まで評価を引き下げることができれば、あとは従業員個人に資金調達させればよいでしょう。

　もう1つは、**会社ではなく、事業だけを切り出して譲渡する方法（事業譲渡）**です。余剰資金や生命保険は会社に残し、営業用資産と負債のみ従業員へ譲渡するということです。そうすれば、従業員に手が届く金額まで譲渡価額を引き下げることができるはずですので、あとは従業員個人に資金調達させればよいでしょう。

　後継者である従業員の資金調達方法として、**日本政策金融公庫**（国民生活事業）が実施する「企業再建・事業承継支援資金」があり、最大7,200万円までの融資を受けることができます。**経営承継円滑化法の金融支援**の適用も受けるとすれば、同時に低い特例利率が適用されますので、有利な条件での銀行借入金を調達することができます。

【課題】

　本社ビルを所有しているため株式評価額が高くなり、従業員が株式を買い取ることができない。

　従業員へ株式を有償で譲渡するという場合であっても、株式評価が非常に高くなっていると、従業員が買い取ることができない状況に直面します。老舗企業では、**本社ビルのような大きな不動産**や投資用資産があるために株式評価が高くなることがあります。

　このような状況になった場合、**会社ではなく、事業だけを切り出して譲渡する方法（事業譲渡）**をとります。すなわち、不動産は会社に残し、営業用資産と負債のみ従業員へ譲渡するということです。そうすれば、従業員が買い取ることができるようになります。

2. 事業承継フレームワーク

ちなみに、このように不動産を対象から外して事業譲渡を行いますと、先代経営者は、本社ビルを後継者に賃貸し始めるなど、事業承継が済んだ後に不動産賃貸業を営む法人を持つこととなります。この状態になることは非常に幸運であり、一定条件を満たすことができれば、経営承継円滑化法の納税猶予制度の適用が可能となります。すなわち、親族ではない正社員を5人以上雇って、不動産賃貸業を3年以上営むならば、贈与税はゼロ、相続税もゼロ（特例措置の場合）で、子供に財産承継することができます。

【課題】

　従業員に中継ぎとして社長を任せ、自分の孫に株式承継するまで、株式は親族に保有を続けさせたいが、問題ないだろうか。

　先代経営者の子供が社長に就かなかったために、孫へ事業を継がせようと考えるケースがときどきあります。すなわち、先代経営者の子供の世代は一時的に経営に携わらず、孫の世代まで事業承継を先延ばしするということです。孫が継ぐまでの間は、従業員や外部招聘の専門人材に、リリーフとして社長職を任せます。雇われサラリーマン社長による経営です。

　中小企業は、株式の所有と社長の経営を同一のオーナー経営者が行うことが原則ですが（所有と経営の一致）、このようなケースでは、一時的な**所有と経営の分離**が発生することになります。

　この状況が発生することはやむを得ませんが、いくつか問題があります。株主側からすれば、親族外の従業員が社長として経営を行うことによって、経営リスクを考えない無茶な経営が行われ、会社が倒産してしまうおそれがあります。サラリーマン社長は、会社を所有しているわけでなく、債務保証しているわけでもありませんので、ハイリスクの投資を実行して高いリターンを追求しようと考えるわけです。成功すれば社長の成果ですが、失敗しても失うものがないからです。

　これに対して、経営者側、すなわち雇われサラリーマン社長側からすれば、業績向上によって事業価値が高まったとしても、それは株主の財産に転化され、個人の利益に直結しないことから、業績を上げるための経営努力を行うモチベーションが生じにくいという問題があります。努力の成果を得られないのであれば、サラリーマンとして無理せずのんびり働こうと考えることでしょう。

　したがって、このような問題が伴う状況であることを認識した上で、それでもなお孫への事業承継が実現したいのであれば、一時的な所有と経営の分離のガバナンス体制を綿密に計画し、慎重に事業を存続させることが必要となります。

【B-7】

従業員承継の債務移転に関する課題

改訂版	課題発見フェーズ			課題解決フェーズ			
	企業経営論			後継者論		手続き論	
	知的資産	事業戦略	キャリア	リーダーシップ	管理	支配権（株式）	債務
親族内	A-1	A-2	A-3	A-4	A-5	A-6	A-7
従業員	B-1	B-2	B-3	B-4	B-5	B-6	B-7 課題／解決策／現状
第三者	C-1	C-2	C-3	C-4	C-5	C-6	C-7

　従業員承継の**債務移転**に関する課題とは、事業承継に伴って現経営者が負担する債務（銀行借入金、個人保証）を引き継ぐことができるかどうかという課題であり、そもそも銀行借入金を引き継がないようにする方法はないか、銀行借入金を引き継ぐとしても、個人保証を外す方法はないか、検討することになります。

　また、現経営者からの役員借入金（現経営者から見れば貸付金）を引き継ぐことも問題となるため、現経営者による**債権放棄**（法人から見れば債務免除）、貸付金の現物出資による新株発行**（DES）** の実行可否について検討することとなるでしょう。

　なお、ほとんどの経営者は、決算書や申告書を従業員へ見せたことがないはずです。事業承継の最終局面で負担すべき債務の金額を開示したとき、従業員の腰が引けることはないかが問題となります。債務の状況は、ある程度早い段階で後継者に開示しておかなければなりません。

　実務上見られる典型的な課題（論点）は、**【A-7】親族内承継の債務移転に関する課題**と概ね同じものとなります。

2. 事業承継フレームワーク　49

（4）第三者承継の課題

【C-1】

第三者承継の知的資産に関する課題

改訂版	課題発見フェーズ			課題解決フェーズ			
	企業経営論		後継者論			手続き論	
	知的資産	事業戦略	キャリア	リーダーシップ	管理	支配権（株式）	債務
親族内	A-1	A-2	A-3	A-4	A-5	A-6	A-7
従業員	B-1	B-2	B-3	B-4	B-5	B-6	B-7
第三者	C-1 課題／解決策／現状	C-2	C-3	C-4	C-5	C-6	C-7

　第三者承継（M&A）の知的資産に関する課題とは、承継すべき経営資源（ヒト・モノ・カネ・知的資産）の中で最も重要なものと位置づけられる知的資産をどのように承継すべきかという課題であり、顧客関係、営業力、技術・ノウハウなど目に見えないけれども、無くなると事業が存続できなくなるほどの重要な経営資源を、どのようにすれば漏れなく第三者へ移転することができるか検討することになります。

　M&Aの買い手は、将来キャッシュ・フローを手に入れようとするために、高額な譲渡対価を支払うわけですから、将来キャッシュ・フローを生み出す源泉となる知的資産は、漏れなく壊さずに移転してほしいと考えます。

　中小企業の場合、顧客関係や営業力などの**知的資産が現経営者に帰属していることも多い**ため、一定期間、現経営者が残ってでも、買い手に知的資産を引き継ぐことができるかが問題となります。また、知的資産が従業員に帰属していることも多いため、

M&Aが成立するまでに従業員が離職してしまうことを防止することができるかが問題となります。

実務上見られる典型的な課題（論点）として、以下のようなものが挙げられます。

【課題】

第三者承継（M&A）を実行することに、キーパーソンである優秀な幹部社員が拒否反応を示しており、退職する可能性が高い。

従業員がM&A直後に退職するケースはよくあります。これは買い手側の経営に従業員が馴染めないことが原因であるため、買い手側の問題であり、売り手側の経営者に責任はありません。しかし、長年連れ添ってくれた従業員が幸せに働き続ける環境を作ってあげることも経営者の役割と考えるならば、従業員の気持ちに注意を払い、事業の買い手を選ばなければいけません。

この点、幹部社員や従業員の**継続雇用を買い手が誓約する**ことは、ほとんどのM&A実務において合意され、譲渡契約書に記載されています。買い手としても従業員は重要な知的資産と考えますので、当初からリストラし解雇することを計画することはほとんどありません。

しかしながら、買い手側の経営に基づく職場環境が従業員にとって働きやすいものかというのは別の問題です。中小企業を買収する買い手は、ほとんどが大企業です。大企業の経営では、従業員には組織の一員として働くこと、細分化された職務と専門的な能力が求められます。これに対して、中小企業では、幅広い仕事と権限、オールラウンドな能力が求められていたはずです。

それゆえ、**中小企業で活躍してきた従業員が大企業で通用するとは限らず、多くのケースは、その堅苦しさに耐えかねて退職してしまう**のです。これでは、従業員の幸せは維持できたとは言えないでしょう。

従業員の幸せを考えますと、オーナー経営者にとってのM&Aが「ハッピーリタイヤだ」とは必ずしも言えないのです。売却価格が高くなればなるほど、承継された従業員の働き方に対するプレッシャーは大きくなります。従業員の幸せと経営者の利益（現金を受け取って引退すること）にはトレードオフの関係があることに留意しなければなりません。

【C-2】

第三者承継の事業戦略に関する課題

改訂版	課題発見フェーズ			課題解決フェーズ			
	企業経営論			後継者論		手続き論	
	知的資産	事業戦略	キャリア	リーダーシップ	管理	支配権（株式）	債務
親族内	A-1	A-2	A-3	A-4	A-5	A-6	A-7
従業員	B-1	B-2	B-3	B-4	B-5	B-6	B-7
第三者	C-1	C-2 課題 解決策 現状	C-3	C-4	C-5	C-6	C-7

　第三者承継（M&A）における**事業戦略**は、事業価値を第三者に譲り渡すことを前提に、第三者にとっての事業価値を高めるため、事業の磨き上げを行って収益性の向上を図ることです。

　また、事業の磨き上げと並行して、M&Aの買い手にとって承継しやすい事業構造とするため、その経営資源の再構築も必要です（事業と不動産の切り離しなど）。いずれにせよ、買い手から見てどれだけ魅力のある事業とし、**高い売却価格を実現すること**が**できるか**が勝負となります。

　実務上見られる典型的な課題（論点）として、以下のようなものが挙げられます。

【課題】

　事業を成長・発展させてくれる優良企業に事業を引き継いでほしいが、理想的な買い手が見つからない。

M&A の買収は、買い手にとっては大きな投資ですから、投資額を回収できるような価値ある事業しか買収対象となりません。約 5 年間の利益によって投資額を回収できるくらいの収益力が必要です。以下のような状況の事業は、買収対象と見ることが難しいでしょう。

- 損益が赤字で、経営改善しても黒字に転化する見込みがない
- 投資回収が 10 年以上かかると予測される
- 損益が黒字ではあるが、引き継ぐ銀行借入金が重く、返済が長期になる
- 損益は黒字ではあるが、現経営者が交代すると、収益性が低下する危険性がある（経営力が低下する、従業員が退職する）
- 大きな偶発債務を抱えている（土壌汚染など）

このように、**収益性の現状の問題、収益性の維持の問題、債務の問題**によって、買い手が買収する意義を見いだせないです。

したがって、M&A を決定するのであれば、事前に**事業の磨き上げを行い、収益性を高めておく**ことが不可欠です。また、債務が過大であるときは、現経営者が経営責任として個人財産を会社に拠出して債務の返済しておくか、**借入金を M&A の譲渡対象から外す**（残った債務は現経営者が個人で返済する）ことが必要となります。

【課題】

　従業員の雇用維持を約束してくれる買い手に事業を引き継いでもらいたい。

現経営者が M&A を実行しようとする際、どうしても譲れない条件として、一般的に、**売却価格**と**継続雇用**があります。この点、義理人情を重んじる日本的な文化のもとでは、価格条件を犠牲にしてでも従業員の継続雇用を優先して考える企業オーナーも多いようです。それゆえ、従業員の継続雇用や処遇維持は、買い手候補に対して当然に要求すべき条件であり、基本合意のような早い段階から話し合うべきものです。

この点、買い手候補はよほどのことがない限り、従業員の継続雇用という条件には合意するです。これに心配する必要はありません。

【課題】

　事業が赤字である、または、収益性が著しく低いため、買い手が見つからない。

そもそもM&Aの最適なタイミングは、業績が悪化したときではなく、業績が向上しているときです。それゆえ、最適な売却タイミングを計って決断することに難しい判断が求められます。すなわち、買い手候補から提示される買収価格は、将来キャッシュ・フローに基づく評価が基本となりますので、将来キャッシュ・フローが増加する傾向にあるタイミングに売却すべきということです。少なくとも直近の事業年度に利益を計上して黒字でなければ、高い評価は得られないでしょう。

したがって、M&Aで譲渡を実現しようとするなれば、赤字を解消し、収益性を向上させるために、事前に**経営改善を図る事業の磨き上げ**を行っておく必要があります。

事業の収益性を高める方法として、長期的には、販路拡大などの収益拡大、低コストでの原材料仕入によるコスト削減、製造工程や販売・物流プロセスにおける効率化が求められます。これらは、数年間かけて効果が出る方法ですが、売却価格最大化を実現するために、必ず実行すべきでしょう。また、短期的には、**不要な資産**（遊休資産、不稼働資産、赤字の事業）**の処分**を行い、貸借対照表をスリム化しておくこと、**経営者と会社との線引きを明確化**しておくこと（資産の貸借、ゴルフ会員権、自家用車、交際費など）が必要です。

なお、上場企業への売却を考えるのであれば、会社売却の前に**内部統制**を有効に機能させておく必要があります。M&Aで売却すれば上場企業の子会社となり、対象事業の内部統制は金融商品取引法上の公認会計士監査の対象となるからです。内部統制が整備されていない場合には、その整備のために必要なコストが事業価値のマイナス要因として評価されてしまうことになるでしょう。

【C-3】

第三者承継の後継者キャリアに関する課題

改訂版	課題発見フェーズ			課題解決フェーズ			
	企業経営論		後継者論			手続き論	
	知的資産	事業戦略	キャリア	リーダーシップ	管理	支配権（株式）	債務
親族内	A-1	A-2	A-3	A-4	A-5	A-6	A-7
従業員	B-1	B-2	B-3	B-4	B-5	B-6	B-7
第三者	C-1	C-2	C-3	C-4	C-5	C-6	C-7

　第三者承継では、通常、同業他社（会社）が事業を譲り受ける（買い取る）こととなりますが、買い手側には、これまで経営者としてのキャリアを積み重ねてきた経営者が存在しています。

　それゆえ、後継者としてのキャリアは、**買い手側の経営者の問題**となり、これについて売り手側から口をはさむ余地はありません。したがって、この点が事業承継の課題（論点）となることはありません。

【C-4】
第三者承継の後継者リーダーシップに関する課題

改訂版	課題発見フェーズ			課題解決フェーズ			
	企業経営論			後継者論		手続き論	
	知的資産	事業戦略	キャリア	リーダーシップ	管理	支配権（株式）	債務
親族内	A-1	A-2	A-3	A-4	A-5	A-6	A-7
従業員	B-1	B-2	B-3	B-4	B-5	B-6	B-7
第三者	C-1	C-2	C-3	C-4 課題 解決策 現状	C-5	C-6	C-7

第三者承継では、通常、同業他社（会社）が事業を譲り受ける（買い取る）こととなりますが、買い手側には、これまで事業を営んできた経営者が存在しています。それゆえ、後継者のリーダーシップは、**買い手側の経営者**によって発揮されるということになります。これは、事業承継を行う経営者の問題ではないため、売り手側が口をはさむ余地はありません。したがって、この点が事業承継の課題（論点）となることはありません。

しかし、買い手側から見れば、対象事業で働く従業員が買い手側の経営者の指揮命令に素直に従うかどうかは重大な関心事となります。そこで、取引条件交渉の際には、従業員の性格特性、勤務態度、家族構成、趣味趣向、生活状況、入社の経緯、賞罰、モチベーションのスイッチなどを整理し、事前に買い手にその情報を提供しておくことができれば、事業価値を高く評価させることができるでしょう。

【C-5】

第三者承継の経営管理に関する課題

改訂版	課題発見フェーズ			課題解決フェーズ			
	企業経営論			後継者論		手続き論	
	知的資産	事業戦略	キャリア	リーダーシップ	管理	支配権（株式）	債務
親族内	A-1	A-2	A-3	A-4	A-5	A-6	A-7
従業員	B-1	B-2	B-3	B-4	B-5	B-6	B-7
第三者	C-1	C-2	C-3	C-4	C-5 課題 ← 解決策 現状	C-6	C-7

　第三者承継では、通常、同業他社（会社）が事業を譲り受ける（買い取る）こととなりますが、買い手側には、これまで自社の経営管理を行ってきた経営者が存在しています。それゆえ、後継者としての経営管理は、**買い手側の経営者**によって遂行されることになります。これは、事業承継を行う経営者の問題ではないため、売り手側が口をはさむ余地はありません。したがって、この点が事業承継の課題（論点）となることはありません。

　しかし、引退する経営者個人の今後の評判を考えなければなりません。M&A 実行前に、現経営者から役員・従業員へ経営管理体制が変わることを伝え、同意や納得を得ることによって、残される従業員から、「現経営者としての責任を果たしている」というプラスのイメージを持ってもらうことができれば、現経営者の評判を落とすことはないでしょう。また、事業承継の直前の時期においても従業員が安心して働くことができれば、M&A 実行までの経営管理におけるトラブルを防止することができるでしょう。

2. 事業承継フレームワーク　57

【C-6】

第三者承継の支配権移転に関する課題

改訂版	課題発見フェーズ			課題解決フェーズ			
	企業経営論			後継者論		手続き論	
	知的資産	事業戦略	キャリア	リーダーシップ	管理	支配権(株式)	債務
親族内	A-1	A-2	A-3	A-4	A-5	A-6	A-7
従業員	B-1	B-2	B-3	B-4	B-5	B-6	B-7
第三者	C-1	C-2	C-3	C-4	C-5	C-6 課題 解決策 現状	C-7

　第三者承継（M&A）における**支配権移転**に関する課題とは、目に見える経営資源として代表的な「モノ」すなわち、事業用資産をどのように第三者へ売却するかという課題であり、法人であれば**非上場株式**の有償の譲渡を、個人であれば**不動産**およびその他個別資産の有償の譲渡を検討することになります。

　現経営者は、事業価値を支配することができるオーナーの地位を譲り渡し、その譲渡対価として多額の現金を受領するわけですから、**M&A は将来キャッシュ・フローと現金（一時金）を交換する行為である**と考えることができます。それゆえ、現経営者は個人財産を増やすために、**売却価格の最大化**を目指すことになります。この点、売却価格は、取引条件交渉の巧拙によって大きく変わるため、M&A 専門家による支援が不可欠です。

　なお、事業の全部を譲渡することになるとしても、譲渡対価としての多額の現金を手にすることになりますので、**先代経営者個人の相続税対策**が問題となります。この点、M&A において様々な譲渡スキームを工夫して考えることができますが、株式譲渡ではなく事業譲渡とすることによって法人を手元に残し、その法人が不動産賃貸業を開始す

るなど様々なスキームが考えられますが、経営承継円滑化法の納税猶予制度を適用することも検討すべきでしょう。

【課題】

M&A 仲介業者から、事業を買い取ってくれる相手を紹介してもらったが、譲渡価額が想定した金額よりも低い。

景気の良い業種で、収益性も高い優良事業の M&A 案件であれば、買い手候補から提示される譲渡価額は高くなるはずです。10 社を超える多くの買い手候補が名乗りを上げるケースもあるでしょう。

しかし、**M&A 仲介業者がとる売却の方法は「仲介」**です。すなわち、買い手候補を1 社ずつ紹介する相対取引です。複数の買い手候補を同時に紹介し、価格競争をもたらすような方法をとることはありません。

相対取引のメリットは、交渉プロセスがシンプルであるため、短期間で交渉をまとめることができ、対象事業に係る機密情報が漏洩するリスクが低くなることです。その半面、買い手候補に競争相手が存在しないため、売り手の交渉力が弱くなり、譲渡価額が低くなる傾向にあります。

そこで、検討すべきなのは、M&A 仲介業者ではなく、金融機関など利益相反取引を行わない **M&A アドバイザー**による「**助言**」です。彼らは売り手側のみ助言を行い、仲介は行いませんので、複数の買い手候補を同時に紹介してもらうことができます。すなわち、**競争入札**が実施されます。

複数の買い手候補に同時に交渉を行い、入札を行って買い手候補を競わせた方が譲渡価額は高くなる可能性があります。

もし 10 社以上を招いた競争入札を行い、好条件を出してきた2社にデュー・ディリジェンスを実施させ、もう一度競争入札を実施して1社に絞り込むという段階的な競争入札を行うことができるのであれば、最終契約の締結時まで買い手候補を競わせて売り手が交渉を有利に進めることができ、**売却価格を最大化**することができるでしょう。

【課題】

M&A で株式譲渡が決定したが、名義だけの株主がいるため、買い手が難色を示している。

真の株主と名義上の株主とが一致しない株式のことを**名義株式**といいます。これは、

他人の名義を借用して新株の引受けを行うことによって発生します。名義株式は、M&A の譲渡対価が真の株主と名義上の株主のどちらに帰属するか不明確とするため、買い手は当然にその解消を求めてきます。

実務では、名義上の株主に依頼し、「真の株主に名義書換えを行います。」とする**同意書に署名・押印してもらう**ことになります。名義上の株主から同意が得られないときは、真の株主が、自分が株主であることの確認を求める訴訟を提起しなければなりません。

M&A で株式が高く売却されることが明らかになれば、売却益欲しさに名義上の株主が同意しなくなってしまうかもしれません。事業承継で M&A を想定するならば、早い段階で名義株式を解消しておくべきでしょう。

【課題】

会社の少数株主に M&A の話をしたら、大株主である現経営者に高値での買取りを要求してきた。また、他にも少数株主が存在するが、その所在が不明である。

M&A では、会社が発行した株式を買い手に移転する必要がありますが、現経営者以外の少数株主が存在し、それらの所在が不明であれば、一部の株式が移転されないこととなります。売り手側にいる少数株主が残ってもらっては困りますので、買い手は基本的に発行済株式の全てを買収できないのであれば、M&A を実行しようとはしないはずです。

そこで、現経営者から M&A を行う直前のタイミングで、所在不明の株主の調査およびその株式の整理を行い、現経営者または発行法人が買い取っておくべきでしょう（この場合の買取価額については、M&A の譲渡価額と大きく乖離する場合に問題となります）。

【C-7】

第三者承継の債務移転に関する課題

改訂版	課題発見フェーズ			課題解決フェーズ			
	企業経営論			後継者論		手続き論	
	知的資産	事業戦略	キャリア	リーダーシップ	管理	支配権（株式）	債務
親族内	A-1	A-2	A-3	A-4	A-5	A-6	A-7
従業員	B-1	B-2	B-3	B-4	B-5	B-6	B-7
第三者	C-1	C-2	C-3	C-4	C-5	C-6	C-7 課題／解決策／現状

第三者承継（M&A）の債務移転に関する課題とは、M&A に伴って現経営者が負担する債務（銀行借入金、個人保証）を引き継ぐことができるかどうかという課題です。

銀行借入金の引継ぎは、現経営者にとってみれば譲渡対価の一部を構成するものであるため、売却価格の最大化を実現するために、可能な限り多くの銀行借入金を引き継いでもらいたいと考えます。

ただし、銀行借入金は買い手にとって大きな懸念事項となります。その借入れの目的（事業拡大や業務改善などプラスの資金調達、投資の失敗や誤った資金管理によるマイナスの資金調達なのか）によって、事業価値の評価が異なってくるため、借入目的・条件を買い手に理解させることができるかどうかが問題となります。

実務上見られる典型的な課題（論点）として、以下のようなものが挙げられます。

2. 事業承継フレームワーク　61

【課題】

　銀行借入金が過大であり、事業を譲り受けてくれる買い手が見つからない。事業そのものには魅力があるが、過大な債務に難色を示している。

　M&Aの買収は、買い手にとっては大きな投資ですから、投資額を5年程度で回収できるような価値ある事業しか買収対象となりません。それゆえ、過大な債務を背負う事業は、買収対象として考えることが困難となります。なぜなら、事業から獲得できるキャッシュ・フローが債務の返済に回るため、投資の回収期間が長期にわたるからです。仮に、今後は市場成長が見込まれ、10年で投資回収できると予測された事業であっても、将来の市場環境が実際にどうなるかわかりませんから、買い手は投資回収不能リスクを懸念し、買収をためらうことになります。

　このような場合、現経営者が経営責任として**個人財産を会社に拠出して銀行借入金を先に返済しておく**か、**銀行借入金はM&Aの譲渡対象から外す**（残った債務は現経営者が個人で返済する）ことになります。承継後の足かせとなるような過大な債務負担を買い手に押し付けることはできないのです。

【課題】

　先代経営者個人による「貸付金」すなわち、法人の「役員借入金」が大きい。

　M&Aによって先代経営者からの借入金が買い手へ引き継がれるとすれば、M&A実行後に買い手からそれが返済され、売り手である先代経営者の手元に現金が入りますので、その返済は実質的な譲渡対価の支払いと考えることができます。

　ただし、その債務に相当する価値が株式の譲渡価額から減額されて取引に合意されているはずですので、売却価格が上がったというわけではありません。

　しかし、売り手は、譲渡対価ではなく債権回収という形で現金を受け取ることになるため、株式譲渡に伴う所得税等の負担が軽減されるというメリットを享受することはできます。

　もちろん、事業譲渡が採用される場合には、このような借入金は対象の事業から外されて会社に残されるため、譲渡対価として受け取った税引後の現金を原資として先代経営者に返済することになります。それで返済することができなければ、そのまま放置するか、**DES**（デット・エクイティ・スワップ）又は**債権放棄**（債務免除）によって解消することになるでしょう。

　しかし、債務超過の状況でDESや債権放棄を行いますと、会社に債務免除益が発生

するため、それに対する法人税等の課税が問題となります。十分な繰越欠損金がなく、債務免除益に対する課税に耐えられないときは、会社を解散し、期限切れ欠損金まで活用しなければいけません。すなわち、会社を解散して清算することになります。

3.
コンサルティング業務の獲得

（1）事業承継支援の専門家は誰か

　企業オーナーに対して、事業承継に係る指導や助言を行う専門家は、一般的に以下の4者と考えられます。

---

① 都市銀行や大手証券会社など大手金融機関の**短期集中型営業マン**

② 地域金融機関（地方銀行、信用金庫など）、生命保険会社の**地域密着型営業マン**

③ 顧問税理士

④ 中小企業診断士（行政機関からの紹介による）

　4者の特徴は、対象となる事業の規模に照応する価値のサービスを提供しているという点にあります。

　①大手金融機関の営業マンで事業承継の支援者となる人たちは、チームを構成し、幅広いサービスを提供します。メンバーは、支店の営業担当者、その支店長、本店から派遣された事業承継・M&A支援の担当者、提携先である大手税理士法人の資産税専門税理士です。対象事業が海外展開している場合や、M&Aで外資系企業と交渉する場合など、海外支店の営業担当者と連携するケースもあります。

　このように大勢のメンバーを総動員し、金融機関側の人件費は極めて重くなることから、この人件費に見合う収益（融資の利息、資産運用手数料、コンサル報酬）を獲得できるような顧客に限定してサービスを提供します。それゆえ、対象事業は、年商100億円を超えるような大規模な非上場企業（オーナー経営者ではなく大企業そのもの）ということになるでしょう。

　ただし、金融機関側で支援者となるいずれの人たちも「サラリーマン」です。会社経営の経験は無く、銀行からお金を借りる覚悟と怖さ、人を雇って給料を支払う責任感は、まったく理解できない人たちということになります。このため、「経営者」という人生、社長業の辛さや厳しさ、孤独感といった経営者のメンタルな側面のアドバイスは期待できません。それゆえ、大手金融機関の営業マンから提供されるサービスは、手続き論（税務や法務、M&A）に限定されることになります。

　大手金融機関の営業マンは3年程度のサイクルのジョブローテーション（異動）が行われており、3年後には顧客の担当から外されることになるため、**短期間に集中して大きな収益獲得を狙います**（逆に、失敗を恐れて何もしない人もいます）。M&A案件では、取引実行まで到達することによって成功報酬が得られることから、**顧客にとって不**

利な取引であっても、無理やり取引実行に持ち込もうとします（M&A に失敗しても責任を負うことがないからです）。

　たとえば、東芝が大失敗した米国原子力事業の M&A などは、投資銀行の優秀な営業マンたちが、ロジカルな提案と説得によって、無理やり取引実行まで押し込み、数億円のアドバイザリー報酬を受け取ったものと想像できます。結果として、大きな収益獲得した営業マンは、ボーナス増加、昇進・出世など成果を得ます。そして、結果的に東芝が M&A に大失敗したことが明らかになっても、その責任がサラリーマン個人まで及ぶことはありませんから、異動してその職場を去った後は「我関せず」です。ちなみに、筆者がサラリーマンであった若い頃、このような仕事に従事していました。

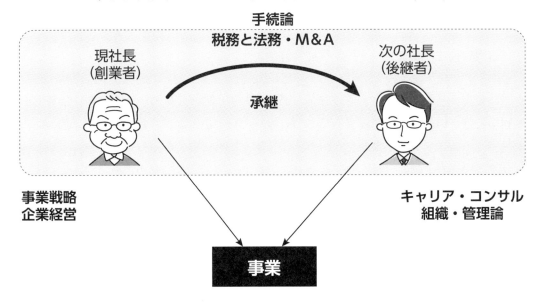

大手金融機関の短期集中型営業マンの支援対象
フィナンシャル・アドバイザリー・サービス（FAS）
トランズアクション・アドバイザリー・サービス（TAS）

　②**地域金融機関の営業マン**は全員がサラリーマンですが、**生命保険会社の営業マン**の場合は、地域金融機関とは異なり、自営業の場合や組織に属していても完全歩合給制の場合があります。

　サラリーマンの場合であっても地域金融機関の営業マンは大手金融機関と異なり、狭い地域で営業を続けなければならず、中小企業が顧客となります。したがって、事業承継の支援を行う顧客は、中小企業とそのオーナー経営者個人ということになります。

　地域金融機関や生命保険会社は、地域密着型で長期的お付合いを前提とする営業を行わなくてはいけません。短期集中型で損失が発生すれば、取引を継続することができなくなるからです。それゆえ、事業承継支援という、ともすれば3年を超える長期にわたるサービスを同じ営業マンに担当させることができます。結果として、顧客利益を犠牲

にして M&A を無理やり実行させることようなことはできません。

　一方、生命保険会社のセールスマンであれば、大企業に所属していても業績連動型の報酬体系（フル・コミッション）であり、個人事業主の集合体のような組織を形成しています。また、独立開業して自ら保険代理店を経営しているセールスマンも数多くいます。そのような人たちであれば、事業内容は相違して規模に差はあるものの、同じ自営業者として「経営者」の気持ちをある程度は理解でき、**少なくとも共感することができるため**、経営者のメンタルな側面の支援者となることができます。

　しかしながら、地域密着型で長期間寄り添って支援するとしても、地域金融機関や生命保険の営業マンの中には、事業承継支援ができる専門家が少ないように思われます。すなわち、企業経営（事業性評価など）のことを理解するとともに、資産運用、不動産投資に関して、その運用（投資のキャッシュ・フロー分析）と節税効果（資産税）まで対応することができる優秀な人は少ないようです。

　③**顧問税理士**は、そのほとんどが個人自営業または経営者（税理士法人・会計事務所のトップ）です。税理士業務はまさに地域密着型のビジネスで、当然ながら長期的にお付き合いすることになります。その顧客はほとんどが中小企業ですから、事業承継を支援する顧客は、中小企業のオーナー経営者個人ということになります。

　しかし、事業承継支援という点については、税理士には大きな問題があります。なぜなら、税理士という仕事は、そのほとんどが法人税務の顧問業務、すなわち、**決算書と税務申告書という書類の作成**であり、事業の経営者が抱える事業戦略や経営管理の悩み、経営者個人のメンタルな側面をサポートする能力と経験に欠けるからです。

　良くも悪くも士業の殿様商売であり、マーケティングや組織論が求められるビジネスではありません。また、会計事務所という極めて狭い社会の中で長年パソコンと向かい合って地味な作業を続けていると、日本経済やグローバルに広がるビジネスまで考える視野を持つことはできません。それゆえ、事業の経営者の「事業承継」という大きな悩みに対する指導は難しいと言わざるを得ません。

　しかし、経営者の財産承継に係る資産税（相続税など）に対応できる能力を税理士が持っている点は、他の支援者と比べて大きな優位性となります。なぜなら、資産税に伴うアドバイスが、顧客の利益やキャッシュ・フローの最大化に対して極めて大きな影響を与えるからです。法人税務を中心に行う税理士であっても、税理士であるかぎり資産税にも対応することが可能です。税金コストに対してアドバイスを提供することができる税理士は、たとえ企業経営や経営者のメンタルを理解することができなくとも、支援者の中で最も大きな価値を提供する存在だと思います。

　最後に、④**中小企業診断士**ですが、経済産業省の中小企業政策の実現をサポートすることを職務としてるため、各種補助金申請の支援や公的金融機関（日本政策金融公庫、信用保証協会など）の融資の支援、行政機関（再生支援協議会など）からのコンサルティング業務の下請けが主たる仕事となります。

　これらは、いずれも顧客の事業そのものを定量的かつ定性的に理解した上で、事業計

画書という形式で明文化して表現する仕事となります。それゆえ、自分自身で一般の事業を行った経験はないとしても、「いまの市場で何が売れるのか、儲かる商売とはなにか、どのように稼ぐか」など、ビジネスモデルそのものを理解し、事業性を評価する能力を持っています。

このようなビジネスに直結する資格であるため、大企業で役員を経験して会社の組織構造を熟知した人、都市銀行で法人営業を長年経験して事業性評価の経験が豊富な人、大手ITベンダーでERPシステムを開発して会社の業務フローを熟知している人などが中小企業診断士になっています（MBAホルダーも多数）。

したがって、中小企業診断士は、中小企業の経営者に対して事業戦略や経営管理に関するアドバイスを提供することができることから、事業承継の支援にも十分対応することができます。

問題は、個人事業主であるため、組織的に営業を行って仕事を受託するような営業力が無いことがです。それゆえ、ほとんどの中小企業診断士の営業活動は、行政機関（商工会議所、信用保証協会など）を窓口として仕事の紹介を受け、「専門家派遣」で下請けの仕事を行うこととなります。

以上のように、4者は「帯に短したすきに長し」であり、事業承継に係る問題をワンストップで解決できる専門家が存在していないのが、わが国の現状です。

それでは、どうすれば専門家として事業承継支援を行う体制を築くことができるのでしょうか。専門家になる前提として、事業承継支援に必要な能力は以下の通りです。

---

① 地域密着型で顧客を獲得することができる営業力
② 会社の企業経営を理解できる能力と**その経験**
③ 個人財産に係るアドバイスができること、金融資産投資、不動産投資、生命保険および税務の知識

ちなみに、欧米でこのような事業承継支援サービスを提供しているのは、**プライベートバンク**です。その営業マン（プライベートバンカー）は、企業経営のサポート（海外進出の支援、取引先の紹介や資金調達など）、金融商品への投資に加え、不動産投資や生命保険の設計、また相続税などの節税対策までもアドバイスし、顧客との長期的な関係に基づく包括的なサービスを提供しています。わが国でもこのようなサービスが期待されるところですが、残念ながら、**日本に拠点を構える外資系プライベートバンクであっても、日本国内では、このようなサービスは提供していません。**

そこで、日本で現実的にとることができる支援体制を検討しますと、①地域密着型で顧客を獲得することができる営業力という点では、**地域金融機関（地方銀行、信用金庫）が最適**だと思います。組織的な営業活動によって、見込み客へアプローチすること

3. コンサルティング業務の獲得　67

ができるからです。つまり、多数の営業マンを活用してプッシュ型の営業を行い、**事業承継支援というサービスの提案を大量に提供する力**を持っています。この点、地域密着ではないものの、**顧客との長期的関係を作る外資系プライベートバンク（UBS銀行など）**も、同様の営業力があると言えるでしょう。また、多数の職員を抱える大規模な**保険代理店**も、同様の営業力を持っているかもしれません。

　一方、②会社の企業経営を理解できる能力と**その経験**が大きな問題となりますが、いくらMBAで経営学を学んだしても、安定的なサラリーマンの経験しかないのであれば、企業経営を実践した経験に欠けると言わざるを得ません（大企業向けコンサルという専門領域はありますが）。自ら「企業オーナー」として経営を行う厳しい経験がなければ、中小企業のオーナー経営者の気持ちを本当に理解することができないということです。

　この点、サラリーマンを卒業し、個人事業主として独立した中小企業診断士であれば、個人で稼いでいるという立場にあるため、オーナー経営者の気持ちをある程度は理解することができますし、**少なくとも共感することができる**ため、オーナー経営者のメンタルな側面の支援者として最適な専門家であると考えられます。

　③個人財産に係るアドバイスができること、金融商品投資、不動産投資、生命保険および税務の知識については、テクニックの問題ですので、どのような専門家であっても、勉強すれば習得することができるはずです。

　以上のことから、理想的な支援体制は、ビジネスとして組織的に提案営業を行い、企業経営の経験に基づいて経営者個人の悩み相談ができ、個人財産に係る専門知識をもって問題解決策を提示することができるという体制です。

　そうであれば、**「地域金融機関」**や**「外資系プライベートバンク」の営業力**によって見込み客（事業承継ニーズ）を獲得し、**「中小企業診断士」**が経営者個人の悩み相談に対応し、個人財産（不動産、金融商品、生命保険）の専門家および**「税理士」**の問題解決サービスを提供するという連携体制が最適なものとなるのではないかと思われます。

(2) 専門家のセールス活動

　事業承継支援を「営業」として行うということは、事業承継支援というコンサルティング業務を販売するサービス業を営むということです。つまり、支援者は、事業承継に係る専門家であると同時に、コンサルティング業務を販売する事業主でもあるということです。したがって、事業承継支援を行うには、コンサルティング実務を遂行する前に、**マーケティング**と**セールス**の2つの営業活動を行わなくてはなりません。

　ここでは、セールスのプロセスについて解説いたします。セールス活動とは、マーケティング活動の結果として獲得した見込み客に対して、初回面談を行い、お客様のニーズの把握、それに対応するサービスの提案を行うことをいいます。

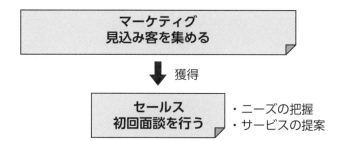

　事業承継支援に必要なサービスは、事業承継の問題解決というソリューションです。これは、株式承継などの事務手続きや税金計算だけでなく、後継者教育や経営指導、人生相談や精神面での助言まで必要とする**目に見えないサービス**となります。

　一般的に、M&A手続きの実行、経営承継円滑化法の申請手続きの代行、不動産の売買、相続税申告書の税務代理といった、いわゆる**「手続き」に対して、お客様は相応の報酬を支払おうとします**。その成果が目に見えるからです。また、金融商品や生命保険は、商品の購入代金の一部に報酬を紛れ込ませてあるため、お客様が報酬の支払いそのものを感じることはほとんどありません。

　これに対して、指導や助言といったコンサルティングなど、専門家の業務に係る**目に見えないサービス**に対して、お客様は報酬を支払おうとはしません。

　それゆえ、**事業承継支援の民間のコンサルティング業務を通じて、相応の報酬（収益）を獲得するためには、「手続き」の実行を行うことが不可欠**となります。

　ちなみに、手続き実行支援までの段階において、公的機関や信用金庫による「専門家派遣」で、1回2〜3万円の報酬が支払われる仕事があります。これは中小企業診断士のメイン業務の1つですが、実行支援まで至るケースがほとんどないため、高額の報酬を期待することはできません。ただし、未経験者でも行政や金融機関から「専門家」のお墨付きを無条件に付与され、業務に対するお客様の満足／不満足が問われないことから、誰にでもできるコンサルティング業務となります。これは、コンサルティング業務

の経験が乏しい中小企業診断士の方々には、ぜひお勧めしたい仕事です。

ただし、手続き実行支援に係る業務を売り込もうとする意欲が伴わないこともあり、手続き実行まで至る高い品質のコンサルティング業務が提供されず、お客様の満足度が低い結果に終わる傾向にあるようです。

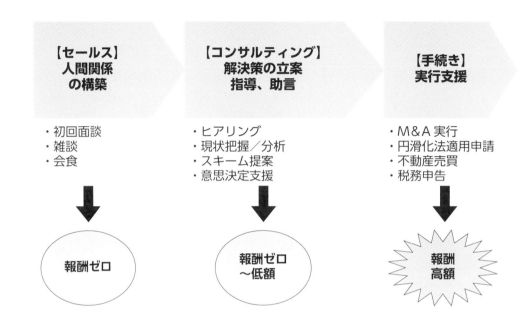

手続きの実行支援という業務を受注することが最大の目標であるとしても、それを受注するためには、その前段階において、指導・助言といったコンサルティング業務を省略することはできません。そこで、たとえ安い報酬であったとしても、**コンサルティング業務をいかに受注するか**が、支援者の営業活動における第一関門となります。

しかしながら、コンサルティング業務は目に見えない業務であるため、お客様は報酬を支払うに値するサービスであるかイメージすることはできませんし、ましてや、たまたま初回面談した専門家が、事業承継支援に最適な専門家であるかどうか見極めることなど不可能です。

専門家のサービスの高さをお客様に理解してもらうことは極めて難しい問題です。それゆえ、コンサルティング業務の品質の高さを自らアピールしても意味はありません。

結局のところ、お客様がコンサルティング業務を依頼しようとするのは、**専門家を信頼していること、人間的に好感・親近感を持つこと**、この2点に尽きます。

コンサルティング業務を依頼する 2 つの理由

外部の評判に基づき、信頼できたから

人間として好感・親近感を持ったから

　信頼性については、お客様は、インターネットなどを活用して、世間での評判を入手するなどして判断しますが、最終的には、専門家を紹介してくれた人との信頼関係をベースにして判断することになるでしょう。また、**人間的に好感・親近感を持つこと**は、初回面談の会話を通じて生じる感情です。

　いずれにせよ、お客様は、コンサルティング業務の品質を正しく評価した結果として、専門家にコンサルティング業務を依頼するわけではありません。優秀なコンサルタントだから仕事の依頼がたくさん来るというわけではないのです。

　結局のところ、事業承継支援の専門家のセールス活動の目的は、**お客様との人間的な信頼関係をいかに構築するか**となります。言い換えれば、事業承継支援に係るコンサルティング契約を獲得するということは、営業活動を通じて**お客様の心をつかむこと**なのです。

(3) 顧客との信頼関係を築く方法

繰り返しになりますが、民間のコンサルティング契約を獲得するということは、**顧客の心をつかみ、人間的な信頼関係を築き上げる**ということです。そのための具体的な方法は、どのようなものでしょうか。

最初に、お客様との初回面談において**「雑談をすること」**が重要です。1時間を予定する初回面談であれば、メインの商談（コンサルティング業務の提案）の話を行う前に、最低でも30分くらいは雑談に費やすように努力すべきでしょう。

もちろん、初対面の相手と楽しく雑談することは容易ではありません。雑談に慣れている人であれば準備は不要でもいいですが、慣れていないのであれば、雑談のためのネタを事前に準備しておくことが必要です。お客様の会社情報などをインターネットで調べておく、時事ネタを入手しておくといった準備です。

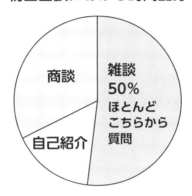

初回面談における時間配分

雑談を成功させるには、心理学に基づく会話のテクニックを駆使する必要があります。これは、生命保険セールスの方々など営業のスペシャリストであれば、新入社員研修で学ぶことです。そうでない方は、ここで立ち止まって確認しておきましょう。

お客様との会話のテクニックの基本は、相手が「聞いて欲しい」と思うことを、**「質問」をすること**です。自らの強みをアピールすることではありません。相手に質問をすることによって、**お客様の思考と感情に影響を与える**ことです。なぜなら、人間は誰しも「関係欲求（アルダファーのERG理論におけるRelatedness）」を持っており、他人から「認めてもらいたい」、「関心を持ってもらいたい」と思っているからです。そこで、質問によって、お客様に係る個人情報を提供してもらい、その返答に対する**関心を表明し共感を示す**のです。お客様を褒めることも効果的でしょう。その結果、お客様は自ら持っている関係欲求が充足されて喜び、相手に対して好感・親近感を示すようになります。つまり、お客様は、**質問してくれる相手に対して、好感・親近感を持つようになる**のです。

そして、雑談を通じて、自分とお客様の**共通の話題を見つける**ことが重要です（類似性の法則）、それによって人間としての好感・親近感を得ることができます。

（共通の話題の例）

【知人】「どなたの紹介で来られましたか？」→（お客様の返答）「●●さんです。」
　　　　→ 私もよくお会いします。

【仕事】「どちらでお仕事されていますか？」→（お客様の返答）「●●（場所）です。」
　　　　→ 私もよく訪れます。

【趣味】「お休みの日は何をされていますか？」→（お客様の返答）「●●しています。」
　　　　→ 私も昔やったことがあります。

また、お客様の発言に対して、**繰り返し同意の言葉を発する**ことが必要です。同意の言葉によって、お客様は「認めてもらえた」と感じることができるからです。これによってお客様は、価値観や考え方の類似性を感じ、親近感・好感を覚えやすくなります。逆に、否定的な言葉は絶対に発してはいけません。

（同意の言葉の例）

「おっしゃる通りですね」「まさに、お話された通りでしたよ」「先ほど、〇〇〇〇とおっしゃいましたが、実は私もそのように考えていましたよ」

さらに、お客様の感情を動かすために、積極的に**相づち**を打たなければいけません。**相づち**を打つことで、お客様の感情が込められた会話となり、親近感・好感を得ることができるからです。

（相づちの例）

「ああ、そうなんですね」「いやー、それは凄いですね」「うーん、なるほどねぇ」「ええっ！本当ですか！？」「おお！それは驚きですね」「はぁ、そんな事もあるんですね」「ひゃー、それはビックリです。」「ふーん、なるほどねぇ」「へーっ、それは知らなかったです」「ほー、それは面白いですね」

---

3. コンサルティング業務の獲得

（4）顧客に対する質問のテクニック

　会話の基本となる「質問」については、お客様が「他人から聞いてほしい」と思っている話題に係る質問を投げることが効果的です。**「聞いてほしい」→「話したい」**内容に関する会話を行うほうが、お客様は、より**大きく感情が動かされる**ことになるからです。
　一般的に、**お客様が「聞いてほしい」と思っている話題**は、**仕事、趣味、自信のあること**の3つです。

（お客様が「聞いてほしい」と思う話題）
① 仕事の話（扱う商品、サービスの効用）
② 趣味、好きなもの
③ 他者より優位にあること、自信があること（成功実績、武勇伝など）

　これらの3つに関連する質問を投げ続けていれば、**お客様が「聞いてほしい」**話に該当するような話題を見つけることができるでしょう。お客様が話し出しましたら、積極的に**相づち**を打ち、**リフレクティング**（オウム返し）や**自己開示**を行いながら、話題を深掘り（縦展開）させます。リフレクティングは、興味を示す態度となりますし、自己開示は、お客様の感情に対して大きな影響を与えることができます。

（会話を深掘り（縦展開）する質問の例）
① 具体化 →「具体的に言えば、どうなりますか？」
② 抽象化 →「結局、それはどういう目的ですか？」
③ 理由 →「なぜそのようにされたのですか？」
④ 感情の喚起 →「それは嬉しかったのではないですか？」

⑤　未来 →「今後はどのようにするおつもりですか？」
(自己開示の例)
「自分も同じように、こんな経験がありました」「自分だったら、このように感じるでしょう」「私はそれが苦手なんですよ」

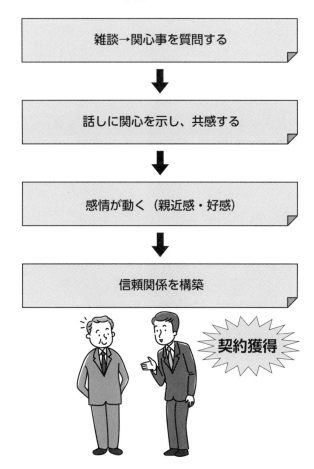

コンサルティング業務のセールス・プロセス

　以上のように、初回面談のほとんどは雑談であり、**雑談が弾むかどうかで、コンサルティング契約を獲ることができるかどうかが決まる**と言っても過言ではありません。雑談力の有無が営業力の大きさに比例し、それが専門家としての人脈の大きさ、将来の可能性につながるのです。

4.
対話による課題発見と支援者の役割

事 例

　甲社長（70歳）は、地方都市にあるＡ社（機械部品製造業、従業員数30人、売上高18億円、当期純利益3千万円、純資産1億円）の創業者であり、株式3,000株（発行済議決権株式の100％）を所有し、これまで代表取締役社長として頑張ってきました。

　得意先の大手自動車メーカーが、製造工程を東南アジアへ移転し始めていることもあって売上が減少傾向にありますが、まだまだ十分な利益を確保できているため、事業の存続については問題視していません。

　甲社長は、70歳とはいえ、健康状態は良好で、これまで病気したことがありません。工場の現場を走り回って、元気ハツラツと働いています。仕事が楽しくて仕方がなく、可能な限り長く働きたいと考えています。

　妻の丙氏は、これまで夫の甲社長を支えてきましたが、70歳を迎え、これからは夫婦で一緒に過ごす時間をもっと増やし、長期の海外旅行に出るなど、老後の人生を充実させたいと願っています。

　一方、長男の乙氏（40歳）は、新卒で大手都市銀行に入り、現在、東京本社で法人営業を担当しています。乙氏は、このままサラリーマンを続ける人生に疑問を抱いており、自分で会社経営することも仕事として面白いのではないかと考えるようになりました。しかし、乙氏が実家に戻って父親の甲社長と話すのは、せいぜい年1回、正月休みに帰省するときくらいです。

　家族には、嫁いだ後は子育てに専念している長女の丁氏（42歳）がいますが、親子・乙氏との仲はとても良く、家族は明るい雰囲気です。

　ある日、甲社長は、行政機関が主催する「事業承継セミナー」を受講し、税理士である講師から「事業承継税制の適用を検討すべき」と聞きました。そして、セミナー終了後、複数の専門家との個別相談会があり、以下のような指導を受けました。

　弁　護　士：「遺産分割の争いが問題となるので、無議決権の種類株式を発行しましょう。株式の民事信託も検討したほうがいいですよ」
　銀　行　員：「自社株対策のため、持株会社を設立して、ホールディングス化す

べきですよ」

生命保険営業マン：「多額の利益を計上されていますね、法人税を節税しながら、事業リスクを回避し、退職金を準備するために、社長を被保険者とする長期平準定期保険をご提案します」

　甲社長は、専門家から様々な提案を受けましたが、税金や法律など難しい話ばかりであり、よく理解できませんでした。しかも、「自分は死ぬまで働くぞ」と考えていたため、自分が引退する話しには全く関心がありませんでした。

　その翌日、甲社長は、事業承継支援の専門家であるあなたとの面談がありました。

甲 社 長：「昨日、『事業承継セミナー』を受講しました。事業承継の専門家の方々から丁寧に指導してもらいましたよ。しかし、事業承継など、うちにはまだ早い話だと思いました」

あ な た：「何をおっしゃっているんですか。甲さんはもう70歳でしょう。次の社長は誰にするおつもりですか？」

甲 社 長：「私はまだまだ元気です。死ぬまで働くつもりですから、次の社長のことは、私が働けなくなったときに考えましょう。できれば息子の乙に継いでもらいたいですがね」

あ な た：「その点、ご子息の乙さんとお話されたことはありますか？」

甲 社 長：「いえ、一度も話したことはありません。彼は大手都市銀行で活躍しているようですから、こんな地方の町工場など継ぎたいとは思わないかもしれませんね」

あ な た ：「甲さんと乙さんは、事業承継の準備を今すぐスタートさせなければなりません。甲さんは引退する覚悟を決めること、A社事業を継ぐのであれば、乙さんは後継者になる覚悟を決めることが必要です」

甲 社 長：「いやいや、私はまだ辞める気はありませんよ！」

あ な た：「それでは、5年後に、もし甲さんが病気で倒れてしまったら、A社は誰が経営するのですか？」

甲 社 長：「うーん・・・」

あ な た：「『事業承継セミナー』を受けて、事業承継の法務や税務を勉強するのもいいですが、その前段階としてやるべき事があります。甲さんご自身が、A社事業がなぜここまで成長できたのか振り返り、経営環境や経営資源の現状を確かめるとともに、乙さんと直接会って家業のA社をどのように考えているのか、話してみなければいけません」

4. 対話による課題発見と支援者の役割　77

【問1】

あなたは、甲社長に対して、個別課題の解決策を検討するよりも先に、A社事業の現状を把握した上で、課題を認識すべきであると考えました。A社の事業承継に関連して、いま甲社長が行うべきこと、それに対する支援者の役割を述べてください。

【問2】

後継者候補である乙氏が、A社事業を継ぎたいと考えている場合と、継ぎたくないと考えている場合に分けて、今後の事業承継の進め方を説明してください。

【問3】

税理士、弁護士、銀行員、生命保険セールス、4人の専門家による指導が適切なものであるかどうか評価してください。

—— 解 説 ——

【問1】

事業承継問題は、**課題を発見するフェーズ**と**課題を解決するフェーズ**に分けて考えなければいけません。現状、課題解決フェーズには、多くの支援者が手厚いサービスを提供していますが、課題発見フェーズには、支援者がほとんど存在していません。それでは、課題発見フェーズでは、何が問題となるのでしょうか。

先に現状を確認しますと、課題発見フェーズでは、現経営者は事業承継の必要性を認識していないか、多少は認識しているとしても何をすればよいかわからず悩んでいる状況にあります。これに対して求められる支援は、事業承継の必要性を認識させること、すなわち「気づき」を与えることです。具体的には、現経営者との『**対話**』です。

『対話』の目的は2つあります。1つは、現在の事業について話すことによって**事業性評価**を行い、事業の存続・成長のために何をすべきか考えること、もう1つは、現経営者の頭の中にある**知的資産**を後継者に伝達することです。

この結果として導くゴールは、後継者が「私が事業を引き継いでるぞ、よし、進めよ

う！」という**心の状態**に至ることです。

　これに対して、課題解決フェーズでは、現経営者は事業承継すると決定したものの、それを実行するための具体的手続きがわからない状況にあります。これに対して求められる支援は、実行手続き（税務・法務・財務）を教えること、その実行を外注する専門家（公認会計士・税理士や弁護士）を選任することです。

　この結果として導くゴールは、後継者が「この解決策を使おう！」という心の状態に至ることです。

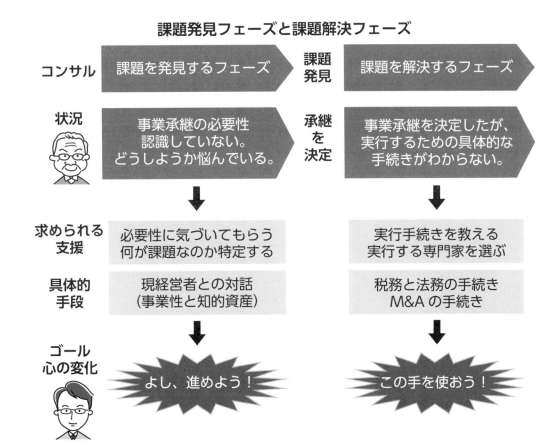

【問2】

　何よりも重要なのはゴールの明確化でしょう。課題発見フェーズにおける現経営者のゴールは「引退を決意すること」であり、後継者のゴールは「引継ぐ決意すること」です。このような**心の状態**に到達させるために、支援を行う必要があるわけです。

　課題を発見するフェーズにおいて、現経営者と後継者それぞれが置かれる状況を整理しますと、以下のように4つの状況に分類されます。状況に応じて、支援手法が異なります。

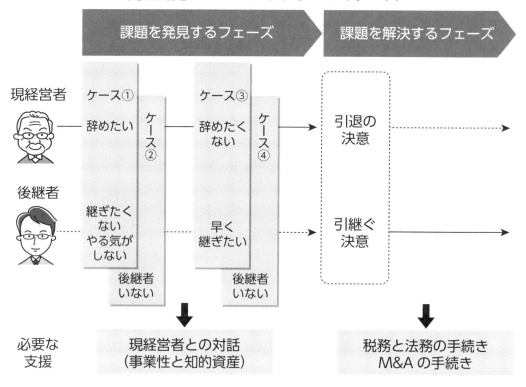

問題発見フェーズにおける4つのケース

　【ケース①】は、現経営者が「辞めたい」と考えているが、後継者が「継ぎたくない」と考える、または「継ぐことになるが、やる気が無い」という状況です。このケースでは、**現経営者と後継者との『対話』**が必要です。対話を通じて、後継者に「継ぎたい」と思わせること、やる気を出させることが求められるのです。同時に、現経営者の頭の中にある知的資産を、『対話』を通じて後継者へ伝達することが必要です。

　【ケース②】は、現経営者が「辞めたい」と考えているが、後継者がいない状況です。このケースでは、後継者がいませんから、支援者が後継者の代わりになって現経営者との対話を行い、**M&Aという選択肢**があり、それが有効な手段であることを説明します。事業性に問題があるようであれば、支援者が事業の磨き上げを指導しなければいけません。

　【ケース③】は、現経営者は「辞めたくない」と考えている一方で、後継者が「早く継ぎたい」と考えている状況です。このケースでも、**現経営者と後継者との『対話』**が必要です。後継者は現経営者から事業を奪い取る意気込みで対話に臨み、後継者が継ぎたいと考える経営意欲を示すのです。同時に、後継者は、現経営者の頭の中にある知的資産を、『対話』を通じて吸収します。

　【ケース④】は、現経営者が「辞めたくない」と考えている一方で、後継者がいない状況です。このケースでは、後継者がいないにもかかわらず現経営者が辞めようとしませんから、事業承継の実行が不可能となる最悪のケースです。支援者が後継者の代わり

になって現経営者との『対話』を行い、事業の存続のため、従業員の雇用を維持するためにはM&Aが必要であることを考える機会を提供します。

いずれにせよ、支援者に求められる最も重要な役割は、現経営者との『対話』を行うことです。『対話』というと抽象的に聞こえますが、**課題発見フェーズにおけるゴールは心の状態を変えること**ですから、感情に影響を与える手段が必要です。税務や法務の話では、心の状態は変化しません。対話を通じて、**現経営者が事業の過去と未来について語ることが、後継者の気持ちを動かし、「事業承継を実行しようと決意する」**という心の状態をもたらすのです。

行政機関は、「事業承継など今まで考えたことがない」という現経営者に対して、税務や法務のセミナーを提供しています。しかし、そもそも引退する決意が固まっていない現経営者に、税務や法務など具体的な実行手続きを教えても意味がありません。また、**事業承継の主体となるべき後継者の気持ちに働きかけなければ、いつまでたっても実行手続きへ進めることはできません。**結果として、これまで行政機関が行った事業承継支援の政策は、ほとんど効果が出なかったのです。

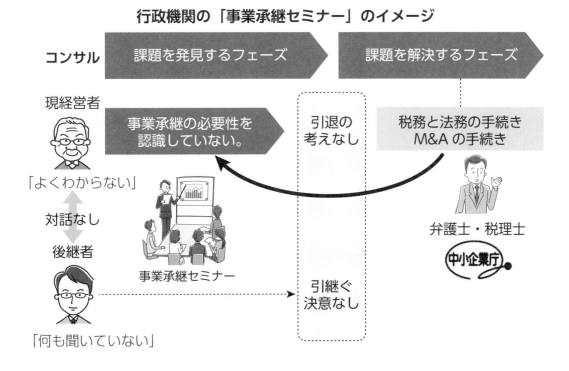

【問3】

本書の「はじめに」でも述べましたが、事業承継支援の正しい取り組みは、お客様が抱える課題（解決すべき問題点）を正しく見つけることです。課題を正しく定義することができれば、事業承継問題の半分以上は解決できたようなものです。

これまでの事業承継支援の取り組みは、すでに検出された課題を所与のものとし、支援者側のビジネスとなる解決策（ソリューション）を提供することが中心でした。すなわち、課題を発見する前のお客様ではなく、課題が発見できた後のお客様への対応です。

　たとえば、生命保険セールスマンは、法人契約の生命保険によって、退職金の蓄積や、事業リスクの軽減という**解決策**を提供していました。また、銀行員は、株式買取資金の融資、M&Aやビジネス・マッチングによる支援という**解決策**を提供していました（事業承継支援に便乗して、現経営者個人に投資信託を買わせるなど資産運用提案まで入り込むことが営業の基本でした）。さらに、税理士は、株式評価、株式承継に係る税務申告や税務アドバイスという**解決策**を提供していました。

　いずれも支援者側は、自らの商品・サービスを販売するために、**事業承継の手続き実行の局面（課題を発見した後の対応）**をターゲットとしています。なぜなら、事業承継の課題の解決策を提供し、その実行手続きを有償で代行することによって、支援者が大きな収益を獲得することができるからです。確かに、各分野の支援者もビジネスとして事業承継支援を行っていますから、このような有償サービスを提供できる局面に注力するのが当然であり、全く異論の余地はありません。

　しかし、お客様側に立ってみますと、たまたま近くにいた支援者が解決しようとする課題とは全く別の課題が他にも隠れて存在しており、そちらの解決のほうがむしろ重要であったというケースも多く見られます。典型的なケースは、事業性評価や後継者メンタルの側面にこそ真の問題を抱える会社に対して、生命保険セールスマンが、巧みな話術を通じて生命保険契約を提案するケースしょう。それでも、何が正しいのかわからないお客様は、その提案で満足してしまっているのです。結果的に本質的な問題が解決せず、後から真の問題が顕在化し、トラブルが発生するケースが多く見られます。

　しかしながら、課題発見が求められる局面で、各種専門家や士業が対応すべきなのか、中小企業の現経営者を漠然として抱える悩み相談を受けるべきなのかという論点については、これらがビジネスとして成立しない以上、難しいと言わざるを得ません。この局面の支援は、一般的に「コンサルティング」と称される業務となりますが、**コスト意識に厳しい中小企業経営者は、コンサルティングという目に見えないサービスに対して報酬を支払おうとしない**からです。

　事業承継支援の社会的意義が極めて大きいものだとしても、高額な成功報酬が期待できるM&Aは別として、事業承継支援のために無償でサービスを提供し続けることができる各種専門家や士業は、現実には存在しないでしょう。

　そこで求められる支援者は、国や地方公共団体などの行政機関です。具体的には、中小企業政策を推進する役割を担っている「中小企業診断士」でしょう。お客様から直接に報酬を得ることができない以上、支援者の報酬は行政機関から支払うしかありません。

　しかし、行政機関のほうでも、課題を発見すること（コンサルティング業務）の重要性を認識しておらず、具体的に予算を組んでいるのは、課題の解決策の提供です。しかも、国の政策の中心は、ほとんどの中小企業にとって無関係である経営承継円滑化法に

あります。そして、行政機関が開催する「事業承継セミナー」のテーマは、依然として課題の解決策である実務手続き（税務や法務）が中心となっているようです。

現実には、税務や法務が事業承継の課題として設定されるべき中小企業は、ほとんど無いでしょう。経営承継円滑化法の納税猶予制度は一部の優良企業の節税策に過ぎません。

大多数の小規模・零細企業や個人事業主は、行政から支援の対象とされずに放置されているのが、わが国の事業承継支援に係る行政サービスの現実なのです。このままでは廃業の増加という危機的状況に歯止めをかけることは困難であると言わざるを得ません。もしかすると、旧態依然とした古い産業に退出を促し、AIやインターネットビジネスなど新しい産業への転換を図ることが、国の政策なのかもしれません。

4. 対話による課題発見と支援者の役割

第2章

親族内承継

1.
贈与税の納税猶予制度
（一般措置）

事 例

　甲社長（60歳）は、30年前に設立したA社（機械部品製造業、従業員数30人、売上高20億円、当期純利益5千万円、純資産5億円、純有利子負債2億円）の創業者であり、株式1,000株（発行済議決権株式の100%）を所有し、これまで代表取締役社長として頑張ってきました。

　引退を考えるようになった甲社長は、1人息子である長男の乙氏（30歳）を後継者にしたいと考えています。

　乙氏は、外国語大学中国語学部を卒業後、大手商社に就職しましたが、サラリーマンとしての生活には満足しておらず、将来は父親の会社を継ごうかと考え始めました。ただ、乙氏は経理部で8年間勤務したものの、営業職の経験がないため、企業経営者としての能力は不足しているようです。その一方で、大学で学んだ外国語を得意としており、中国企業との人脈も豊富で、流暢に北京語を話すことができます。

　A社は、これまで国内大手機械メーカー数社から安定的に部品製造を受注し続け、黒字が続いてきました。このような得意先との密接な関係は、甲社長の強い営業力によるものでした。甲社長が得意先の購買担当者と、毎月1回のようにゴルフと会食を行い接待を続けていたことが、この取引関係を維持できた理由の1つかもしれません。

　しかし、今年に入って、大口得意先の1社から、取引を打ち切られてしまいました。その得意先は、A社よりも低コストで部品を製造することができる中国企業からの輸入に切り替えるとのことです。A社にとっては大きな売上減少となります。

　このような事態に直面した甲社長は、工場の生産性を高め、製造コストを削減しなければいけないと考えました。しかし、甲社長には、もはや全社的な改革に取り組む気力はなく、この問題は後継者である乙氏に任せたいと考えています。

　一方、事業承継を準備するため、顧問税理士に自社株式の相続税評価額を計算してもらったところ、甲社長所有の**株式**（発行済株式100%）は**10億円**の評価だと言われました。甲社長はこれ以外にも**個人財産**は約**5億円**所有しているた

め、**相続税負担は 50%** 程度になりそうであり、**相続税**は約 **7 億円**と見積もられています。

....

【問 1】

甲社長は、事業承継をどのような順番で検討すればよいでしょうか？
後継者キャリア、支配権移転手続き、事業の存続・成長の 3 つの観点
から説明して下さい

【問 2】

甲社長は、A 社株式を乙氏に贈与する際、事業承継税制を適用することができるのではないかと考えました。経営承継円滑化法の贈与税の納税猶予制度（一般措置）について説明してください。

—— **解 説** ——

【問 1】

　論点を 1 つずつ整理していきましょう。最初に考えることは、**次の社長は誰か？**ということです。本事例では、甲社長の親族には、働き盛りの長男乙氏がいますから、次の社長は長男乙氏とするものと想定し、後継者として育成してくことになります。

　そこで、後継者に求められる能力や経験について検討しますと、A 社は社長の営業力によって稼いできた会社です。大口得意先との取引は、甲社長が築いた人間関係によって維持されています。よって、後継者には強い営業力が求められます。

　しかし、乙氏は、大企業の経理職としてのキャリアを積んできており、営業職の能力や経験がありません。したがって、後継者となるために、乙氏は、営業の経験を積む必要があります。他社に転職して営業力を鍛えることができればいいですが、それが難しいとすれば、A 社に入り、A 社の営業担当者として経験を積むことになるでしょう。また、大企業のサラリーマンである乙氏は、企業経営がどのようなものか、その厳しさを知らず、社長になる覚悟ができていないはずです。その点は現経営者の甲社長が対話を通じて乙氏に教育していかなければいけません。

　次に考えることは、**ビジネス（事業そのもの）の存続・成長可能性**です。この点、A 社は、中国企業とのコスト競争に負けつつありますから、コスト面での経営改善が必要

1. 贈与税の納税猶予制度（一般措置）　87

な状況にあります。残念ながら、それを甲社長自ら取り組むことはできませんが、幸い後継者である乙氏は中国語が堪能であり、中国ビジネスに挑戦することができる可能性があります。中国に工場を作って、そこから輸入するような生産体制にするなど、今後の成長モデルを検討しなければなりません。

最後に考えることは、**支配権（＝株式）の移転手続き**です。甲氏は発行済株式100％を所有していますから、これを後継者に移転させることになります。

この点、株式承継の方法には、相続、贈与、有償譲渡の3種類があります。A社は黒字が続いてきたため、**10億円**という高い評価となっていますが、今後も黒字が続けば、株式評価額の更なる上昇が予想されます。とすれば、何年先になるかわからない相続という方法は、税負担が重くなる状況を黙って見ているだけとなるため、好ましくありません。それゆえ、株式評価額が低いうちに株式を移転させるべきであり、贈与か有償譲渡を検討することになります。

贈与は、対価ゼロ（無償）で株式を渡す方法であるのに対して、有償譲渡は、時価に相当する現金をもらって株式を渡す方法です。仮に銀行がお金を貸してくれるといっても（このような提案が来るはずです）、10億円の現金を乙氏に用意させ、これからがんばって返済させるのは酷な話でしょう。甲社長と乙氏の親族には、乙氏の兄弟がおらず遺産分割問題が伴わないため、ここは株式を無償で渡すことになります。したがって、株式承継の方法は**贈与**を選択すべきと言えます。

問題は税金です。株式承継に伴う贈与税負担は、仮に税率50％とすれば5億円です。乙氏にこんな大金を用意できるはずがありません。実務上の多くのケースは、社長と後継者がこの税負担の重さに驚き、株式承継を躊躇してしまい、相続まで株式が持ち続けられることになります。結果的に株式評価額のさらなる上昇を招き、税負担はさらに重くなるのです。

そこで、この問題を解決するために、**経営承継円滑化法の贈与税の納税猶予制度**の適用を考えることになります。

【問2】

経営承継円滑化法の贈与税の納税猶予制度は、ある一定の要件を満たせば、発行済議決権株式の3分の2まで（一般措置→特例措置あり）、贈与税の全額、相続税の8割（一般措置→特例措置あり）が猶予・免除される制度です。この制度を使えば、甲氏から乙氏へ66.7％の株式を税負担ゼロで贈与することができます。3分の2超の株式を取得すれば、後継者である乙氏の支配権は安泰です。残り3分の1の株式をどうやって移転するかが問題となりますが、従業員持株会を作ってそこに譲渡する、中小企業投資育成会社を活用するなど、他の手段を考えるとよいでしょう。

通常、先代経営者（1代目）から後継者（2代目）に対する非上場株式の贈与において、贈与税の納税猶予制度が適用されます。その後、1代目の死亡により、2代目の贈

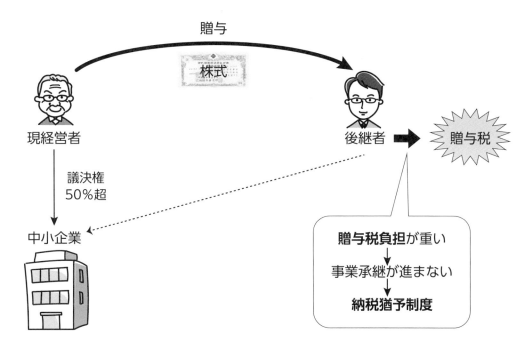

与税は免除されますが、当該株式は相続により取得したものとみなされ、**相続税の対象**とされます（みなし相続）。この場合において2代目は、**相続税の納税猶予制度**を適用することもできますし、適用しないことも可能です（株式評価額が著しく低下しているような場合は適用しないこととなります）。

一般措置のイメージ

贈与時は株式評価額の**100%**、相続時は**80%**の納税が猶予

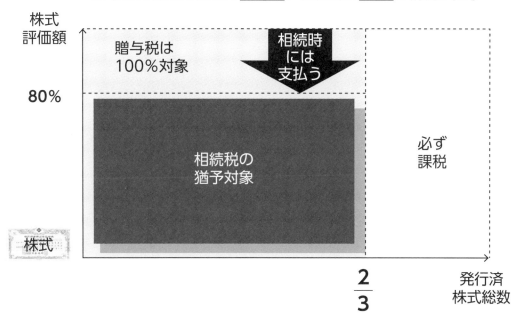

1. 贈与税の納税猶予制度（一般措置）

2.
贈与税の納税猶予制度
（特例措置）

事 例

　甲社長（70歳）は、30年前に設立したA社（機械部品製造業、従業員数30人、売上高50億円、当期純利益1億円、純資産24億円、純有利子負債5億円）の創業者であり、株式1,000株（発行済議決権株式の100％）を所有し、これまで代表取締役社長として頑張ってきました。引退を考えるようになった甲社長は、1人息子である長男の乙氏（45歳）を後継者にしたいと考えています。

　顧問税理士によれば、A社**株式**の評価額は**20億円**とされ、大きな個人財産を持ち最高税率が適用される甲社長の**相続税**は**10億円**を超える見込みです。税負担の大きさに困惑した甲社長は、株式承継に躊躇してここまで来てしまいました。しかし、平成30年改正があった「事業承継税制」の話を聞き、A社でも適用できるのではないかと考えました。

....

【問1】

事業承継税制（経営承継円滑化法の贈与税の納税猶予制度）の適用要件は何でしょうか。①会社、②先代経営者、③後継者に求められる要件をそれぞれ説明してください。

【問2】

平成30年改正において設けられた事業承継税制の**「特例措置」**の手続きについて説明してください。

【問3】

事業承継税制の**「特例措置」**が適用される期間は、いつから、いつまででしょうか？先代経営者の贈与とそれ以外の者が追随して行う贈与に分けて説明してください。

【問 4】

「特例承継計画」とは何でしょうか？

【問 5】

事業承継税制を適用する場合、先代経営者は最低どれだけの数の株式を後継者へ贈与しなければなりませんか？

【問 6】

事業承継税制の認定申請書および年次報告書を提出する期間はいつまででしょうか？

【問 7】

事業承継税制の適用が取り消されるケースを列挙してください。

—— 解 説 ——

【問 1】

まず、贈与税の納税猶予制度の適用対象となる**会社**の要件は、以下の通りです（個人事業主の要件は別に定められています）。

1. 中小企業であること

	資本金　又は	従業員数
製造業・建設業・運輸業その他（下記以外）	3 億円以下	300 人以下
ゴム製品製造業（自動車又は航空機用タイヤ及びチューブ製造業並びに工業用ベルト製造業を除きます。）		900 人以下
卸売業	1 億円以下	100 人以下
小売業	5,000 万円以下	50 人以下
サービス業（下記以外）		100 人以下
ソフトウエア・情報処理サービス業	3 億円以下	300 人以下
旅館業	5,000 万円以下	200 人以下

2. 贈与税の納税猶予制度（特例措置）

2．上場会社、風俗営業会社に該当しないこと

3．**資産保有型会社等でないこと**

　　資産保有型会社とは、自ら使用していない不動産（賃貸用・販売用）・有価証券・現金預金等（特定資産）が**70%以上**ある会社をいい、資産運用型会社とは、これらの特定資産の運用収入が**75%以上**の会社をいいます。ただし、**一定の事業実態がある場合**には、資産保有型会社等に該当しないものとみなされます。

＜一定の事業実態とは＞

①　商品の販売、貸付け等を3年以上行っていること（同族関係者などへの貸付は除きます）

②　後継者の親族以外の常時使用従業員が5人以上いること

③　後継者の親族以外の常時使用従業員が勤務している事務所、店舗、工場等を所有又は賃貸していること

　次に、贈与税の納税猶予制度の適用対象となる**先代経営者（贈与者）**の要件は、以下の通りです。

　【先代経営者（贈与者）】

1．会社代表者であったこと　改正→**先代経営者以外からの贈与も可能**

2．贈与時までに、代表者を退任すること（有給役員で残ることは可能）

3．贈与の直前において、先代経営者と同族関係者（親族等）で発行済議決権株式総数の**50%超**の株式を保有し、かつ、同族内（後継者を除く）で筆頭株主であったこと

4．株式を**一括して贈与**すること

　さらに、贈与税の納税猶予制度の適用対象となる**後継者（受贈者）**の要件は、以下の通りです。

　【後継者（受贈者）】

1．会社代表者であること

2．20歳以上、かつ**役員就任から3年以上**経過していること

3．贈与後、後継者と同族関係者（親族等）で発行済議決権株式総数の50%超の株式を保有し、かつ、同族内で筆頭株主となること　改正→**最大3名の後継者が可能**（各10%以上保有）

【問2】

　特例措置とは、事業承継税制（一般措置）の特例であり、2018年1月1日から2027年12月31日までの10年間で、2018年4月1日から2023年3月31日までの5年間に

特例承継計画書の認定を受けた**特例認定承継会社**について適用されます。

　ここで、一般措置が併存していることに注意が必要です。それゆえ、既に一般措置を適用した会社は特例措置を適用することができません。また、10年後には特例措置が廃止されて、一般措置に一本化される可能性があります。

> （注）**特例認定承継会社**
> 　「特例認定承継会社」とは、2018年4月1日から2023年3月31日までの間に**特例承継計画**を都道府県に提出した会社であって、中小企業における経営承継円滑化法第12条第1項の認定を受けたものをいいます。

> （注）**特例を受ける後継者（特例後継者）**
> 　「特例後継者」とは、特例承継計画に記載された特例認定承継会社の**代表権を有する後継者**（**同族関係者と合わせて総議決権数の過半数を有する者に限る**）であって、同族関係者のうち、議決権を最も多く有する者（後継者が2名又は3名以上の場合には、議決権数において、それぞれ**上位2名又は3名の者**（**総議決権数の10%以上**を有する者に限る））をいいます。

中小企業経営者の次世代経営者への引継ぎを支援する税制措置の創設・拡充

● 事業承継の際の贈与税・相続税の納税を猶予する「事業承継税制」を、今後5年以内に特例承継計画を提出し、10年以内に実際に承継を行う者を対象とし、抜本的に拡充。
● ①対象株式数・猶予割合の拡大、②対象者の拡大、③雇用要件の弾力化、④新たな減免制度の創設等を行う。

◆税制適用の入り口要件を緩和　〜事業承継に係る負担を最小化〜

一般措置	特例措置
○納税猶予の対象になる株式数には**2/3の上限**があり、相続税の**猶予割合は80%**。後継者は事業承継時に多額の贈与税・相続税を納税することがある。 ○税制の対象となるのは、**1人の先代経営者から1人の後継者**へ贈与・相続される場合のみ。	○対象株式数の上限を撤廃し全株式を適用可能に。また、**納税猶予割合も100%に拡大**することで、承継時の税負担ゼロに。 ○親族外を含む複数の株主から、**代表者である後継者（最大3人）**への承継も対象に。中小企業経営の実状に合わせた、多様な事業承継を支援。

◆税制適用後のリスクを軽減　〜将来不安を軽減し税制を利用しやすく〜

一般措置	特例措置
○後継者が自主廃業や売却を行う際、経営環境の変化により株価が下落した場合でも、**承継時の株価を基に贈与・相続税が課税される**ため、過大な税負担が生じうる。 ○税制の適用後、**5年間で平均8割以上の雇用**を維持できなければ猶予打切り。人手不足の中、雇用要件は中小企業にとって大きな負担。	○**売却額や廃業時の評価額を基に納税額を計算**し、承継時の株価を基に計算された納税額との差額を減免。経営環境の変化による将来の不安を軽減。 ○5年間で平均8割以上の雇用要件を**未達成の場合でも、猶予を継続可能に**（経営悪化等が理由の場合、認定支援機関の指導助言が必要）。

2. 贈与税の納税猶予制度（特例措置）

● 一般措置では、先代経営者から贈与／相続により取得した非上場株式等のうち、議決権株式総数の 2/3 に達する部分までの株式等が対象（贈与／相続前から後継者が既に保有していた部分は対象外）。例えば、相続税の場合、猶予割合は 80％ であるため、猶予されるのは 2/3×80％＝約 53％ のみ。
● 対象株式数の上限を撤廃（2/3→3/3）、猶予割合を 100％に拡大することで、事業承継時の贈与税・相続税の現金負担をゼロにする。

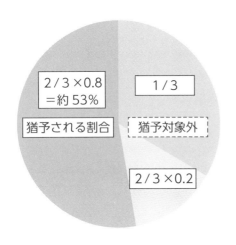

一般措置

納税猶予の対象になるのは、発行済議決権株式総数の 2/3 までであり、相続税の納税猶予割合は 80％。そのため、実際に猶予される額は全体の約 53％にとどまる。

特例措置

・対象株式数の上限を撤廃し議決権株式の全てを猶予対象とする。
・猶予割合を 100％に拡大。
➡事業承継に係る金銭負担はゼロとなる。

● 一般措置では、事業承継後 5 年間平均で、雇用の 8 割を維持することが求められている。仮に雇用 8 割を維持出来なかった場合には、猶予された贈与税・相続税の全額を納付する必要がある。
● 制度利用を躊躇する要因となっている雇用要件を実質的に撤廃することにより、雇用維持要件を満たせなかった場合でも納税猶予を継続可能に。（※雇用維持が出来なかった理由が経営悪化又は正当なものと認められない場合、認定支援機関の指導・助言を受ける必要がある。）

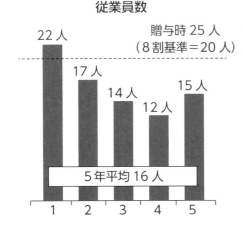

一般措置

5 年間の雇用平均が 8 割未達の場合、猶予された税額を全額納付。

特例措置

5 年間の雇用平均が 8 割未達でも猶予は継続
※ 5 年平均 8 割を満たせなかった場合には理由報告が必要。経営悪化が原因である場合等には、認定支援機関による指導助言の必要。

- 一般措置では、<u>1人の先代経営者から1人の後継者</u>へ贈与・相続される場合のみが対象。
- 親族外を含む<u>複数の株主</u>から、<u>代表者である後継者（最大3人）</u>への承継も対象に。中小企業経営の実状に合わせた、多様な事業承継を支援。

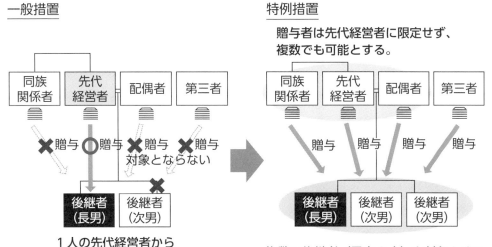

一般措置

複数の後継者（最大3人）を対象とする。
※代表権を有しているものに限る。
※複数人で承継する場合、議決権割合の10%以上を有し、かつ、議決権保有割合上位3位までの同族関係者に限る。

- 一般措置では、後継者が自主廃業や売却を行う際、経営環境の変化により株価が下落した場合でも、承継時の株価を基に贈与・相続税を納税するため、過大な税負担が生じうる。
- 売却額や廃業時の評価額を基に納税額を再計算し、事業承継時の株価を基に計算された納税額との差額を減免。経営環境の変化による将来の不安を軽減。

株価総額の推移（イメージ図）

一般措置

事業承継時の株価を基に贈与税額・相続税額を算定し、猶予取消しとなった場合には、その贈与税額・相続税額を納税する必要がある。

特例措置

経営環境の変化を示す一定の要件を満たす場合において、事業承継時の価額と差額が生じているときは、売却・廃業時の株価を基に<u>納税額を再計算</u>し、減免可能とすることで<u>将来不安を軽減</u>。

● 一般措置では、相続時精算課税制度は、原則として**直系卑属への贈与のみが対象**。
● 事業承継税制の適用を受ける場合には、相続時精算課税制度の適用範囲を拡大することにより、**猶予取消し時に過大な税負担が生じない**ようにする。

一般措置

60歳以上の父母又は祖父母から、20歳以上の子又は孫への贈与が相続時精算課税制度の対象。

特例措置

一般措置に加えて、事業承継税制の適用を受ける場合には、60歳以上の贈与者から、20歳以上の後継者への贈与を相続時精算課税制度の対象とする。
（贈与者の子や孫でない場合でも適用可能）

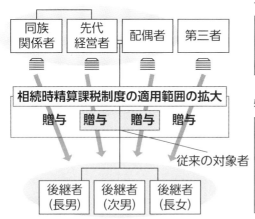

複数の後継者（最大3人）を対象とする。
※代表権を有しているものに限る。
※複数人で承継する場合、議決権割合の10％以上を有し、かつ、議決権保有割合上位3位までの同族関係者に限る。

第2章 親族内承継

納税猶予制度の適用を受けるためには、「都道府県知事の認定」、「税務署への申告」の手続きが必要となります。

(1) **贈与税の納税猶予**についての手続き

提出先
- 提出先は「主たる事務所の所在地を管轄する都道府県庁」。
- 2018年1月1日以降の**贈与**について適用することができます。

都道府県庁

承継計画の策定
- 会社が作成し、認定支援機関（商工会、商工会議所、金融機関、税理士等）が所見を記載。
- ※「承継計画」は、後継者や承継時までの経営見通し等が記載されたもの。

贈与の実行
- 2023年3月31日まで提出可能。
- ※2023年3月31日までに贈与を行う場合、贈与後に承継計画を提出することも可能。

認定申請
- 贈与の翌年1月15日までに申請。
- 承継計画を添付。

税務署

税務署へ申告
- 認定書の写しとともに、**贈与税の申告書**等を提出。
- 相続時精算課税制度の適用を受ける場合には、その旨を明記。

都道府県庁 / 税務署

申告期限後5年間
- 都道府県庁へ「年次報告書」を提出（年1回）。
- 税務署へ「継続届出書」を提出（年1回）。

5年経過後実績報告
- 雇用が5年平均8割を下回った場合には、満たせなかった理由を記載し、認定支援機関が確認。その理由が、経営状況の悪化である場合等には認定支援機関から指導・助言を受ける。

6年目以降
- 税務署へ「継続届出書」を提出（3年に1回）。

認定支援機関とは、中小企業が安心して経営相談等が受けられるために専門知識や実務経験が一定レベル以上の者に対し、国が認定する公的な支援機関です。具体的には、商工会や商工会議所などの中小企業支援者のほか、金融機関、税理士、公認会計士、弁護士等が主な認定支援機関として認定されています。
（2018年2月末時点で27,811機関。うち、金融機関489機関、税理士18,727者）

2. 贈与税の納税猶予制度（特例措置）　97

⑵　相続税の納税猶予についての手続き

提出先
● 提出先は「主たる事務所の所在地を管轄する都道府県庁」。
● 2018年1月1日以降の**相続**について適用することができます。

都道府県庁

承継計画の策定
● 会社が作成し、認定支援機関（商工会、商工会議所、金融機関、税理士等）が所見を記載。
※「承継計画」は、後継者や承継時までの経営見通し等が記載されたもの。

相続の開始
● 2023年3月31日まで提出可能。
※2023年3月31日までに相続を行う場合、相続後に承継計画を提出することも可能。

認定申請
● 相続の開始後**8ヶ月以内**に申請（10ヶ月以内ではない）。
● 承継計画を添付。

税務署

税務署へ申告
● 認定書の写しとともに、相続税税の申告書等を提出。

税務署　都道府県庁

申告期限後5年間
● 都道府県庁へ「年次報告書」を提出（年1回）。
● 税務署へ「継続届出書」を提出（年1回）。

5年経過後実績報告
● 雇用が5年平均8割を下回った場合には、満たせなかった理由を記載し、認定支援機関が確認。その理由が、経営状況の悪化である場合等には認定支援機関から指導・助言を受ける。

6年目以降
● 税務署へ「継続届出書」を提出（3年に1回）。

【問3】

　特例措置を適用することができる期間は限定されています。2018年4月1日から2023年3月31日までの5年間に、経営革新等支援機関の指導のもと、**特例承継計画**を作成し、都道府県に提出して認定を受けます。そして、特例承継期間に贈与を行ったうえで、納税猶予制度の適用申請についても都道府県からの認定を受けることになります。

① **特例承継計画**を作成し、都道府県の認定を受ける

② 株式の贈与を行い、制度適用について都道府県の認定を受ける

(1) 最も早い特例承継期間

　最も早い先代経営者からの贈与は2018年中の贈与ですから、**特例承継期間**は贈与税申告期限の翌日2019年3月16日から2024年3月15日までとなります。先代経営者以外からの贈与は、2018年から2023年までの贈与となります。

　先代経営者以外の者からの贈与は、**特例承継期間（その認定を受けた先代経営者からの贈与の申告期限から5年以内）** にその贈与の申告期限が到来するものに限り対象となります。先代経営者以外の者からの贈与が認定有効期間内にあったとしても、その贈与の申告期限が同期間内でなければ、特例措置を適用することはできません。逆に、先代経営者以外の者からの贈与が、先代経営者の贈与の前であったとしても、特例措置を適用することはできません**（先代経営者の贈与が必ず先行します）**。

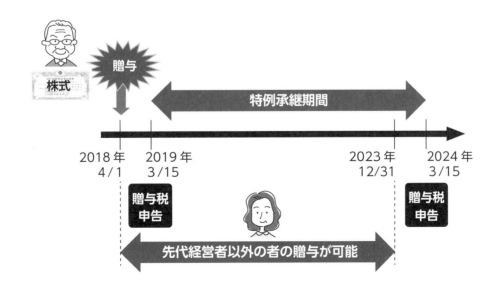

(2) 最も遅い特例承継期間

後継者が若すぎるなどの理由により、最も遅い時期に納税猶予制度を適用したい場合は、先代経営者の贈与は、**2027年12月31日**となり、**特例承継期間**は、2028年3月16日から2033年3月15日になります。

したがって、先代経営者以外の者の贈与は、2027年12月31日から2032年12月31日までの贈与となります。

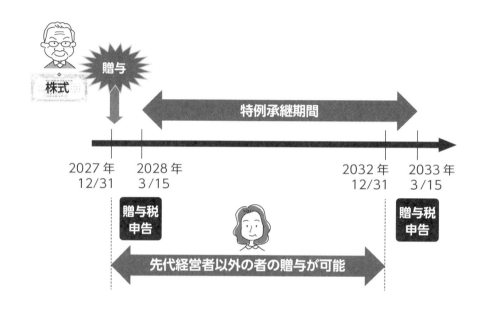

【問4】

「特例承継計画」とは、認定経営革新等支援機関の指導及び助言を受けた特例認定承継会社が作成した計画です。特例承継計画書には、先代経営者の氏名、特例適用を受ける後継者の氏名（最大3名まで）、事業承継までの事業計画、事業承継後の事業計画、認定経営革新等支援機関の所見を記載します。

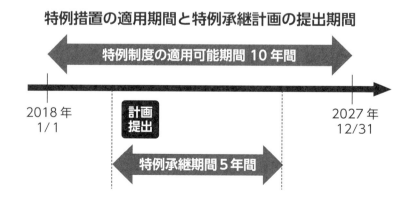

様式第21

施行規則第17条第2項の規定による確認申請書
（特例承継計画）

年　　月　　日

都道府県知事　殿

郵 便 番 号

会 社 所 在 地

会 　 社 　 名

電 話 番 号

代 表 者 の 氏 名　　　　　印

　中小企業における経営の承継の円滑化に関する法律施行規則第17条第1項第1号の確認を受けたいので、下記のとおり申請します。

記

1　会社について

主たる事業内容	
資本金額又は出資の総額	円
常時使用する従業員の数	人

2　特例代表者について

特例代表者の氏名	
代表権の有無	□有　□無（退任日　　年　　月　　日）

3　特例後継者について

特例後継者の氏名（1）	
特例後継者の氏名（2）	
特例後継者の氏名（3）	

4　特例代表者が有する株式等を特例後継者が取得するまでの期間における経営の計画について

株式を承継する時期（予定）	年　月　〜　　年　月

2. 贈与税の納税猶予制度（特例措置）　101

当該時期までの経営上の課題	
当該課題への対応	

5　特例後継者が株式等を承継した後5年間の経営計画

実施時期	具体的な実施内容
1年目	
2年目	
3年目	
4年目	
5年目	

(別紙)

認定経営革新等支援機関による所見等

1 認定経営革新等支援機関の名称等

認定経営革新等支援機関の名称	印
（機関が法人の場合）代表者の氏名	
住所又は所在地	

2 指導・助言を行った年月日

　　　　　年　　　月　　　日

3 認定経営革新等支援機関による指導・助言の内容

【問 5】

　特例措置は、「事業承継によって、後継者は発行済株式の 3 分の 2 は確保しなさい！」
と考えています。

(1)　受贈者が 1 人の場合

　受贈者が 1 人の場合、贈与すべき株式の最低数は、以下の通りとなります。

---

① 　先代経営者の所有株式数 ＞（発行済株式の 2/3 －後継者の所有株式数）のケース
　　→ 贈与すべき最低株数は、（発行済株式の 2/3 －後継者の所有株式数）

② 　先代経営者の所有株式数 ＜（発行済株式の 2/3 －後継者の所有株式数）のケース
　　→ 贈与すべき最低株数は、先代経営者の所有株式数の全て

　例えば、発行済株式総数である 100 株を父親が全て所有している場合、贈与すべき最
低株数は、①に該当するため、（発行済株式の 2/3 －後継者の所有株式数）となります。
したがって、最低でも 67 株（＝ 67 株－0 株）は贈与しなければなりません。もちろん、
それを超えることは任意ですから、100 株全てまとめて贈与しても納税猶予制度を適用
することができます。

　また、贈与によって 67 株を承継した後、先代経営者は残り 33 株を所有していますか
ら、その 33 株については相続税の納税猶予制度を適用することができます。

	父親	子供
事業承継を行う前	100 株	0 株
贈与による株式承継	▲ 67 株	＋ 67 株
贈与後	33 株	67 株
相続による株式承継	▲ 33 株	＋ 33 株
相続後	－	100 株

　これに対して、贈与者が複数いる場合、例えば、父親が 60 株、母親が 40 株を所有す
る場合は、贈与すべき最低株数は、②に該当するため、先代経営者の所有株式数の全て
となります。したがって、父親は所有する全株式である 60 株を贈与しなければなりま
せん。また、その後に行われる母親からの贈与では、①に該当するため、（発行済株式
の 2/3 －後継者の所有株式数）となります。したがって、最低でも 7 株（＝ 67 株－ 60
株）は贈与しなければなりません。もちろん、それを超えることは任意ですから、母親
の所有する 40 株全て贈与しても納税猶予制度を適用することができます。

	父親	母親	子供
事業承継を行う前	60 株	40 株	0 株
父親からの贈与による承継	▲ 60 株 →		＋ 60 株
贈与後	－	40 株	60 株
母親からの贈与による承継		▲ 7 株 →	＋ 7 株
贈与後	－	33 株	67 株

(2) 受贈者が複数の場合

　一方、受贈者が 2 人又は 3 人の場合、贈与すべき株式の最低数は、贈与後における**いずれの受贈者の所有する株式数が発行済株式の 10 分の 1 以上**となり、かつ、**いずれの受贈者の所有する株式数が贈与者の所有する株式数を上回る**ことになる株数となります。

　例えば、発行済株式総数である 100 株を父親が全て所有していて、後継者が長男と次男の 2 人である場合、各後継者に 10％以上、かつ各後継者が先代経営者の株数を上回ることが求められることから、贈与すべき最低株数は、長男 34 株と次男 34 株を合計した 68 株となります。もちろん、それを超えることは任意ですから、100 株全て贈与しても納税猶予制度を適用することができます。

	父親	長男	次男
事業承継を行う前	100 株	0 株	0 株
贈与による株式承継	▲ 68 株 →	＋ 34 株	＋ 34 株
贈与後	32 株	34 株	34 株

【問 6】

　認定申請書の提出期間は以下の通りです。

申請基準日及び提出期限日

	申請基準日	提出期限日
贈与税	（1 月 1 日～10 月 15 日の贈与の場合）：10 月 15 日 （10 月 16 日～12 月 31 日の贈与の場合）：贈与日	翌年の 1 月 15 日
相続税	相続の開始の日の翌日から 5 月を経過する日	相続開始日の翌日から 8 月を経過する日

　新規適用年度については、都道府県の認定を受けるとともに、税務署への手続きが必要となります。相続税の納税猶予制度に係る認定申請書の提出期限は、**相続税申告書の提出期限（10 か月以内）よりも早い（8 か月以内）**ので注意する必要があります。

　適用した後は、都道府県に対する年次報告書及び税務署に対する継続届出書を提出す

2. 贈与税の納税猶予制度（特例措置）

る必要があります。

翌年以降の報告書基準日及び提出期限日

	報告基準日	提出期限日
贈与税	贈与税申告期限の翌日から 1年を経過するごとの日（3月15日）	（左記）基準日の翌日から 3月を経過する日（6月15日）
相続税	相続税申告期限の翌日から 1年を経過するごとの日	（左記）基準日の翌日から 3月を経過する日

　贈与税の申告期限から5年間、贈与報告基準日の翌日から3か月以内に、雇用維持や納税猶予対象株式の継続保有など、納税猶予要件を引き続き満たしていることについて、毎年1回、都道府県に**年次報告書**の提出を行う必要があります。そして、その報告の**2か月以内**に税務署へ**継続届出書**の提出が必要となります。

【問7】

　事業承継税制の適用が**取り消される事由**は以下の通りです。認定が取り消された場合には、猶予された税額の全額に利子税を付して納付しなければなりません（例外あり）。

(1)　事業継続期間（5年間）のみの要件

- 後継者が代表者を退任した場合（身体障害者手帳の交付を受けた場合等を除く）
- 報告基準日における5年平均従業員数が承継時の従業員数の**80％**を下回ることとなった場合（⇒特例措置では実質的に廃止）
- 後継者とその同族関係者の有する議決権の総数が総議決権数の50％以下となった場合
- 同族関係者で筆頭株主でなくなった場合
- 後継者以外の者が黄金株を有することとなった場合
- **都道府県知事への報告を怠った場合、税務署に継続届出書を提出しなかった場合**

(2)　事業継続期間（5年）経過後も求められる要件

- 後継者が納税猶予対象株式の全部又は一部を譲渡した場合
- 会社が一定の会社分割（分割型会社分割）又は組織変更を行った場合
- 会社が資産保有型会社又は資産運用型会社となった場合
- 主たる事業活動から生じる収入額（売上高）がゼロとなった場合
- 会社が資本金の額又は準備金の額を減少した場合（無償減資及び欠損填補のための減資を除く）
- 会社が合併により消滅した場合
- 会社が解散した場合
- 風俗会社になった場合

3.

事業承継税制の応用論点 Q&A

質問 1 （相続時精算課税制度）

　贈与税の納税猶予制度を適用する場合、暦年贈与ではなく相続時精算課税で贈与すべきなのでしょうか？

【回答】

　納税猶予制度では、一般措置と特例措置のいずれも贈与税が100％免除となります。暦年贈与であっても相続時精算課税であっても、税負担は同じ（＝ゼロ）ですので、どちらの方法で贈与しても構いません。

　認定取消リスクを考慮すれば、相続時精算課税を適用すべきという意見もありますが、暦年贈与の110万円基礎控除を使えなくなるデメリットを考慮すれば、暦年贈与を適用するほうがよいケースがあります。

質問 2 （先代経営者以外の第三者からの贈与）

　先代経営者以外の第三者が後継者に対して株式を贈与し、贈与税の納税猶予制度を適用した場合、将来の相続税申告の際に第三者の個人財産まで後継者に見られることはありませんか？

【回答】

　贈与税の納税猶予制度の適用を受けると、相続時精算課税だけでなく、暦年贈与でも対象株式が相続税の課税価格に算入されることになるため、先代経営者以外の第三者が贈与する場合であっても、**「みなし相続」**の相続税申告が必要となります。

　それゆえ、贈与者であった第三者の相続発生時には、受贈者であった後継者はその第三者の相続人の1人として、第三者の相続財産（個人財産）を見てしまうことになります。

質問 3 （一般措置を適用済み①）

　もともと、先代経営者（父）が発行済株式の100％を所有しているときに、

3. 事業承継税制の応用論点 Q&A　107

すでに納税猶予制度（一般措置）の適用を受け、後継者（息子）は先代経営者（父）から3分の2の株式の贈与を受けていました。その後継者（息子）が、平成30年以降、**残り3分の1の贈与**を受ける際に、特例措置の適用を受けることはできますか？

【回答】

　一般措置を適用した場合、特例措置の適用を受けることはできません。一般措置と特例措置は併存しているからです。

質問4（一般措置を適用済み②）

　納税猶予制度では複数の株主からの贈与を認めるようになったと聞きましたが、先代経営者（父）から贈与を受けて一般措置の適用を受けている後継者（息子）が、**先代経営者以外の株主（叔父）**から株式の贈与を受けるに際して、特例措置の適用を受けることはできますか？

【回答】

　一般措置であっても改正前の旧制度（先代経営者1名のみ贈与者）を適用していた場合、特例措置を適用することはできません。

質問5（一般措置を適用済み③）

　一般措置の納税猶予制度の適用を受け、先代経営者（父）から後継者（息子）に株式の贈与が行われていた場合において、その**贈与者の死亡に係る相続税**については、特例措置に切り替えることができますか？

【回答】

　贈与税で一般措置を適用していた場合、相続税で特例措置を適用することはできません。一般措置と特例措置は併存しているからです。したがって、納税猶予制度の対象となる株式は3分の2まで課税価額80％となります。

質問6（複数の後継者）

　複数後継者による特例承継計画を提出している場合、その**贈与の順番**は問わ

れないのですか？例えば、1 位（長男）、2 位（次男）、3 位（三男）の順番で特例承継計画を提出している場合、まず 2018 年に次男へ贈与し、次に 2019 年に三男へ贈与して、さらに 2020 年に長男へ贈与するという順番で贈与してもよいですか？

【回答】

先代経営者からの贈与は、同時に行わなければなりません。つまり、複数年度に分散して贈与することはできません。**先代経営者は株式を一括して長男・次男・三男へ贈与する必要があります。**

なお、**先代経営者以外の者**からの贈与については、特例承継期間内（5 年間）であれば、いつでも順番を問わずに贈与することが可能です。

質問 7（特例承継計画①）

都道府県に特例承継計画を提出後、その計画に記載した特例後継者の数を増減させたい場合には、特例承継計画を変更することができますか？

【回答】

2027 年までの 10 年間であれば特例承継計画を変更することができます。

質問 8（特例承継計画②）

事業承継計画はどのように作ればよいのでしょうか？

【回答】

中小企業庁のワークシートを使って、課題を整理すればよいでしょう。

事業承継計画ワークシートの記載例

社名	中小株式会社		後継者	親族内 ・ 親族外

基本方針
① 中小太郎から、長男一郎への親族内承継。
② 5 年目に社長交代。（代表権を一郎に譲り、太郎は会長へ就任し、10 年目には完全に引退）
③ 10 年間のアドバイザーを弁護士と公認会計士に依頼

	項目	現在	1年目	2年目	3年目	4年目	5年目	6年目	7年目	8年目	9年目	10年目
事業計画	売上高	8億円					9億円					12億円
	経常利益	3千万円					3千5百万円					5千万円
会社	定款・株式・その他		相続人に対する売渡請求の導入						親族保有株式を配当優先無議決権株式化			
現経営者	年齢	60歳	61歳	62歳	63歳	64歳	65歳	66歳	67歳	68歳	69歳	70歳
	役職	社長 →					会長 →		相談役 →			引退
	関係者の理解		家族会議 / 社内へ計画発表		取引先・金融機関に紹介		役員の刷新					
	後継者教育	後継者とコミュニケーションをとり、経営理念、ノウハウ、ネットワーク等の自社の強みを承継 →										
	株式・財産の分配						公正証書遺言の作成					
	持株（%）	70%	65%	60%	55%	50%	0%	0%	0%	0%	0%	0%
		毎年贈与（暦年課税制度） →					事業承継税制					
後継者	年齢	33歳	34歳	35歳	36歳	37歳	38歳	39歳	40歳	41歳	42歳	43歳
	役職		取締役 →		専務 →		社長 →					
	後継者教育 社内		工場 / 営業部門 / 本社管理部門									
		経営者とコミュニケーションをとり、経営理念、ノウハウ、ネットワーク等の自社の強みを承継 →										
	後継者教育 社外	外部の研修受講	経営革新塾 →									
	持株（%）	0%	5%	10%	15%	20%	70%	70%	70%	70%	70%	70%
		毎年贈与（暦年課税制度） →					事業承継税制	納税猶予制度 →				
補足		・5 年目の贈与時に事業承継税制の活用を検討。 ・遺留分に配慮して遺言書を作成（配偶者へは自宅不動産と現預金、次男・長女へは現預金を配分）。 ・一郎以外の株主（次男・長女）の保有株式を配当優先株式化することで均衡を図る。										

4.
相続税の納税猶予制度
（計算例）

第2章 親族内承継

【相続税の税率表】

法定相続人の取得金額	税率	控除額
1,000万円以下	10%	———
3,000万円以下	15%	50万円
5,000万円以下	20%	200万円
1億円以下	30%	700万円
2億円以下	40%	1,700万円
3億円以下	45%	2,700万円
6億円以下	50%	4,200万円
6億円超	55%	7,200万円

計算例①

　先代経営者の相続人は子供Aと子供Bの2人であり、遺産総額は10億円でした。子供Aは経営承継相続人で、取得した財産は、**非上場株式3億円**と**その他財産3億円**の合計6億円でした。この非上場株式の全てに事業承継税制を適用することとします。子供Bは経営承継しない相続人であり、取得した財産は4億円でした。相続税の納税猶予額（特例措置）を計算してください。

【解答】

● 通常の方法により計算した相続税額

（6億円＋4億円＝10億円）－（3,000万円＋600万円×2）＝9.6億円

法定相続分9.6億円×1/2＝4.8億円

4.8億円×50%－4,200万円＝2億円

2億円×2人＝4億円

子供A → 4億円×（6億円/10億円）＝相続税2.4億円

子供B → 4億円×（4億円/10億円）＝相続税1.6億円

4. 相続税の納税猶予制度（計算例）　111

● 子供Aが**対象株式のみを相続したとして計算**した場合の相続税額

（**株式のみ3億円**＋4億円＝7億円）－（3,000万円＋600万円×2）＝6.6億円

法定相続分6.6億円×1/2＝3.3億円

3.3億円×50％－4,200万円＝1.2億円

1.2億円×2人＝2.4億円

2.4億円×（3億円/7億円）＝**1億円** → **子供Aの相続税額**

● 子供Aが対象株式の課税価額0％を相続するとした場合の相続税額

→ 子供Aの**相続税額はゼロ**（ゼロ円に対する按分額）

● 子供Aの猶予税額

1億円－ゼロ円＝1億円

	事業承継税制を適用する		事業承継税制を適用しない	
相続人	子供A	子供B	子供A	子供B
課税価額	6億円	4億円	6億円	4億円
相続税額	2.4億円	1.6億円	2.4億円	1.6億円
納税猶予額	△1億円	－	－	－
納税額	1.4億円	1.6億円	2.4億円	1.6億円

※子供Aは非上場株式以外の財産を相続しているため、相続税の負担が発生します。

計算例②

　　先代経営者の相続人は子供Ａと子供Ｂの２人であり、遺産総額は10億円でした。子供Ａは経営承継相続人で、取得した財産は、**非上場株式6億円のみ**でした。この非上場株式の全てに事業承継税制を適用することとします。子供Ｂは経営承継しない相続人であり、取得した財産は4億円でした。相続税の納税猶予額（特例措置）を計算してください。

【解答】

● 通常の方法により計算した相続税額

　　（6億円＋4億円＝10億円）−（3,000万円＋600万円×2）＝ 9.6億円

　　法定相続分 9.6億円×1/2 ＝ 4.8億円

　　4.8億円×50％ − 4,200万円 ＝ 2億円

　　2億円×2 ＝ 4億円

　　子供Ａ → 4億円×（6億円/10億円）＝ 相続税 2.4億円

　　子供Ｂ → 4億円×（4億円/10億円）＝ 相続税 1.6億円

● 子供Ａが**対象株式のみを相続したとして計算**した場合の相続税額

　　（**株式のみ6億円**＋4億円＝10億円）−（3,000万円＋600万円×2）＝ 9.6億円

　　法定相続分 9.6億円×1/2 ＝ 4.8億円

　　4.8億円×50％ − 4,200万円 ＝ 2億円

　　2億円×2人 ＝ 4億円

　　4億円×（6億円/10億円）＝ **2.4億円 → 子供Ａの相続税額**

● 子供Ａが対象株式の課税価額0％を相続するとした場合の子Ａの相続税額

　　→　子供Ａの**相続税額はゼロ**（ゼロ円に対する按分額）

● 子供Ａの猶予税額

　　2.4億円 − ゼロ円 ＝ 2.4億円

相続人	事業承継税制を適用する		事業承継税制を適用しない	
	子供Ａ	子供Ｂ	子供Ａ	子供Ｂ
課税価額	6億円	4億円	6億円	4億円
相続税額	2.4億円	1.6億円	2.4億円	1.6億円
納税猶予額	△2.4億円	−	−	−
納税額	ゼロ	1.6億円	2.4億円	1.6億円

※子供Ａは非上場株式以外の財産を相続してないため、相続税の負担はゼロとなります。

計算例③

先代経営者の相続人は子供Aと子供Bの2人であり、遺産総額は10億円でした。子供Aは経営承継相続人で、取得した財産は、**非上場株式3億円**と**その他財産6億円**の合計9億円でした。この非上場株式の全てに事業承継税制を適用することとします。子供Bは経営承継しない相続人であり、取得した財産は1億円でした。相続税の納税猶予額（特例措置）を計算してください。

【解答】

● 通常の方法により計算した相続税額

（9億円＋1億円＝10億円）－（3,000万円＋600万円×2）＝9.6億円

法定相続分9.6億円×1/2＝4.8億円

4.8億円×50％－4,200万円＝2億円

2億円×2＝4億円

子供A→4億円×（9億円/10億円）＝相続税3.6億円

子供B→4億円×（1億円/10億円）＝相続税0.4億円

● 子供Aが**対象株式のみを相続したとして計算**した場合の相続税額

（**株式のみ3億円**＋1億円＝4億円）－（3,000万円＋600万円×2）＝3.6億円

法定相続分3.6億円×1/2＝1.8億円

1.8億円×40％－1,700万円＝0.5億円

0.5億円×2＝1億円

1億円×（3億円/4億円）＝ **0.8億円 → 子供Aの相続税額**

● 子供Aが対象株式の課税価額0％を相続するとした場合の相続税額

→ 子供Aの**相続税額はゼロ**（ゼロ円に対する按分額）

● 子供Aの猶予税額

0.8億円－ゼロ円＝0.8億円

	事業承継税制を適用する		事業承継税制を適用しない	
相続人	子供A	子供B	子供A	子供B
課税価額	9億円	1億円	9億円	1億円
相続税額	3.6億円	0.4億円	3.6億円	0.4億円
納税猶予額	△0.8億円	－	－	－
納税額	2.8億円	0.4億円	3.6億円	0.4億円

※子供Aは非上場株式以外の財産を相続しているため、相続税の負担が発生します。

計算例④

　　先代経営者の相続人は子供Ａと子供Ｂの２人であり、遺産総額は10億円でした。子供Ａは経営承継相続人で、取得した財産は、**非上場株式９億円のみ**でした。この非上場株式の全てに事業承継税制を適用することとします。子供Ｂは経営承継しない相続人であり、取得した財産は１億円でした。相続税の納税猶予額（特例措置）を計算してください。

【解答④】

● 通常の方法により計算した相続税額

　　（9億円＋1億円＝10億円）－（3,000万円＋600万円×2）＝9.6億円

　　法定相続分 9.6億円×1/2＝4.8億円

　　4.8億円×50％－4,200万円＝2億円

　　2億円×2＝4億円

　　子供Ａ → 4億円×（9億円/10億円）＝相続税 3.6億円

　　子供Ｂ → 4億円×（1億円/10億円）＝相続税 0.4億円

● 子供Ａが**対象株式のみを相続したとして計算**した場合の相続税額

　　（**株式のみ9億円**＋1億円＝10億円）－（3,000万円＋600万円×2）＝9.6億円

　　9.6億円×1/2＝4.8億円

　　4.8億円×50％－4,200万円＝2億円

　　2億円×2＝4億円

　　4億円×（9億円/10億円）＝**3.6億円** → **子供Ａの相続税額**

● 子供Ａが対象株式の課税価額0％を相続するとした場合の相続税額

　　→　子供Ａの**相続税額はゼロ**（ゼロ円に対する按分額）

● 子供Ａの猶予税額

　　3.6億円－ゼロ円＝3.6億円

相続人	事業承継税制を適用する		事業承継税制を適用しない	
	子供Ａ	子供Ｂ	子供Ａ	子供Ｂ
課税価額	9億円	1億円	9億円	1億円
相続税額	3.6億円	0.4億円	3.6億円	0.4億円
納税猶予額	△3.6億円	－	－	－
納税額	ゼロ	0.4億円	3.6億円	0.4億円

※子供Ａは非上場株式以外の財産を相続してないため、相続税の負担はゼロとなります。

5.

経営承継円滑化法と財産承継対策

事 例

> 甲社長（70歳）は、40年前に設立したＡ社（機械部品製造業、総資産10億円、無借金で自己資本100％）の創業者であり、株式1,000株（発行済議決権株式の100％）を所有し、これまで代表取締役社長として頑張ってきました。
>
> 事業の最盛期には、年商30億円まで拡大した事業でしたが、市場環境の急速な変化から売上が激減し、5年前に営業を終了することとなりました。従業員は、経理担当の1人を除き、全員を解雇しています。現在は本社ビルを外部に賃貸するとともに、投資用不動産を多数購入し、不動産賃貸業を営んでいます。
>
> 最近は、高齢化社会に適合する**新規事業**として、高齢者向けの飲食店経営や介護事業のFCを考えるようになりました。
>
> （単位：百万円）
>
> | 資産 | | 負債 | |
> |---|---|---|---|
> | 現金 | 30 | 流動負債 | 10 |
> | 土地・建物 | 970 | 銀行借入金 | 0 |
> | | | 純資産 | |
> | | | 純資産 | 990 |
> | | 1,000 | | 1,000 |
>
> 引退を考えるようになった甲社長は、1人息子である長男である乙氏（45歳）にＡ社を承継したいと考えています。乙氏には兄弟はいません。
>
> 顧問税理士によれば、Ａ社株式の評価額は**9億円**とされ、株式以外にも大きな個人財産を持つ甲社長の相続税は**5億円**を超える見通しです。
>
> 税負担の大きさに困惑した甲社長は、株式承継に躊躇しつつここまで来てしまいました。しかし、平成30年改正があった「事業承継税制」の話を聞き、Ａ社で適用できるのではないかと考えました。そこで、メインバンクの信用金庫の営業マンに相談しました。
>
> 甲 社 長：「商工会議所の指導員から、事業承継税制の話しを聞いたのです。贈与税ゼロで株式を贈与できるらしいですね。当社でも適用可能でしょうか？」

営業マン：「事業承継税制は、経済産業省の制度で、『事業』の存続発展と雇用維持を目的とするものです。それゆえ、貴社のように不動産経営だけを行う会社には適用することはできません」

甲 社 長：「不動産経営だけとは言い過ぎでしょう。当社の**新しい事業**として、飲食や介護への進出も考えているんですよ。経営環境の変化に応じて、事業を変えるのは当然のことでしょう」

営業マン：「貴社の貸借対照表によれば、事業承継税制の『資産保有型会社』又は『資産運用型会社』に該当するはずです。これらに該当すれば、残念ながら事業承継税制は適用できないのです」

【問1】

事業承継税制（経営承継円滑化法の贈与税の納税猶予制度）における『資産保有型会社』または『資産運用型会社』の定義を述べてください。

甲 社 長：「なるほど、当社の特定資産である賃貸不動産は総資産の97％を占めていますから、適用対象から外れるんですね」

営業マン：「そうです。残念ですが、あきらめてください。その代わり、当金庫が長男の乙さんに融資しますから、甲社長がお持ちの株式を全て買い取ってもらいましょう。甲社長の手元には多額の現金が入りますから、それを投資信託で運用しておけば、相続税の納税資金も確保できます。これが事業承継対策として最適なスキームなんですよ」

甲社長はメインバンクからの提案の意味が理解できなかったため、事業承継を専門とする中小企業診断士であるあなたに相談しました。

甲 社 長：「メインバンクから事業承継税制は適用できない、その代わりに株式の買取資金を融資すると提案されたのだけど、どうすればいいですかね？」

あ な た：「おや、先日のお話では、新規事業として飲食業か介護事業を始めるとおっしゃっていましたよね。そうであれば、事業承継税制を適用できるはずですよ」

甲 社 長：「いや、賃貸不動産ばかり所有しているから、適用できないと言われましたよ」

あ な た：「確かに形式要件は満たさないかもしれません。しかし、**事業実態要件**を満たすことができれば問題ないですよ」

【問 2】

事業承継税制における「事業実態要件」について説明してください。

【問 3】

メインバンクは、Ａ社株式の買取りによる株式承継とそのための融資
を提案してきました。この方法のメリットとデメリットを説明してく
ださい。

—— 解 説 ——

【問 1】

　資産保有型会社と資産運用型会社は、以下のように定義されています。大まかに言え
ば、投資用不動産や金融資産などの「特定資産」が総資産の 7 割を上回っている会社と
いうことです。

資産保有型会社とは？

【租税特別措置法第 70 条の 7 第 2 項 8 号 & 9 号】

　貸借対照表において、次のイ及びハの合計額に対するロ及びハの合計額の割合が、**100 分の 70
以上**となる会社をいう。

　イ　総資産の帳簿価額の総額

　ロ　**特定資産**（現金、預貯金その他の資産であって**財務省令で定めるもの**をいう。）の帳簿価額
　　の合計額

　ハ　5 年以内に経営承継受贈者及び特別関係者が会社から受けた剰余金の配当等の額

特定資産とは？

【租税特別措置法施行規則第 23 条の 9 第 14 項】

【中小企業経営承継円滑化施行規則第 1 条第 12 項第 2 号】

　イ　金融商品取引法の有価証券及びみなし有価証券であって、特別子会社（資産保有型子会
　　社又は、資産運用型子会社以外の会社に限る。）の株式又は持分以外のもの

　ロ　投資用不動産（一部が事業用で、一部が投資用の場合は、投資用の部分のみ。）

　ハ　ゴルフ会員権

　ニ　絵画、彫刻、工芸品などの動産、貴金属及び宝石

　ホ　現金、預貯金その他資産（受贈者・相続人やその関係者に対する金銭債権を含む。）

| 資産保有型会社の**形式要件** | $\dfrac{B+C}{A+C} \geq \dfrac{70}{100}$ |

A ＝総資産

B ＝特定資産

C ＝５年以内において経営承継受贈者及び同族関係者がその会社から受けた配当金（贈与前に受けたものを除く。）及び損金不算入となった給与の合計額

資産運用型会社とは？

【租税特別措置法第70条の7第2項9号】

　認定贈与承継会社の資産の運用状況を確認する期間として政令で定める期間内のいずれかの事業年度における総収入金額に占める**特定資産の運用収入**の合計額の割合が**100分の75以上**となる会社をいう。

| 資産運用型会社の**形式要件** | $\dfrac{B}{A} \geq \dfrac{75}{100}$ |

A ＝総収入金額

B ＝特定資産の運用収入の合計額

　そして、租税特別措置法第70条の7第2項1号ロに定められているように、資産保有型会社又は資産運用型会社のうち**政令（租税特別措置法施行令 第40条の8第5項）で定めるもの**に該当すると、贈与税の納税猶予制度が適用できないことになります。逆に言えば、**政令に定めるもの**に該当しなければ納税猶予制度を適用することができます。

認定贈与承継会社とは？

【租税特別措置法第70条の7第2項1号ロ】

　経営承継円滑化法の認定を受けた会社で、贈与時において、次に掲げる要件の**全てを満たすもの**をいう。

ロ　資産保有型会社又は資産運用型会社のうち**政令（租税特別措置法施行令第40条の8第5項）で定めるもの**に該当しないこと。

　そこで、**政令（租税特別措置法施行令第40条の8第5項）に定めるもの**に該当していないかどうかを判定します。該当してればアウトです。次のフローチャートを使って、贈与税の納税猶予制度の適用可否を判断することになりますが、〇は該当していないので適用可能、×は該当しているので適用不可です。

5. 経営承継円滑化法と財産承継対策　119

「一定の資産保有型会社等でないこと」の要件の判定フローチャート

(措置法第70条の7第2項第1号ロ)

判定会社は、形式要件を満たしていますか？
(注) 特別子会社等の株式等がある場合には、当該特別子会社等の株式等は、分子である特定資産から除かれるが、当該特別子会社等の株式等が資産保有型子会社又は資産運用型子会社に該当する場合には、分子である特定資産に含まれる。

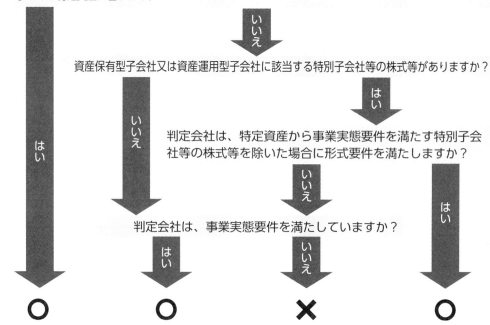

【形式要件】

◎資産保有型会社でないこと
（下記の算式を満たすこと）

$$\frac{\text{特定資産の帳簿価格の合計額（通達のB）} + \text{過去5年間に経営承継受贈者及びその同族関係者に支払われた剰余金の配当・利益の配当及び損金不算入となる高額の給与等（通達のC）}}{\text{資産の帳簿価格の総額（通達のA）} + \text{過去5年間に経営承継受贈者及びその同族関係者に支払われた剰余金の配当・利益の配当及び損金不算入となる高額の給与等（通達のC）}} < 70\%$$

◎資産運用型会社でないこと
（下記の算式を満たすこと）

$$\frac{\text{特定資産の運用収入の合計額（通達のB）}}{\text{総収入金額（通達のA）}} < 75\%$$

(注1)「特定資産」とは、現金、預貯金その他これらに類する資産として措置法規則第23条の9第14項に規定するものをいう。
(注2) 特別子会社等とは、措置法令第40条の8第6項に規定する会社をいう。
(注3) 資産保有型子会社又は資産運用型子会社とは特別子会社等のうち上記の算式（特定資産には、特別子会社等の特別子会社等の株式等は含まれない。）を満たさない会社をいう。

【事業実態要件】

1 会社の事業が贈与の日まで3年以上継続して、商品販売その他の業務で措置法規則第23条の9第5項に規定する業務を行っていること。

2 贈与の時において、常時使用従業員の数が5人以上であること。

3 贈与の時において常時使用従業員が勤務している事務所、店舗、工場その他これらに類するものを所有し、又は賃借していること。

【租税特別措置法施行令第40条の8第5項】→ **該当していればアウト！**

　租税特別措置法第70条の7第2項第1号ロに規定する資産保有型会社等のうち「**政令で定めるもの**」は、資産保有型会社等のうち、贈与時において、**次に掲げる要件の全てに該当するもの**とする。

① 当該資産保有型会社等の特定資産から、当該資産保有型会社等が有する当該資産保有型会社等の**特別関係会社**で次に掲げる要件の全てを満たすものの株式等を**除いた場合**であっても、当該資産保有型会社等が、資産保有型会社等に該当すること。

　イ 当該特別関係会社が、贈与日まで引き続き**3年以上**にわたり、**商品の販売その他の業務で財務省令で定めるもの**を行っていること。

　ロ 贈与時において、当該特別関係会社の常時使用従業員の数が**5人以上**であること。

　ハ 贈与時において、当該特別関係会社が、親族外従業員が勤務している事務所、店舗、工場その他これらに類するものを所有し、又は賃借していること。

② 当該資産保有型会社等が、次に掲げる要件の全てを満たす資産保有型会社等でないこと。

　イ 当該資産保有型会社等が、贈与日まで引き続き**3年以上**にわたり、**商品の販売その他の業務で財務省令で定めるもの**を行っていること。

　ロ 贈与時において、当該資産保有型会社等の親族外従業員の数が**5人以上**であること。

　ハ 贈与時において、当該資産保有型会社等が、親族外従業員が勤務している事務所、店舗、工場その他これらに類するものを所有し、又は賃借していること。

【問2】

　事業実態要件すなわち租税特別措置法施行令第40条の8第5項が意味するところは、形式要件を満たしていない場合（＝貸借対照表の資産のほとんどを投資用不動産が占めている場合など）であっても、**事業実態要件を満たしていれば、事業承継税制を適用することができる**ということです。ここでの事業実態要件の判定は、以下の要件を**全て満たすこと**とされています。

【事業実態要件】

① 贈与日まで**3年以上継続**して、商品販売その他の業務で、**租税特別措置法施行規則第23条の9第5項に規定する業務**を行っていること。

> 【租税特別措置法施行規則第23条の9第5項】
>
> 　租税特別措置法施行令第40条の8第5項及び第23項に規定する**財務省令で定める業務**は、次に掲げる**いずれかのもの**とする。
>
> 一　商品販売等（商品販売、資産の貸付け（受贈者及び特別関係者に対する貸付けを除く。）又は役務提供で、継続して対価を得て行われるものをいい、その商品開発、生産又は役務開発を含む。）
>
> 二　商品販売等を行うために必要となる資産（常時使用従業員が勤務するための事務所、店舗、工場等を除く。）の所有又は賃借
>
> 三　これら業務に類するもの

②　贈与時において、**常時使用従業員数が5人以上いること。**

　ここでの「常時使用従業員」とは、労働基準法第20条に基づく「解雇予告を必要とする者」です。パート、アルバイト、派遣社員、契約社員などで、平均的な従業員と比べて労働時間が4分の3に満たない短時間労働者は該当しません。ただし、**親族外**であること、すなわち、親族ではない従業員であることが求められます。

③　贈与時において**常時使用従業員が勤務している事業所、店舗、工場その他**を所有又は賃貸していること。

　以上のように、親族外の常時使用従業員を5人以上雇って会社の事業所で働かせ、3年以上、事業（商品販売、資産貸付又は役務提供）を営んでいるならば、贈与税の納税猶予制度は適用できるということになります。

　本事例では、新規事業として飲食業又は介護事業を開始し、常時使用従業員を外部から5人以上雇い入れ、営業所を構えて、3年後に株式を贈与するのであれば、**総資産のほとんどが賃貸不動産であっても、贈与税はゼロ**となります。

【問3】

　株式の買取りは、金融機関が提案する事業承継の方法であり、株式を買い取るための資金の融資と、先代経営者の手元に入った売却代金の運用（投資信託等の商品購入）を目的とするものです。

　この承継スキームは、後継者に自社株式を集中させても遺留分の問題が伴わないというメリットがあり、遺産分割問題が伴うケースにおいては、株式承継の方法として最適なものです。

　しかし、先代経営者が売却代金として多額の現金を保有することとなるため、それに伴う相続税対策が問題となります。すなわち、この現金を投資信託などの金融商品で運用するとすれば、将来的に多額の相続税負担を伴い、承継スキーム全体としてみれば、将来の相続後に個人財産を減少させてしまうおそれがあります。

一方、後継者にとって、株式買取資金のために調達した借入金の返済が重荷となります。会社の財務体質は一気に悪化することになるため、一時的に業績が赤字になれば、会社の資金繰りを圧迫するおそれがあります。

5. 経営承継円滑化法と財産承継対策　123

後継者による株式買取りスキーム（金融機関の提案）

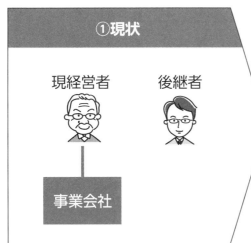

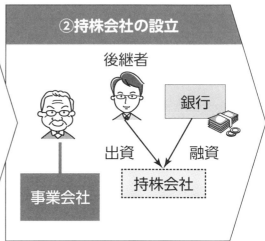

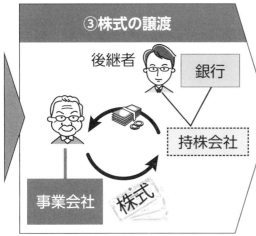

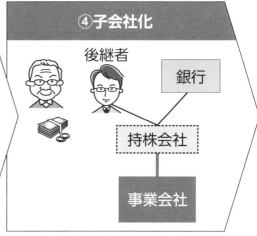

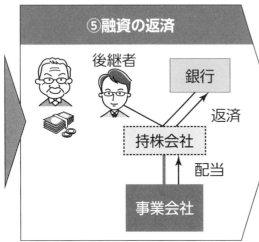

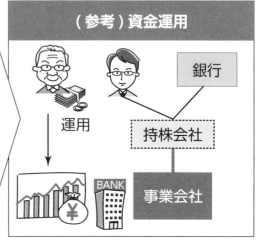

6. 金融機関からの資金調達

事例

　甲社長（70歳）は、40年前に設立したA社（警備業、従業員数120人、売上高7億円、当期純利益2千万円、純資産5億円）の創業者であり、株式1,000株（発行済議決権株式の100％）を所有し、これまで代表取締役社長として頑張ってきました。役員報酬は月額100万円です。

　引退を考えるようになった甲社長は、1人息子である長男である乙氏（専務取締役、40歳）への事業承継を考えるようになりました。甲社長の長女丙は専業主婦をしており、会社経営に関与する意向は全くありません。

　ある日、メインバンクである信用金庫が、事業承継支援の専門家であるあなたを連れて面談を行いました。信用金庫とA社との関係は良好です。あなたが事前にA社株式の評価を行ったところ、株式評価額がとても高くなっているようでした。

　あなたは甲社長と乙氏との打ち合わせにおいて、株式承継に関する提案を行いました。
（本事例では、非上場株式の適正な時価の計算、経営承継円滑化法の民法特例の適用までは検討しないものとします。）

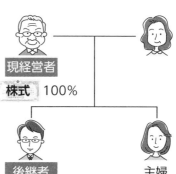

【問1】
甲社長に退職金を支給する場合、税務上の退職金（法人税法上の損金＝所得税法上の退職所得）と認められる金額はいくらでしょうか？

【問2】
甲社長の個人財産と、会社の貸借対照表が以下の状況であった場合、あなたはどのような方法を提案しますか？

<甲社長の個人財産>
自宅は賃貸マンション、金融資産 10 百万円、A 社株式 2 億円

（単位：百万円）　　　貸借対照表

資産		負債	
流動資産	500	流動負債	50
土地・建物	100	銀行借入金	50
（時価）	（100）	純資産	
		純資産	500
	600		600

【問3】

甲社長の個人財産と、会社の貸借対照表が以下の状況であった場合、あなたはどのような方法を提案しますか？

<甲社長の個人財産>
自宅 50 百万円（時価）、金融資産 3 億円、A 社株式 1 億円

（単位：百万円）　　　貸借対照表

資産		負債	
流動資産	800	流動負債	100
土地・建物	100	銀行借入金	500
（時価）	（100）	純資産	
		純資産	300
	900		900

—— 解 説 ——

【問1】

　誤解が多いところですが、退職時の一時金は、株主総会の決議があれば、会社法上は無制限に支給することができます。会社に現金があるならば、1 億円でも 100 億円でも構いません。オーナー企業ですから、会社の財産をどのように分配しようとしても、それは自由です。

　しかし、税法では「退職金」の定義が明確に定められており、支払う側の法人の経費（損金）となる金額（法人税法）、受け取る側の個人の退職所得（分離課税）となる金額（所得税法）には上限があります。この上限は、以下の計算式に従うこととなります。

> 税務上の退職金＝最終月額報酬 × 勤続年数 × 功績倍率 （3.0 倍〜3.5 倍）

　本件では、100 万円× 40 年× 3.5 倍＝**1 億 4,000 万円**が上限になると考えてよいでしょう。

　この上限を超えて支給した場合（株主総会の決議があれば支給することができます）、税務上は「役員賞与」として取り扱われるため、法人では経費（損金）に算入することができません。また、個人では給与所得（総合課税）となります。退職所得は分離課税（しかも、2 分の 1 課税）で税負担は軽いですが、給与所得は総合課税であるため、毎月受け取っている役員給与や不動産所得等と合算することになり、税負担が重くなります。

　なお、「社長の退職金を支払うために**社内規定（退職金規定）**を整備しなければならないのではないか？」という質問を受けることがあります。経営管理の観点からは退職金規定を作ることは好ましいですが、会社法や税法の観点からは、株主総会決議があれば手続きとして十分であり、退職金規定の有無はその効力に影響を及ぼすことはありません。

【問 2】

＜甲社長の個人財産＞

自宅は賃貸マンション、金融資産 10 百万円、A 社株式 2 億円

（単位：百万円）　　貸借対照表

資産		負債	
流動資産	500	流動負債	50
土地・建物	100	銀行借入金	50
（時価）	（100）	純資産	
		純資産	500
	600		600

　このケースの特徴は、**①会社の借入金が少ない**、**②社長個人財産が少ない**というものであり、役員報酬での支出を抑え、会社に内部留保を蓄え続けてきた堅実な社長によくあるケースです。

　ここで最初に考えるべき論点は、**遺産分割**です。親族内承継では、後継者とされる子供に株式が集中することになりますから、後継者ではない子供へ承継される財産（株式以外の財産、不動産や金融資産など）が株式よりも小さくなるケースが多く、後継者とそうでない子供との間で、親から将来相続する財産に大きな差がついてしまう傾向にあります。

　この点、家督相続の古い考え方に従うのであれば、ほとんどの財産を長男が相続し、それ以外の僅かな財産を長男以外の子供が継ぐという分割であっても、長男以外の子供たちは当然に我慢することになるでしょう。しかし、現在は、長男以外の子供の権利意

6. 金融機関からの資金調達　127

識が高まっているため、不平等な遺産分割には不満を訴えるケースが多くなりました。つまり、後継者（長男）が株式を承継することによって、後継者以外の子供が不満を訴えてくる可能性があります。

これは、相続発生後であれば、遺産分割協議の争いとなって顕在化します。しかし、相続発生前に株式が贈与されていたのであれば、遺産分割協議の対象にはならず、遺留分の問題となります。

この点、民法は、生前に贈与された株式は**「特別受益」**として相続人が最低限相続できる財産の計算対象としているのです。つまり、後継者に対する生前贈与された株式が大きいことによって、後継者以外に分けられる財産が小さく不公平だと主張される場合、遺留分減殺請求によって、後継者以外の子供は、後継者に対して相続財産を渡すよう求めることができるのです。

民法の遺留分

遺留分とは、一定の相続人が最低限相続できる財産のことをいいます（民法1028条）。基本的には、亡くなった人の意思を尊重するため、遺言書の内容は優先されるべきものです。しかし、「自分が死んだら、愛人に全財産をあげる」という自分勝手な遺言書を作られてしまうと、残された家族は気の毒になります。そこで、民法では、遺留分によって法定相続人が財産を受け取る権利を確保しているのです。

亡くなった方に妻と子2人がいる場合

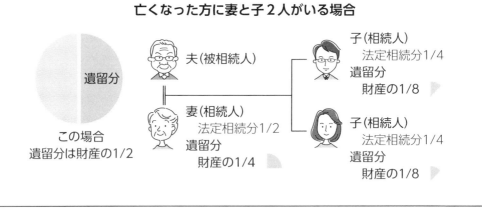

本事例では、甲社長の財産構成が以下のようになっており、A社株式を長男である乙氏に生前贈与すると、長女である丙氏に分割される財産が極めて小さくなり、丙氏の遺留分を侵害してしまうおそれがあります。それゆえ、乙氏と丙氏という2人の子供の間での将来的な遺産分割が大きな問題となります。

（甲社長の個人財産）
　自宅は賃貸マンション、金融資産10百万円、A社株式2億円

この点、財産が株式に偏っている場合、解決方法は次の2つです。

① 株式を【＝株式＋株式】で分割する方法

A社株式を子供2人で分ける。例えば、乙氏51%、丙氏49%として社長になる乙氏の支配権を確保する。丙氏の株式を無議決権株式（種類株式）とすることも検討する。

② 株式を【＝（株式－債務）＋現金】で分割する方法

甲社長がA社から現金を吸い上げる（配当又は役員給与）によって、A社株式の評価額を下げるとともに、手元現金を増やして丙氏へ相続すべき財産を蓄える。

次に検討するのは、株式承継に伴う税負担の重さです。相続税評価額が **2億円**の株式を乙氏に贈与しますと贈与税は約1億円という高額な税金となるため、通常は躊躇してしまい身動きできなくなる状況です。

親族内承継における株式承継の方法は、後継者への贈与、後継者への譲渡、会社への譲渡の3つに大別されます。この点、その会社に置かれた状況によって、**現金対価を支払うか、誰が税金を支払うか**、この2点を検討して選択します。

	現金対価	税金
後継者個人へ贈与	無償	後継者が 贈与税
後継者個人へ譲渡	後継者が 現金支払う	現社長が 譲渡所得（軽い）
会社へ譲渡	会社が 現金支払う	現社長が 配当所得（重い）

この点、現金対価の支払いの必要性を検討しますと、本件では遺産分割の問題を解決するため、甲社長が現金を会社から吸い上げて後継者以外の子供のための財産を準備しておく必要があります。そうしますと、**会社へ株式を譲渡すること**によって（自己株式の取得）、会社から現金を吸い上げる方法が考えられます。しかし、自己株式の取得は、対価を受け取る株主に「みなし配当」課税が生じ、税負担が重くなります。

また、会社から現金を吸い上げる方法としては、**退職金の支払い**によっても同様の効果を得ることができますから、丙氏へ残すべき財産額に見合う退職金を支給するという方法でもよいでしょう。

さらに、**後継者である乙氏個人へ株式を譲渡すること**によっても、甲社長の手元現金を増やす効果を得ることはできます。この方法によれば、甲社長の負担すべき税金が、譲渡所得（分離課税＝20.315%）となり、後継者へ贈与するケース、会社へ譲渡するケースよりも軽い税負担に抑えることができる可能性が高くなります。

6. 金融機関からの資金調達　129

【問3】

<甲社長の個人財産>
自宅50百万円（時価）、金融資産3億円、A社株式1億円

(単位：百万円)　　貸借対照表

資産		負債	
流動資産	800	流動負債	100
土地・建物	100	銀行借入金	500
（時価）	(100)	純資産	
		純資産	300
	900		900

　このケースの特徴は、①**会社の借入金が多い**、②**社長個人財産が多い**というものであり、過去に十分な役員報酬を支払ってきたケースです。

　問2のケース（借入金が少ない、個人財産が少ない）とは異なり、後継者ではない子供（丙氏）に対して、十分な金融資産を継がせることができますから、平等な遺産分割を目指すことが可能です。すなわち、会社の後継者（長男）が株式の全てを承継したとしても遺留分を侵害するような問題は生じません。

　したがって、**問2**のように自己株式取得を行う、退職金を支払うなど、会社から甲社長個人へ現金を移す必要はなく、甲社長が乙氏へA社株式を贈与すればよいということになります。ただし、株式の相続税評価額が1億円と高く、税負担が重いため、**経営承継円滑化法の贈与税の納税猶予制度**の適用を検討すべきでしょう。

　なお、このように株式の有償での買取りスキームが適していない場合であっても、金融機関が「株式買取り、借入金による資金調達」を提案してくることがあるため、承継スキームの選択には注意が必要です。

〔まとめ〕

　以上、本事例の要点を簡単にまとめますと以下の計算例のようなイメージとなります。

　例えば、現経営者が**自社株式（5億円）**と現金（1億円）と自宅だけ所有していたとしましょう。子供2人で長男が後継者、長女は後継者ではないとします。後継者に事業を承継しますので、当然ながら株式は長男へ渡します。

　そうしますと、子供たちの分割が著しく

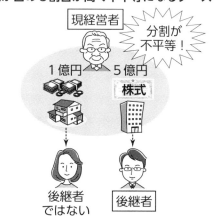

株式が占める割合が高く不平等になるケース

不平等となります。長男が5億円の株式、長女が1億円の現金であれば、長女は「自分の取り分が少ない」と不満を持つことでしょう。

ここで、株式を分割し、後継者ではない子供にも株式を渡すことを考えるかもしれません。

確かに、会社法に詳しい専門家などが提案してくる無議決権株式を活用すれば、支配権は後継者に集中させつつ、財産を平等に分けることができますので、一見して問題ないように見えます。

しかし、後継者ではない子供は、会社支配権の伴わない非上場株式を所有することを希望するでしょうか。ほとんどのケースでは「そんな株式は要らない、代わりに現金をくれ」と言うはずです。

そこで、事業（株式）の価値を下げるとともに、手元現金を増やします。具体的な方法は、**①会社から退職金を支払う**、**②後継者が株式を買い取る**、この2つです。

退職金を1億円支払えば、株式の価値が1億円低下するとともに、手元現金が1億円増えます。

一方、後継者が株式を買い取る場合の分割バランスに与える効果も同じです。例えば、後継者が株式の一部を1億円で買い取ったとしましょう。現経営者の手元から1億円の株式が消えるとともに、手元現金が1億円増えます（所得税は無視）。

いずれにせよ、長男が4億円の財産（株式）を承継し、長女が2億円の財産を承継するということで、これで完全に平等になったわけではありません。しかし、不平等の度合い、バランスの悪さがかなり解消されましたので、長女の不満を取り除き、合意を得られる可能性が高くなります。また、少なくとも遺留分侵害という民法の問題は解消されることになります。

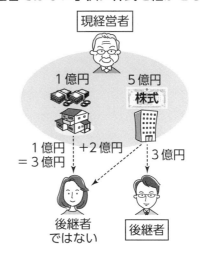

後継者ではない子供に株式を継がせる場合

退職金を支払った場合

後継者が株式を買い取った場合

6. 金融機関からの資金調達

これらの方法によって、株式に偏った個人財産のバランスを調整し、**遺産分割の問題を解消すること**が、親族内承継において重要な検討課題となるのです。

なお、相続時の遺産分割の方法は、「誰が決めるか」によって3つに大別されます。1つは、相続発生前に被相続人が決める方法であり、これを**指定分割**といいます。この方法によるならば、被相続人が遺産分割の内容を生前に遺言書に書いておくことになります。もう1つは、相続発生後、相続人が話し合って決める方法であり、これを**協議分割**といいます。この方法によれば、共同相続人間の話合いによって遺産分割の内容を合意し、遺産分割協議書を作ることになります。話合いで合意できなければ、家庭裁判所に分割を請求します。これを**審判分割**といいます。近年、遺言書を書くケースが増えてきているものの、ほとんどのケースは協議分割です。

協議分割の方法は3つあります。1つは、個々の相続財産を個別に共同相続人中の特定の者に分割する方法であり、これを**現物分割**といいます。しかし、高額な土地や非上場株式などに相続財産の価値が集中しているなど、相続財産の構成のバランスが悪い場合には、共同相続人間で不公平な分割となり、話合いが難航するケースが多く見られます。

もう1つは、相続財産を売却して現金にし、その現金を共同相続人間で分配する方法であり、これを**換価分割**といいます。この方法によれば、話合いで決めた割合で分割すればよいことになり、現物分割よりも公平な分割が可能となります。しかし、売却時に所得税等が課されることから、税引後の現金が分配の対象となる点に留意しなければなりません。

あと、個々の相続財産を特定の相続人に現物で取得させるとともに、その現物を取得した相続人が他の共同相続人に対して、代償資産又は代償債権を給付する方法があり、これを**代償分割**といいます。この方法によれば、同族会社の非上場株式等、相続人の1人に集中させるべき相続財産を特定の者が単独で相続し、他の相続人がその株式を取得した者の有する財産を受け取ることで、財産構成のバランスを調整して、公平な遺産分割を実現することが可能となります。

遺産分割の方法

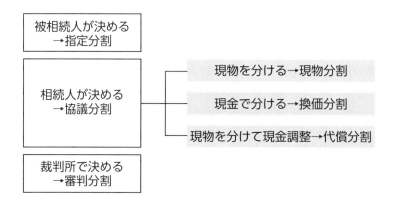

7.
ファミリー・ビジネスの基本

第2章 親族内承継

事 例

　甲社長（70歳）は、Ａ社（飲食店チェーン業、従業員数150人、売上高10億円、当期純利益5千万円、純資産5億円）の2代目社長です。創業者である父から5年前に相続で承継した株式4,900株（発行済議決権株式の**49%**）を所有し、これまで代表取締役社長として頑張ってきました。

　他界した父親からは、**「兄弟で力を合わせ、家業を継いでほしい」**と言われており、Ａ社には、甲社長の弟である乙専務（専務取締役、68歳）が役員に入っています。兄弟は、若い頃は仲が良かったのですが、最近は会社経営のやり方を巡って喧嘩が多くなり、ほとんど会話することが無くなってしまいました。

　引退を考えるようになった甲氏は、1人息子である長男である丙氏（40歳）への事業承継を考えるようになりました。丙氏は、大学卒業後、大手銀行勤務、MBA留学を経て、35歳で入社し、現在、経理部長として働いています。

　この一方で、Ａ社では、乙専務の息子である丁氏（乙専務の長男、40歳）が営業部長として働いています。丁氏は調理師専門学校を卒業してすぐに入社し、調理師、2箇所の店長を経て、現在は、新店舗開発や海外からの食材仕入れなどの仕事でＡ社の成長に貢献し、多大な実績を残しています。そのため、丁氏は従業員からの信頼は厚く、絶大な人気があります。

　甲社長は、「息子の丙は経営者としてまだまだ未熟だが、丁が社長の右腕となって丙を支えてくれるだろうから、来年から丙を社長にしても大丈夫だろう」と考えています。

　Ａ社の株主構成は以下の通りです。

株主名	持株数	持株比率
甲社長（代表取締役、70歳）	4,900株	49%
乙（専務取締役、社長の弟、68歳）	1,800株	18%
従業員持株会	3,300株	33%
合計	10,000株	

※甲社長の長男である経理部長丙氏と、乙専務の長男である営業部長丁氏は、株式を所有していません。

顧問税理士による株式の相続税評価@2万円×10,000株＝**2億円**

　ある日、メインバンクである信用金庫が、事業承継支援の専門家であるあなたを連れて面談を行いました。

　甲社長：「私は来年引退し、息子の乙を社長にしようと思います。株式承継については、うちは**従業員持株会**がうまく機能しています。業績向上に向けて従業員のモチベーション向上をもたらすだけでなく、私たち株主の持株数を減らすこともでき、相続税対策にもなっているのですよ。それでも**創業家は株式の過半数を握っていますから**、支配権は安泰です。事業承継の成功事例としてとり上げてみてはいかがですか？」
　あ な た：「社長、おっしゃる通り、うまくいくといいですね。しかし、事業承継を進める前に、一度冷静に考えてみましょうか」

　あなたは甲社長と面談において、A社の事業承継をアドバイスすることになりました。A社の株主構成が分散していますから、後継者が安定的な支配権を確保できるかどうかが問題となりそうです。

- -

【問1】

あなたはA社の株主構成が分散している状況で株式承継を進めることに重大な問題が伴うことに気づきました。その問題とは何ですか？

【問2】

甲社長の支配権を丙氏に移転させるために、A社の問題を解決できるような株式承継スキームを提案してください。

—— **解 説** ——

【問1】

　創業100年という老舗企業がありますが、世代を超えて存続する優良企業は、事業承

継に成功するとともに、「**相続**」というイベントを乗り越えてきています。社長は、事業の経営者でありながら、事業という価値ある財産を所有する個人でもあります。事業を承継する相手は、後継者（次の社長）である子供1人ですが、社長個人の財産を承継する相手は、相続人となる子供たち全員です。つまり、社長は、**複数の子供たちの中から、事業を承継する子供1人（後継者）を選別している**ということになります。

しかし、実務の現場では、事業を承継する子供を1人に選別していないケースが多く見られます。このようなケースを検討してみることにしましょう。

例えば、家族の平等を重んじる家系において、「会社の株式は、代々均等に分割して相続する」というルールがあったとしましょう。

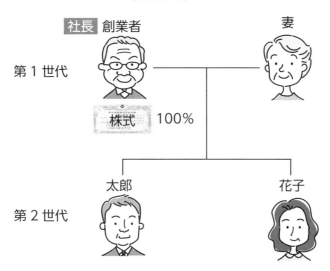

まず、第1世代から第2世代への相続です。社長が他界して相続が発生し、長男と長女が株式50％ずつ承継したとしましょう。会社経営は、創業者から長男の太郎氏へ承継されました。

7. ファミリー・ビジネスの基本　135

【第2世代への相続時】

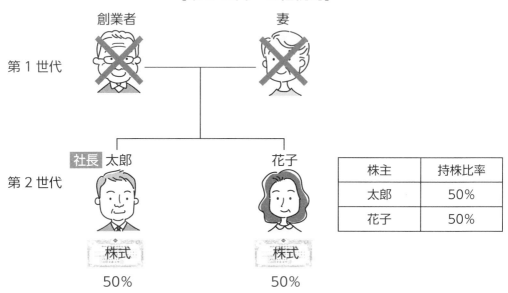

次に、第2世代から第3世代への相続です。会社経営は、太郎から長男のA太郎へ承継されました。

【第3世代への相続時】

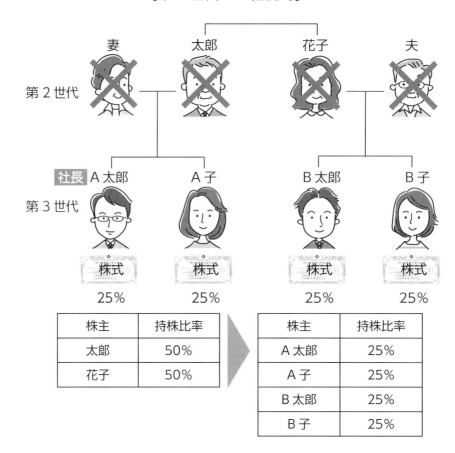

さらに、第3世代から第4世代の事業承継です。会社経営は、A太郎から長男のAa太郎へ承継されました。

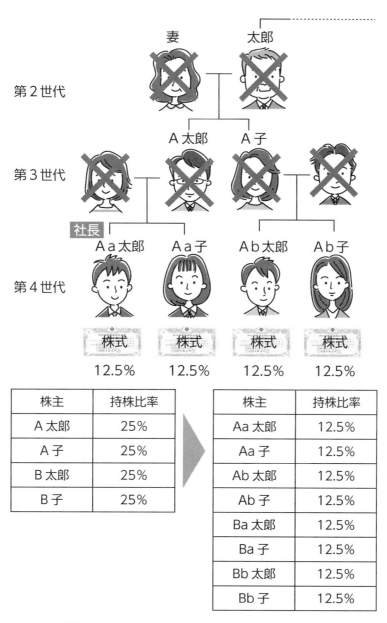

【第4世代への相続時】

　このように株式を平等に分割するというルールを持つ家系では、3回の相続を経て、8人の親族に**株式が分散**されることになりました。その結果、社長であるAa太郎の持株比率は12.5％しかありません。このような状態では、Aa太郎は、株主総会でいつ解任されるかわかりません。社長の地位がとても不安定なものとなっています。

　このように、**相続は株式の分散をもたらす危険なイベントです**。次期社長に株式を集中させないとすれば、社長の支配権が失われ、その地位が不安定なものとなってしまう

のです。

　会社法の観点から、社長の支配権が絶対的に安定するのは、株主総会の特別決議を可決させることのできる**「3分の2超」の議決権比率**です。例えば、以下のように、社長が67％（＞3分の2）を所有している会社の社長の支配権は、安定しています。社長が絶対的な権力を持っている状態であり、社長のワンマン会社だと言えるでしょう。

【社長が67％所有している会社】（オーナー企業）

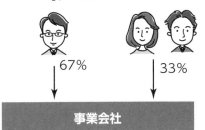

株主	持株比率
社長	67％
その他株主	33％

※その他の株主とは、遠い親戚や他人のことを言います。

　このように社長の支配権が安定している会社のことを、**「オーナー企業」「オーナー・ビジネス」**といいます。

　しかしながら、会社が成長すると株式評価額が上昇し、相続人である子供1人に株式を集中して相続させることが困難となることから、複数回の相続を経て、親族内で株式が分散してしまうケースが多く見られます。上述のケースは、8人の株主が12.5％ずつ分散させる極端なケースでしたが、実際には一部の相続人が株式を全く継がないこともあるため、中途半端な程度に株式が分散します。実務上よく見られるのは以下のようなイメージです。

【創業家の株主が3人いる会社】（ファミリー企業）

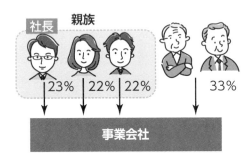

株主		持株比率	
親族	社長	23％	67％
	社長の兄弟	22％	
	社長の従兄弟	22％	
その他株主		33％	

　このケースでは、3人の親族が3分の2超を所有しているため、3人の親族が合意すれば、支配権を確保することができます。ただし、社長以外の親族が敵対的な立場を取るようになってしまった場合、社長は支配権を確保することはできなくなります。つまり、創業家の親族同士の関係が良好である場合のみ、社長の支配権は安定します。

　このように**社長の支配権が、親族の合意に基づいて確保されている会社**のことを、

「ファミリー企業」「ファミリー・ビジネス」といいます。ファミリー企業では、オーナー企業とは異なり、**親族間での合意形成**が重要なポイントとなるのです。

さらに会社が成長して、株式上場した場合も見ておきましょう。ファミリー企業でも上場することは可能です。

【ファミリー・ビジネスである上場企業】

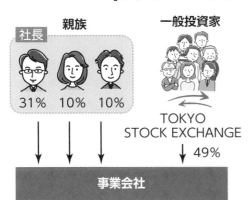

株主		持株比率	
親族	社長	31%	51%
	社長の兄弟	10%	
	社長の従兄弟	10%	
一般投資家		49%	

もちろん、究極的には、上場企業は、創業家の支配を無くし、一般投資家だけになることを目指すべきです。つまり、所有と経営の分離させた企業であり、これを、「パブリック・カンパニー」といいます。このような会社では、社長は会社を所有することが無くなり、一般投資家から経営を委ねられたサラリーマンとなります。

【パブリック・カンパニーである上場企業】

株主		持株比率	
親族	社長	0%	0%
一般投資家		100%	

本事例を検討しましょう。株主構成は以下の通りです。

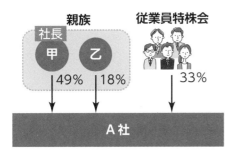

株主		持株比率	
親族	甲	49%	67%
	乙（弟）	18%	
その他の株主		33%	

7. ファミリー・ビジネスの基本

兄弟で持株比率が3分の2超であり、支配権は安定しています。ただし、甲社長が単独で支配するオーナー企業ではなく、親族内での合意形成を前提とした**ファミリー企業**となっています。

甲社長の望んでいる事業承継後の株主構成は以下の通りでしょう。甲社長の株式は息子である丙氏に、乙専務の株式は息子である丁氏に継がせるものとします。

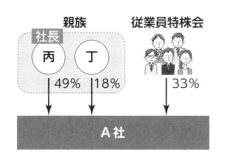

このような事業承継が実現すれば、甲社長の希望が叶うでしょう。

しかし、A社の現状を確認しますと、甲社長と乙専務が不仲となり人間関係が悪化しています。甲社長が自分の子供である丙氏を次の社長にしたいと考えていても、その一方で乙専務が自分の子供である丁氏を社長にしたいと考えるかもしれません。もし、丁氏を支持する従業員持株会が乙専務と結託すれば、株主総会において「丁専務を次の社長にする」議案を株主総会で可決することが可能となります。その場合、僅か18％の株式しか所有していない丁氏が社長になってしまうのです。

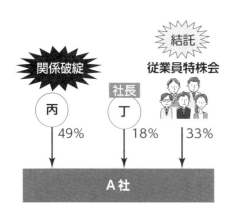

【問2】

このような問題が生じないようにするためには、親族内で支配権を一本化し、それを分散させずに事業会社を支配できるようにします。具体的には、甲社長が主導して、親族全員の株式を**持株会社**に集中させます。すなわち、甲社長と乙専務の所有する株式を**現物出資**して、以下のような持株会社を設立するのです。

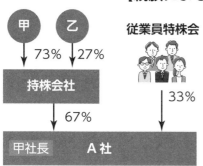

【親族による特株会社の設立】

株主	持株比率
持株会社	67%
その他の株主	33%

　これによって、親族全員の支配権は、持株会社が所有するA社株式に一本化され、親族が多数決で選任した代表者（この場合は甲社長が、持株会社の代表取締役に選任されるはずです）が議決権を行使することを通じてA社を支配することができます。つまり、親族内での多数派が間接的にA社を支配するという株式所有構造です。このような資本関係を構築することを、「**エステート・プランニング**」といいます。

　また、このような構造で設立された持株会社のことを、「**ファミリー・オフィス**」といいます。ファミリー・オフィスは、事業という価値ある財産を管理するとともに、それを永続的に存続させるため、**次世代の社長（経営者）を育成する機能**を持つことになります。

　ここでは、複数の親族が関与することになるため、親族間で合意を形成して、実際の会社経営は親族のうちの1人（社長）に任せることになります。つまり、持株会社によって親族全員が社長を監視・監督する体制を作ります。これを**ファミリー・ガバナンス**といいます。

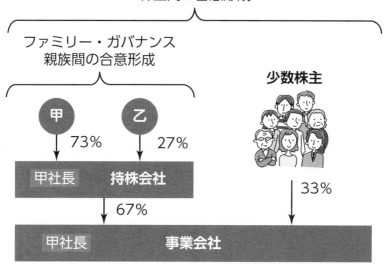

【2段階のガバナンス体制】

7. ファミリー・ビジネスの基本　141

8.
コーポレート・ガバナンスと経営革新

事 例

　大塚家具（小売業、従業員数 1,500 人、売上高 450 億円、営業利益▲ 45 億円）は、創業 48 年の家具販売会社であり、「会員制システムによる高級家具の対面販売」を行い、日本有数の家具販売会社に成長しました。

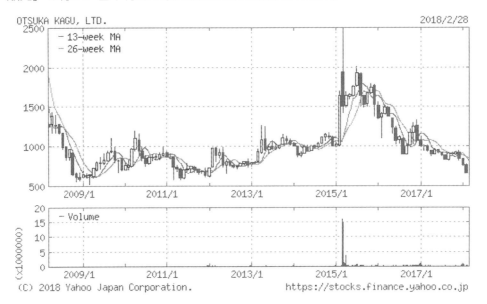

出所：Yahoo! ファイナンス

(百万円)	2010 年	2011 年	2012 年	2013 年	2014 年	2015 年	2016 年	2017 年
売 上 高	56,912	54,366	54,520	56,230	55,501	58,004	46,307	41,079
経常利益	38	1,304	1,317	1,004	▲ 242	437	▲ 4,597	▲ 5,144
純 資 産	42,714	41,751	41,725	47,657	46,710	45,712	37,685	29,169

■ 2009 年 3 月 勝久氏が社長を退任、久美子氏が初めて社長へ就任

　2001 年前をピークに、ニトリやイケアなど新興勢力の台頭や不祥事などで、業績が下降を続けています。2009 年 3 月に創業社長である勝久氏が会長職に退き、後任社長に長女の久美子氏が就任しました。久美子氏は、「気軽に入れるカジュ

アルな店づくり」を目指しました。これは、久美子氏が、安くても高品質でセンスある商品を消費者が選ぶ時代に変わったと判断したからです。

大塚家具取締役
久美子氏

1 ライフステージ主導型の「まとめ買い」に代わり、ライフスタイル主導型の「単品買い」が主流に

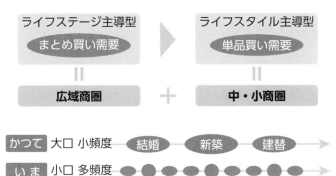

2 インターネットの普及による、店舗における「品揃え」価値の低下

3 競合店舗の増加
→専門店・小型店による多店舗展開により対応

4 インターネットでの情報収集を起点とした購買行動をする世代が、家具購入年齢へ
→インターネット上でのプレゼンスを高めることにより対応

5 価値観はモノからコトへ、求める情報は量から質へ

かつて	いま
「安く良い**モノ**を手に入れたい」	「安く上質な**暮らし**を手に入れたい」
「商品の**スペック**について知りたい」	「自分の住生活が**どう豊かになるか**知りたい」

→プロフェッショナルによる提案サービスにより対応

変化に対応し「上質な暮らし」を提供するために

1. **専門店・小型店による多店舗展開**

2. **プロフェッショナルによる提案サービスを前面に**

3. **商品とサービスのオムニチャネル化**

4. **購入だけではない、新しい選択肢のご提供**

出所：大塚家具アニュアルレポートより作成

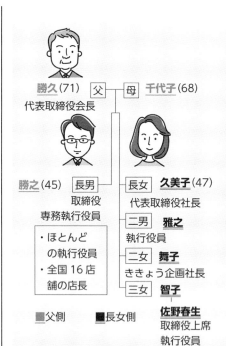

順位	株主名	持ち株比率(%)
1	**大塚勝久（会長）**	**18.04**
2	**ききょう企画（資産管理会社）**	**9.75**
3	日本生命	5.87
4	日本トラスティ・サービス信託銀行信託口	4.71
5	自社株	4.45
6	東京海上日動火災	3.21
7	日本トラスティ信託口（三井住友銀行）	2.94
8	従業員持株会	2.84
9	大塚春雄（会長の弟）	2.69
10	ジャックス	2.47
11	ノーザントラスト・USタックスEXペンション	2.00
12	**大塚千代子（会長の妻）**	**1.91**
13	三井住友銀行	1.81
14	ステート・ストリート・バンク＆トラスト505223	1.80
15	日本マスター信託口（フランスベッド）	1.73
16	ステート・ストリート・バンク＆トラスト505041	1.64

　大塚家具の株式は、勝久氏が350万株（18.04％）を保有していました。妻の千代子氏と合わせて、**19.95％**の持株比率です。

　一方、大塚一族の資産管理会社である「ききょう企画」は、2008年に勝久氏から、大塚家具の株式130万株の譲渡を受け、対価として**社債15億円**を発行、その結果として、千代子氏が10％、兄弟姉妹5人が各18％を所有することになりました。そして、親子の対立の結果、「ききょう企画」は久美子氏が多数派として支配することとなり、「ききょう企画」を通じて大塚家具の株式189万株（9.75％）を所有することとなりました。

　また、ききょう企画の株式は、勝久氏から子供たち5人へ18％ずつ均等に贈与されており、贈与税は1人当たり約2,000万円を支払ったとのことです。

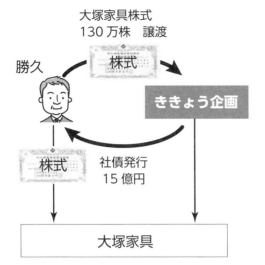
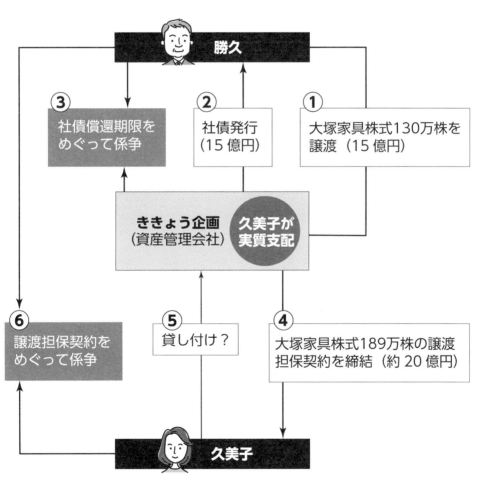

■ 2014年7月 久美子氏を社長から解任、勝久会長が社長へ復帰

代表取締役会長兼社長
勝久氏

しかし、勝久氏は、自身の過去のビジネスモデルを否定されたと感じたのか、久美子氏による方向転換を許すことができず、2014年7月に久美子氏を解任して、**自ら社長に復帰**しました。それでも会社の業績は更に悪化し、2014年12月期には▲5億円の営業赤字に転落することとなりました。

■ 2015年1月 勝久氏を社長から解任、半年で久美子氏が社長へ復帰

その後、勝久氏と久美子氏との対立は激化し、会社の方針について両者はことごとく対立していました。2015年に入り、業績の大幅な悪化に強い危機感を抱いた社外取締役が以下の要望書を提出し、同時に社外取締役の1人が親子喧嘩に耐えかねて辞任することとなりました。

> 【社外取締役・社外監査役から提出された要望書】
> (1) 現体制による経営方針の速やかな策定
> (2) コンプライアンス体制の強化、適切な人事
> (3) IR体制の強化、株主に対する適切な対応
> (4) 予算・事業計画の適時の策定
> (5) 社長による経営判断の合理性の確保、適切な説明
> (6) **取締役会において健全な議論を行えるようにすること**

「社員は子ども」と言い切る勝久氏にとって、大塚家具はまさに「自分の会社」、すなわち、個人商店でした。それに対して、久美子氏は、大塚家具は株式公開した以上、いつまでも大塚一族の会社であってはならない、あるべきガバナンス体制を実現すべきと主張していました。そのようなガバナンス体制への転換に対して、社外取締役が立ち上がったのです。

このガバナンスを巡るトラブルを契機に、かねてより勝久氏側に付いていた取締役佐野氏が、妻である三女智子氏からの説得によって久美子氏側に寝返ったことから取締役会の支配関係が180度入れ替わり、2015年1月の臨時取締役会は4対3の多数決で、**久美子氏の社長復帰**を決議しました。

■ 2015年3月 株主総会で勝久氏が取締役を退任、久美子氏の支配が確立

社長を解任された勝久氏は、その直後の株主総会に「株主提案（会社法303条）」を行い、**勝久氏を中心とする取締役構成**に入れ替えることを提案するとともに、一般株主から委任状集めに動き出しました。

これに対して、久美子氏は会社提案として、現状の**久美子氏を中心とする取締役構成**を維持し、勝久氏（および勝之氏）を取締役に選任しない議案を上程しま

した。すなわち、株主の委任状争奪戦が始まったのです。

　これについて、株主総会の会場では、個人株主の1人から「恥ずかしい同族企業！一族の醜態だ！会社は一族のものではない！」という**同族経営**に対する批判の声も上がりました。株主の1人として出席した勝久氏は、「自分が社長になれば黄金時代に戻せる、会社を存続させることができるのは、自分しかいない。株主さまには、それを分かって判断していただきたい」と発言しました。

　結果、久美子氏側の会社提案が、株主総会で61％の賛成を獲得、勝久氏側の株主提案は36％にとどまり、久美子氏の勝利となりました。賛成に回った大株主は、日本生命、東京海上日動火災、三井住友銀行（3社合計で16％）、そして、直近に市場から株式を買い増しした投資ファンドの米ブランデス・インベストメント・パートナーズ（10％）でした。

■ 2015年7月 勝久氏が新会社を設立

　その後、勝久氏は所有する350万株（18.04％）のうち163万株を売却し（残り10％）、**20億円**以上の現金を獲得、その資金を元手に新会社「匠大塚」を創設しました。ここでは、家業のビジネスモデル「会員制システムによる高級家具の対面販売」を実践しています。

2015年以前の大塚家具のビジネスモデル

> 2015年以前のビジネスモデルは、販売スタイルやブランディングにおいて課題を抱えていた。

課題	大塚家具に対する印象	背景
販売スタイル	「受付や接客に抵抗を感じる」 （今の住需要に適していない）	会員制で運営してきた過去
ブランディング	「商品が高そう」 （誤解から、ターゲット消費者も敬遠）	広告宣伝活動の限界

出所：大塚家具マニュアルレポートより作成

8. コーポレート・ガバナンスと経営革新　147

2015年から取り組んだこと

```
ビジネスモデルの再構築

● 店舗運営・会員制ビジネスモデルの見直し
● 消費者からの適正な認識の形成
```

店舗はクローズモデルから、オープンモデルへ　（完成途上）
認知は、プロキシの混乱の結果、逆方向の誤解へ
消費者ニーズと競争環境は、さらに変化

出所：大塚家具マニュアルレポートより作成

【問1】
久美子氏はなぜ大塚家具のビジネスモデルを変更したのでしょうか。

【問2】
「ききょう企画」が勝久氏から大塚家具の株式15億円を購入し、その対価として**社債15億円**を発行しました。相続税対策の観点からこの取引の妥当性を論じてください。

【問3】
機関投資家が会社提案に賛成したのは、**日本企業のコーポレート・ガバナンス**の問題が関係していると言われます。なぜ機関投資家は会社提案に賛成したのでしょうか？

【問4】
勝久氏の新事業「匠大塚」を設立して、従来のビジネスモデルを使った家具販売事業を再開しました。勝久氏はなぜ久美子氏を自分の後継者として、家具販売事業の経営を一本化しないのでしょうか？

── 解 説 ──

【問1】

　久美子氏が会社のビジネスモデルの転換を図った背景には、デフレが一気に進んだことで、価格が安いものへのニーズが高まり、高くて良いものを求める中間層が激減していたことがあります。この環境に適合したイケアやニトリが台頭し、大塚家具が劣勢に立たされていたのです。

　そこで、従来の「**会員制**」を止め、営業のオープン化を進めるために、店舗の受付スペースを無くし、消費者が気軽に出入りすることができるカジュアル店づくりを目指しました。つまり、**勝久氏が築き上げたビジネスモデルを久美子氏が変更した**のです。

　会員制は、大規模な宣伝広告によって店舗に「買おうとする目的」を持ってやってくる顧客を増やすことで成り立つスタイルです。現在のように、婚礼などでまとめ買いする消費者が減少し、低価格の商品が求められている現状では、ビジネスモデルを変更するしかないと考えられたのです。

	理由	広告宣伝	店舗	接客	商品
従来のビジネスモデル（勝久氏）	創業者の直感と天才的な販売力	大規模なチラシ配布・DM発送	大規模	会員制で販売員による丁寧な説明	高級路線
今後のビジネスモデル（久美子氏）	販売データに基づく客観的な経営分析	広告宣伝費の抑制、インターネットも活用	小規模	入りやすい店舗	低価格路線

【参考】新しいビジネスモデルの創造

　新しいビジネスモデルを創出するには、イノベーション（経営革新）が必要です。

　イノベーションを研究した経済学者シュンペーターは、企業家精神を「変化と冒険、困難を好み、**新結合**を遂行する行為」と捉え、**「創造的破壊」**が必要であると主張しました。この**「創造的破壊」**は、①新しい生産物（製品・サービス）、②新しい生産方法（技術）、③新しい資源（原材料）、④新しい市場、⑤新しい組織を開発し、導入することによって生み出され、その源泉は、既存の物事を新しく組み合わせていく**「新結合」**にあるとしています。現在のわが国のような成熟社会においては、イノベーションは不可欠です。

【参考】事業成長の方向性（アンゾフの成長マトリックス）

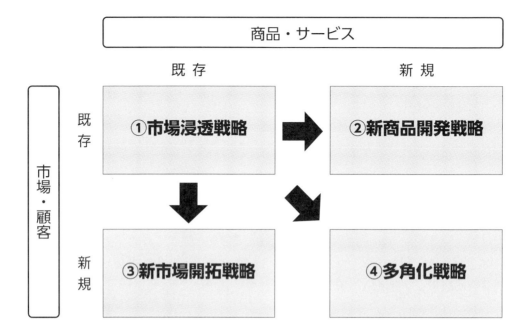

【問2】

「ききょう企画」は、勝久氏から大塚家具の株式15億円を購入し、その対価として社債15億円を発行しました。

勝久氏によれば、これについて、「大塚家具株式からの受取配当金と、社債利息との差額を、ききょう企画に儲けさせることが目的だ。ききょう企画の役員である子供たちに分配して、彼らの生計を援助する」とコメントしています。一方、久美子氏によれば、「勝久氏の相続対策として、税理士とも協議したうえでの事業承継スキームだった。経済界に広く普及している一般的なスキームであり、償還期限は長期間に及ぶものが多い。相続対策という目的が達成されるまで社債は償還されるべきものではない」とコメントしています。

そもそもこの事業承継スキームは、勝久氏個人が所有する大塚家具株式130万株を資産管理会社である「ききょう企画」に移転することで、子供たちに個人財産を承継させることを目的とするものです。

この点、個人から法人へ財産を移転する方法には、①**現物出資**と②**譲渡**の２つがあります。①**現物出資**は、新株発行に当たり、金銭以外の財産をもって出資に充てることです（税務上は現物出資も譲渡として取り扱われます）。この方法を採用したとすれば、勝久氏は新株を取得して、ききょう企画の大株主となっていたはずです。これに対して、②**譲渡**は、財産を法人へ売却し、対価としての現金（又は現金同等物）を受け取ることです。今回はこの方法を採用したため、勝久氏は対価として現金同等物（社債という有

価証券）を受け取り、「ききょう企画」の債権者となりました。

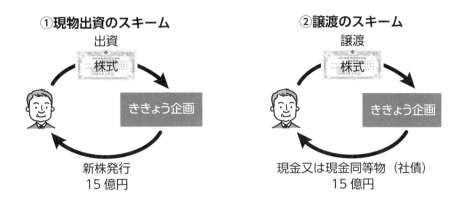

　相続税対策の観点から検討するならば、**何が将来の相続財産になるか**を考えます。現物出資の場合、「ききょう企画」の**非上場株式**が相続財産になりますが、譲渡の場合、「ききょう企画」の**社債**が相続財産となります。

　非上場株式の評価は、評価時点の配当・利益・純資産・類似業種株価等によって計算するため、節税手段を講じることによって、その評価を引き下げ、相続税負担を軽減させることができます。特に、経営承継円滑化法の納税猶予制度を使えば税負担はゼロになります。これに対して、所有する社債の評価は、原則として、額面金額によることになるため、節税手段を講じて相続税負担を軽減させることができません。

　したがって、相続税対策の観点からは、勝久氏と「ききょう企画」は、譲渡ではなく、現物出資を選ぶべきだったと言えるでしょう。

　この点、現物出資を行って新株発行すると、勝久氏がききょう企画の大株主となり、ききょう企画の経営権が勝久氏から子供たちへ移転せず、事業承継（経営の承継）が行われないとする意見があるかもしれません。しかし、新株発行であっても、無議決権株式を発行し、勝久氏の経営権を失わせることによって間接的に経営権を移転することも可能です。

　したがって、社債発行による譲渡スキームは妥当ではないと考えられます。

【問3】

　久美子氏は、大塚家具のガバナンス体制を、創業者中心のワンマン体制から、株式公開企業に相応しいガバナンス体制（社外取締役が機能する組織）へと変更しようとしました。

　当時、外国人投資家からの対日投資を呼びかけてきた安倍首相は、「社外取締役の導入促進」を政策として掲げました。外国人投資家は、日本企業のガバナンスが強化されることで、低採算事業の見直しが進み、収益性が改善すると見ていたからです。

　社外取締役に期待される役割は、社長に遠慮なく進言することができることです。内

部から昇格した部下では、社長に厳しいことは何ひとつ言えません。外部から招聘された取締役ならば、クビを覚悟すれば何でも言うことができます。これにより、社長が独裁者となって暴走し、権限を独り占めにすることを防ぐことができます。

また、2014年に安倍首相は、機関投資家をコーポレート・ガバナンスへ深く参画させるため、「スチュワードシップ・コード」を導入するとしました。これは、上場企業の株式を保有する機関投資家の行動規範であり、運用委託者の利益最大化を図るために、投資先の企業に影響力を与える役割を果たすべきだという考え方に基づくものです。

これまで、生命保険会社など日本の機関投資家は、「物言わぬ株主」として何も発言しませんでした。しかし、スチュワードシップ・コードが導入されることによって、日本の機関投資家は議決権行使で明確な意思表示をしなければいけなくなりました。そうしなければ、資金を預かる保険契約者への背信行為と見られるからです。

この結果、日本の機関投資家の多くは、2014年に導入された「スチュワードシップ・コード」を受け入れ、年金委託者など資金拠出者にとって利益になる行動をとらざるを得なくなっていました。

委任状争奪戦が発生した大塚家具の株主総会において、機関投資家が勝久氏の提案に賛成するには相応の説明責任を負うことになるものの、その説明が困難な状況にありました。そこで、現実的な対応として説明が通りやすい久美子氏の提案に賛成することになりました。

この点、機関投資家に助言を行う議決権行使会社は、以下のようなプレスリリースを出しました。「久美子氏側の中期経営計画は、十分な根拠を融資、当社の現在のビジネスモデルの弱点に的確に対処し、国内家具市場の変化に対応できるように構築されたものであると結論づけています。これに対して、勝久氏側の株主提案は、これに対してきちんとした反論や根拠を示せておらず、当社の中期経営計画以上に望ましい結果をもたらす合理的な可能性を示していないと評価しています。」

そもそも「企業価値を上げられるのはどちらか」など、事業経営に携わっていない機関投資家が説明することなどできません。久美子氏が正しいのか、勝久氏が正しいのか、どちらが正しいのかは、実際に経営した結果を見るまでわかりません。この点、久美子氏は、理路整然と経営分析を行い、コーポレート・ガバナンスの必要性を声高に主張したのに対して、勝久氏は、何ら根拠を示すことができず、かつ勝久氏個人経営に戻ることを主張しました。この結果、**機関投資家は、善管注意義務を履行し、資金の委託者に対する責任を果たしたと主張できるようにするため**、経営方針の説明が明確であった久美子氏を支持したものと考えられます。

【問4】

創業者のリーダーシップというのは非常に強いものです。創業者は、ゼロから事業を創造する「起業家」という特殊な人間であり、カリスマ性を持って会社を引っ張ってい

く特殊な能力を持っています。これを前提として、創業者の能力を十分に活かすための組織が作られ、従業員がついてきます。

しかしながら、事業承継の局面では、後継者に創業者と同じような能力を持つ人を見つけることは、ほとんど不可能です。このため、事業承継によってカリスマ性ある経営者の求心力を失い、組織が崩壊してしまうことがあります。

それゆえ、事業承継のために、個人経営から**「組織的経営」**へとシフトしていく必要があるのです。後継者がこのような組織的体制作りへ転換しようとしなければ、従業員が後継者について来なくなり、「能力もないのに、威張ってばかりいる」と反感を買うことになります。

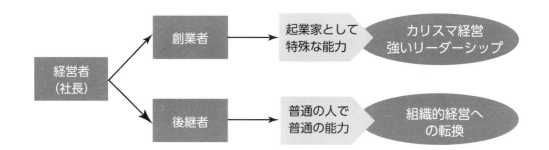

本事例では、勝久氏は経営権を久美子氏へ委譲し、「組織的経営」を認めることができません。自分が全権を握っていたいのです。自分が作った会社なので、**自分以外に経営できる人はいない**と心の底から思っているのです。これは創業者として当然の考え方でしょう。

会社が久美子氏に支配されてしまうと、勝久氏は創業者である自分自身への求心力が失われてしまい、引退した過去の人になって周りから見捨てられてしまうことを不安に感じています。この気持ちに耐えられないのです。そこで、自己の存在感をもう一度確かなものとするために、新会社「匠大塚」を立ち上げたのでしょう。つまり、**自己のアイデンティティーを維持する**ために、久美子氏を後継者として認めないということです。

この新会社「匠大塚」は、勝久氏が築いた古いビジネスモデルを続けるものです。それが、現在の経営環境に適合しないとしても勝久氏には関係ありません。勝久氏は、自分で稼いだ資金を投入し自分で作った会社なのだから、仮に失敗して倒産してもかまわないと思っているはずです。創業者は、自ら築き上げた会社を自分と共に墓場に持っていけば本望に違いありません。

一般的に、職業人としての役割と責任が極めて重かった先代経営者は、**引退して仕事を止めることを嫌がる**傾向にあります。これは、仕事こそ人生であった先代経営者が、引退によって自己のアイデンティティーを失い、自分自身の今後について**不安・心配・疎外感・寂しい思い**を持たざるを得ないからです。

それゆえ、円滑に事業承継を行うためには、先代経営者の気持ちに配慮し、先代経営者が徐々に仕事を減らし、**新しいライフスタイルを形成**できるよう、後継者や専門家が

手を差し伸べる必要があります。例えば、人生には仕事以外の楽しみがあることを理解してもらい（例えば、余暇を楽しむ、社会貢献する）、仕事以外の人生に向かってもらうようにするのです。

9.

経営環境の変化への適応

第2章 親族内承継

事 例

　A社（旅館業、従業員数30人、売上高3億円、**当期純損失▲2千万円**、純資産3億円）は、北海道の地方都市にある創業100年の老舗旅館であり、3代目の甲社長（70歳、代表取締役）が株式1,000株（発行済議決権株式の100％）を所有しています。甲社長の妻である丙氏は、女将として旅館の経営を支えています。

　旅館は、昭和初期に建てられた純和風の建物、自然と一体化した趣のある露天風呂を提供しており、日本人客から長年愛されてきました。一方、この地域には、海外からインバウンドの外国人客が増えてきており、多数の競合他社がホテルを新築しました。これらは、お洒落な西洋風の建物、スタイリッシュな専用露天風呂を各部屋に完備したホテルであり、外国人からの評判がとてもよいとのことです。

　5年前に甲社長の1人息子である乙部長（40歳、営業部長）がA社に入社し、現在は営業部長として働いています。乙部長は、学生時代にイタリア留学し、A社に入社する前は、マスコミでとり上げられる有名なHリゾート社で働き、ホテル業務をしっかりと勉強し、トップ・セールスマンとして確かな実績を残してきました。

　A社の事業承継を考えるようになった乙部長は、A社の経営環境を分析しました。営業マンとして常に売上拡大を考えている乙部長は、内部の経営資源の検討は後回しにして、外部の市場環境を集中的に分析したところ、今後も外国人観光客は確実に増加し続けると判断しました。その結果を踏まえ、乙部長は、「経営環境が変化している。これまでのような和風旅館では事業は存続しない。私は、イタリア留学時代に学んだデザインと、前職のHリゾート社で学んだ最新のサービスを、外国人客向けのお洒落なリゾートホテルという新しい業態で実現させ、自らこれを経営してみたい。ちょうど建物の大規模修繕の時期だから、自分の理想を実現するチャンスではないか」と考えました。

　このような信念を実現させるため、乙部長は綿密に練った事業計画を立案し、それを両親に説明したところ、甲社長から、「何を馬鹿なことを言っているのだ！うちは100年続いた和風旅館だぞ、純和風で趣のある露天風呂が当社の伝統だ。

9. 経営環境の変化への適応　155

西洋風のリゾートホテルなど絶対にダメだ！」と猛反対されました。

　ショックを受けた乙部長は、事業承継支援の専門家であるあなたに相談してきました。

　　あなた：「ところで、乙さん、会社の決算書は見たのですか？」
　　乙部長：「いえ、まだ見ていません」
　　あなた：「決算書を見ないと、財務内容がわからないでしょう？決算書も見ないで会社を継ごう、業態を転換しようなんて考えているのですか？」
　　乙部長：「おっしゃる通りですね。すぐに入手します」

　中小企業診断士のあなたは、A社の事業性評価を行うため、乙部長にどのような指導を行いますか？

- -

【問1】

決算書を見ると、前年度の業績悪化は恒常的なものであり、ここ数年は**大幅な赤字**が続いていました。乙部長はどのように事業承継を行うべきでしょうか？

【問2】

決算書を見ると、前年度の業績悪化は、一過性の特別損失を計上したことによるものであり、ここ数年は**大幅な黒字**が続いていました。乙部長はどのように事業承継を行うべきでしょうか？

—— 解 説 ——

【問1】

　経営環境が変化するということは、**顧客のニーズが変化する**ということですから、それに適合するようにビジネスモデル、商品・サービスを変えていかなければなりません。これが事業戦略の基本です。

　この点、乙部長がこれまでの顧客ニーズが減少していることに気づき、実際に業績が悪化していることを決算書で確認できたのであれば、新しい業態に転換し、黒字化を目

指すような事業戦略が求められます。市場環境を分析した結果、**新しい顧客ニーズ**（外国人）を把握し、それに適合するような新業態（西洋風リゾートホテル）に向かうことは、正しい経営判断です。

しかし、乙部長は、後継者ではあるものの事業承継は済んでいないため、現経営者である甲社長の同意を得なければなりません。ここで乙部長は、経営環境が変化している現状を丁寧に説明し、業態転換の必要性、そのための具体的な事業計画を甲社長に理解させなければなりません。

その結果、甲社長が理解し、業態転換に合意してくれたのであれば、会社の事業を新業態に転換すべく、建物の大規模修繕を実行すればよいでしょう。

それでも甲社長に理解してもらうことができず、合意を得られなかった場合は、どうすればよいでしょうか。その場合は、事業承継は断念し、古い業態のまま倒産するまで赤字を継続させるしかないでしょう。廃業を覚悟するということです。その場合、乙部長は、倒産リスクを負うことを回避するため、**事業を「継がない」**という選択肢を選ぶしかありません。

【問2】

経営環境に適合するように事業を変えていく必要があることは、上述の通りです。

しかし、経営環境の変化が生じているとしても、既存顧客のニーズが依然として大きく、業績好調で黒字が続いていることを決算書で確認できたのであれば、その業態を継続させるべきでしょう。**新しい顧客ニーズ**（外国人）を把握したとしても、既存の顧客ニーズ（日本人）に対応するサービスで十分にビジネスモデルが存続可能であるということです。したがって、新たな顧客ニーズに適合するような新業態（西洋風リゾートホテル）に転換すべきではありません。

このような場合、事業承継は、2つの方向が考えられます。1つは、乙部長が西洋風リゾートホテルを経営したいという信念を捨てて事業承継を行い、和風旅館の経営者で我慢することです。理想を追っても、それが成功するとは限りません。継続的に利益を生み出す事業を承継したのであれば、そのまま存続させることが正しい選択でしょう。

もう1つは、乙部長が父親からの資金援助を受けて**新しい事業を立ち上げる**ということです。もし甲社長が豊富な個人資産を持ち、資金力があるならば、乙部長は創業のための資金援助を受ければよいのです。具体的には、甲社長の出資または貸付けによって新会社を設立し、そこの社長に乙部長が就任して、西洋風リゾートホテルの経営を始めればよいでしょう。

自分が**やりたい仕事をすること**が、個人の人生で正しい**キャリア選択**です。新会社で乙部長の理想を追求するのです。新会社であれば、たとえ新事業に失敗したとしても、既存事業に損害を与えることはありません。初期投資は失うことになるかもしれませんが、黒字の和風旅館という価値ある事業を存続させることができます。

しかし、甲社長に十分な個人資産がなく、新事業を始めるほどの資金力が無い場合が問題となります。このような場合、既存事業を M&A で売却して現金化し、その資金で新事業を始めるという選択肢があります。この選択には勇気がいるかもしれませんが、後継者である乙部長の幸せを考えるのであれば、自分の理想を追求し、やりたい仕事ができるという点において、正しい選択だと言えるでしょう。

　知識と経験を積んだ乙部長が、西洋風リゾートホテルの新業態を**本気でやりたいと決意**したのであれば、新事業が成功する確率は十分高いはずです。また、既存事業を業態転換するのではなく、M&A によって他社に引き継ぐのであれば、既存事業で働く従業員の雇用を維持することができるため、好ましい方法であると言えるでしょう。

10.

少数株主

第2章 親族内承継

事 例

　A社（食品小売業、従業員数 20 人、売上高 15 億円、当期純利益 5 千万円、資本金 1 千万円、純資産 1 億円、借入金 4 億円）は、関東の地方都市にある創業 50 年の食品製造・卸売業であり、2 代目の乙氏（甲社長の夫）が他界して以来、妻である甲社長（70 歳、代表取締役）が代表取締役社長を努めています。甲社長は、そろそろ引退して、社長の座を息子の丙部長（40 歳）に譲りたいと考えました。甲社長が経理など管理全般を担当しているのに対して、営業は丙部長が担当しています。

　業績は好調であり、今期の売上高と利益は前期を上回る見通しです。

　丙部長の母親である甲社長は中継ぎの社長として働いていますので、現在は、実質的に丙部長が経営を行っている状態です。**重い借入金**を抱える A 社の財務内容を改善するためには、収益力向上が必要だと考える丙部長は、今期に入って、「自分が社長に就かなければいけない」と考えるようになりました。

　母親である甲社長に社長交代を打診したところ、それに同意してくれました。そこで、いつもお願いしている司法書士に代表者の登記変更の手続きを依頼しました。

　しかし、丙部長には気になっていることがあります。その 1 つが**株主名簿**です。

【A 社 株主名簿】

株主名	株数		肩書
甲社長	20 株	母親	代表取締役
丙部長	10 株	本人（次男）	営業部長
丙の兄	10 株	長男	惣菜工場長
丙の弟	10 株	三男	アルバイト
丁専務	30 株	乙の弟、丙の叔父	専務取締役
岸田（税理士）	10 株	第三者	顧問税理士
佐藤	10 株	不明（?）	不明（?）
合計	100 株		

　丙部長の父親である乙氏は生前 50 株を所有していましたが、母親である甲社

10. 少数株主　159

長と子供たち3人で相続しました。

丙部長の兄は、製造部門（惣菜加工）の部長です。調理士の免許を持っており、従業員から信頼と厚い支持を得ています。

丙部長の弟は、日雇いアルバイトをしていますが、お金に困っており、サラ金から頻繁に取り立てがあると聞いています。

甲社長の弟（丙部長の叔父）である丁専務は、**卸売部門**を担当しています。その息子（丙部長のいとこ）は、**卸売部門**の物流管理を統括しています。

なお、10株所有している岸田税理士は、創業時から乙氏が付き合ってきた顧問税理士であり、現在86歳です。

ちなみに、株主名簿の一番下の「佐藤」という名前は、丙部長に心当たりはありません。母親に聞いたところ、「佐藤さんは、お父さんの親友でしたが、もう何年も前に他界したはずです」とのこと。

丙部長は、不明株主がいたり、経営に関与しない株主が多数いたりする状況は問題があるのではないかと感じましたが、とりあえず自分が代表に就任することが先決であり、株主の問題の解決は後回しにしようと思いました。

昨日、司法書士から登記申請書類一式が送られてきており、その中には株主総会議事録が入っていまいた。これに署名捺印して返送すれば、代表者変更の登記が完了するとのことでした。株主総会議事録と取締役会議事録には押印が必要とのこと、その手続が煩わしいので司法書士に聞いたところ、「社長以外は認印でいいよ」とのことでした。

丙部長の代表取締役就任について、メインバンクである信用金庫には、すでに甲社長から伝えてあります。その支店長も、「事業承継が行われることはよいことですね。これで御社の永続的な成長を実現できるでしょう。こちらの手続きとしては、新代表である丙さんに**連帯保証**の必要書類を提出していただくことくらいです」と言って、歓迎してくれました。

丙部長は、「私がやるしかない！」と言いつつ漠然とした不安を抱えており、事業承継の専門家であるあなたに相談しました。

【問1】

現在の株主に関する問題点を説明してください。

【問2】

丙部長は今すぐに代表取締役に就任すべきかどうか、丙部長にアドバイスしてください。

—— 解 説 ——

【問1】

　後継者である丙部長は、A社株式を10株（10%）しか所有しておらず、支配権を持っていません。現在の株主には以下のような問題を生じさせるおそれがあるため、注意が必要です。

　一番大きな問題は、代表者の選任手続きです。すなわち、丙部長が、他の株主の認印を勝手に用意して株主総会議事録に押印したとしても、以下の関係者から**手続きの瑕疵**に基づく決議取消の訴訟を起こされるおそれがあります（代表者選任の取締役会決議には取締役全員の実印が必要となります）。

①　丙部長の兄

　丙部長の兄は、丙部長の代表就任に反対するおそれがあります。その場合、丁専務と結託して会社の支配権を奪い取ろうとし、丙部長を取締役から排除しようとするおそれがあります。

　将来、甲社長（母親）が他界してしまった場合には、以下のように株主構成が変わり、母親が所有していた20株をその相続人である丙部長、兄、弟の3人が**共有する**こととなります。この20株については、3人のうち過半数で議決権行使を決定する株式となるため、兄が弟や丁専務と結託すれば、A社の議決権の過半数を占めることとなります（＝20株＋10株＋10株＋30株）。こうなってしまいますと、丙部長が社長に就任できる可能性は無くなります。

【甲社長が他界した場合のA社 株主名簿】

株主名	株数		肩書
母親から**相続**し、丙部長と兄と弟の3人が**共有**	20株	3人で共有 （過半数で議決権行使）	
丙部長	10株	本人（次男）	営業部長
丙の兄	10株	長男	惣菜工場長
丙の弟	10株	三男	アルバイト
丁専務	30株	乙の弟、丙の叔父	専務取締役
岸田（税理士）	10株	第三者	顧問税理士
佐藤	10株	不明（？）	不明（？）
合計	100株		

② 丙部長の弟

サラ金からの借金があることから、破産してA社株式が差押えられ、サラ金がA社の議決権を行使してしまうおそれがあります。そうなると、サラ金がA社の株主として、株式を高額で買い取るように要求を始めるおそれがあります。

また、丙部長の弟は、丙部長の代表就任に反対するおそれがあります。お金に困っている状況にあることから、株主総会の決議取消しの訴訟を起こさない代わりの条件だと言って、丙部長又はA社に対して株式を高額で買い取るように要求してくるおそれがあります。株式買取りの要求を拒否することはできますが、帳簿閲覧請求権などの株主権を行使された場合、A社の企業秘密の開示を強いられることになります。

③ 丁専務（丙部長の叔父）

丁専務は、丙部長の代表就任に反対するおそれがあります。その上、息子が**卸売部門**の要職に就いていることから、息子を代表にするよう要求してくる可能性もあります。丁専務が丙部長の兄と結託すれば、それを実現することが可能です。

また、**卸売部門**は丁専務とその息子が運営する事業であることから、彼らが独立して別会社を設立し、卸売事業を**奪い取ってしまうおそれ**もあります。

④ 岸田税理士、佐藤氏

岸田税理士は創業時からの付合いとのこと、先代社長である乙氏が健在の頃は、丁専務との親密な人間関係が形成されていたはずです。そのような場合、丁専務から求められれば、岸田税理士は丁専務に株式を譲渡する可能性が高いと考えるべきでしょう。その場合、丁専務は40株を所有することとなり、過半数が目前となります。

一方、佐藤氏は他界していますが、その株式10株は**名義株**である可能性があります。**仮に真の株主が先代社長の乙氏**であったと認定された場合、その株式は相続人である甲社長、丙部長、兄、弟の共有となります。

また、名義株ではなく佐藤氏がまさに真の株主であった場合、佐藤氏の相続人から、丙部長又はA社に対して株式を高額で買い取るように要求してくるおそれがあります。株式買取りの要求を拒否することはできますが、帳簿閲覧請求権などの株主権を行使された場合、A社の企業秘密の開示を強いられることになります。

【問2】

丙部長は代表取締役に就任するべきではありません。なぜなら、就任時に借入金の債務保証を引き受けるものの、代表者としての地位が安定しておらず、最悪の場合、**解任されるおそれがある**からです。すなわち、丙部長が社長になったとしても、支配権を確保できておらず、それは単なる「サラリーマン社長」にすぎません。

それゆえ、代表に就任する前に、少数株主から株式を買い取り、最低でも過半数の議

決権を持つことによって、**支配権を確保しておかなければなりません**。他の株主に対して個別提案したり、家族会議を行ったりするなど、株式買取り交渉は早期に着手すべきです。

　なお、代表に就任した後に株式を買い取ることも考えられます。しかし、いったん代表に就任してしまいますと、個人保証を外すことが困難になることに加え、経営努力を行って企業価値を高めれば株式評価が高くなって買取りの資金負担が重くなり、丙部長は厳しい状況に直面することになります。

11. 事業用資産である土地の承継

事例

A社（機械製造業、従業員数20人、売上高10億円、営業利益5千万円、当期純利益1千万円、純資産2億円）は、関東の地方都市にある創業50年の町工場であり、創業者である甲社長（代表取締役、75歳）が株式51％を所有しています。

甲社長の長男乙氏はA社に勤務しており、後継者になることが予定されています。その一方で、次男丙氏は国家公務員として活躍しており、A社に入る意向はありません。

また、甲社長の個人財産は表の通りとなっています。A社株式100％の評価額が360百万円ですので、甲社長の所有する株式の評価額は約180百万円となります。

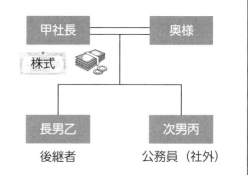

（単位：百万円）

個人財産	
金融資産	10
自宅土地・建物	30
工場の土地（500㎡）	不明
自社株式	180
（合計）	不明

A社の工場は45年前に建設されたものですが（当時、権利金の支払慣行がありました）、その敷地は、A社ではなく、甲社長個人が所有しています。なお、A社は甲社長に対して、権利金の支払いはなく、地代も支払っていません。また、土地の無償返還に関する届出書は、税務署に提出されていません。

その路線価図を入手したところ、以下のように表示されていました。

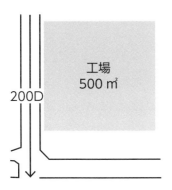

【問1】

甲社長が所有する工場の敷地の相続税評価額を計算してください。ただし、簡略化のため、土地評価における画地調整は一切行わないものとします。

【問2】

仮に「土地の無償返還に関する届出書」が税務署に提出されていた場合、甲社長が所有する工場の敷地の評価額はどうなりますか。

【問3】

この土地評価を考慮して甲社長の財産評価を行った場合、次男丙氏の遺留分はいくらになりますか？ただし、将来の相続時に**A社の株式評価は2倍になる**と想定します。
ただし、土地の相続税評価額は、時価に等しいと仮定します。

【問4】

工場の土地（500㎡）を長男乙氏に相続させることが決まった場合、小規模宅地等の特例を適用すれば、どれだけ財産評価を引下げることができるでしょうか？

── 解 説 ──

【問1】

　建物の所有を目的とする地上権又は賃借権のことを**「借地権」**といいます。これは、土地を借りている借地人が有する権利です。この借地権は様々な法律で定義されていますが、相続税法上の借地権は、借地借家法の借地権と概ね同じものだと考えてよいでしょう。

　借地権を考慮した場合、土地の価値は、借地権の価値と貸宅地（底地）の価値に分けられることになり、以下の算式が成り立つことになります。

> 自用地の評価額 ＝ 借地権の評価額 ＋ 貸宅地の評価額
> 借地権の評価額 ＝ 自用地の評価額 × **借地権割合**

　更地の状態にある土地を「自用地」といいます。自用地の評価額は、土地の所有者が、自分の土地として自由に利用できることを前提とする評価です。これは、路線価が付されている地域であれば、「路線価×地積」（補正されます）で計算されます。このような土地評価の計算の基礎となる路線価や借地権割合は、国税庁のWebサイトに掲載されている路線価図によって入手することができます。申告のために相続税評価を行う場合には、その土地に面する路線の数、奥行きや間口の距離、土地の形状など、現場におかれた状況を反映させるように評価を調整することになります。

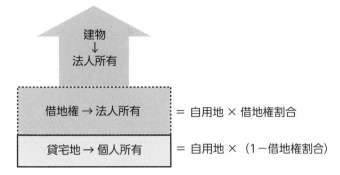

土地の貸借には、有償のケース（賃貸借）と無償のケース（使用貸借→固定資産税相当程度の地代しか支払われていない場合も同様に取り扱います）があります。

個人間において建物所有を目的とする土地の使用貸借が行われた場合、借地権はゼロ、底地は自用地として評価されることになります。

しかし、営利追求を目的とする法人が当事者である場合は、個人の場合とは考え方が異なります。法人税法では、法人が借地権の設定によって他者の有する土地を使用した場合において、権利金を支払わず、かつ、実際に収受している地代が「相当の地代（＝自用地評価額×6％）」に満たないときは、以下の算式によって計算した借地権が贈与されたものとして、法人に対して**権利金の認定課税**を行います。すなわち、税務上は、経済的価値ある借地権を法人が無償で取得したものと考え、法人に借地権（＝権利金）に相当する受贈益（益金）を認定し、課税することになります。

（借）借地権 ××× 　　　（貸）受贈益 ×××
借地権評価額 ＝ 自用地評価額 × $\left(1 - \dfrac{実際に収受している地代}{相当の地代}\right)$

もちろん、ここでの借地権や受贈益は、会計帳簿には記載されていない資産や益金ですので、法人税申告書の別表で調整されることになります。

このような法人税法の取扱いは、法人は営利追求を目的として合理的に行動するはずであり、借地権に係る保護規定の対象とならない財産権として、土地の使用貸借が行われるはずがなく、収受する地代がゼロというのは賃貸借契約の1つのケースにすぎないものであり（つまり借地借家法の制約を受ける）、このようなケースにおいても、借地人（法人）に対して**権利金の認定課税**を行うべきとする考え方に基づくものです。実務の現場では、法人を当事者として土地の使用貸借を行うケースは、数多く見られるものでした。

そこで、昭和55年に法人税基本通達が改正され、**「土地の無償返還に関する届出書」**を税務署に届け出ているときには、**権利金の認定課税は行わない**こととなりました。

それでも、実務の現場では、使用貸借であるにもかかわらず、「土地の無償返還に関

する届出書」を税務署に出していないケースが、現在に至ってもなお数多く存在しているのです。そこで、このような場合の課税関係が問題となります。

本事例では、A社は、権利金を支払っておらず、また、実際に支払う地代は相当の地代を下回っていますから（地代ゼロ）、**権利金の認定課税**を行うことが原則です。

しかし、45年前、A社は甲社長個人が所有する土地を借り、そこに工場を建設した時点でA社に対して**権利金の認定課税**が行われるべきであったところ、実際には課税されず、かつ、受贈益に対する認定課税の除斥期間（＝5年の消滅時効）を経過してA社にはもはや課税できなくなったと考えることができます。それゆえ、A社には、結果的に認定課税されることなく借地権が認識されることになります（一般的に**「時効の借地権」**と呼ばれます）。

そうしますと、甲社長個人が所有する貸宅地（底地）の評価額は以下の通りとなります。

200千円 × 500㎡ × （1 － 60%）＝ **40百万円**

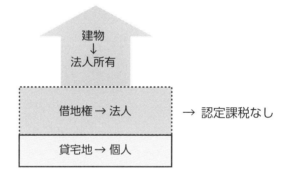

【問2】

借地権の設定に際して、通常権利金を収受する取引慣行がある場合において、権利金を収受することなく、また、相当の地代を収受しない場合であっても、**「土地の無償返還に関する届出書」**を税務署に提出することにより、**権利金の認定課税が行われない**ことになります。

地代の支払いについては、支払いがあるケースと、支払いが無いケースが想定されますが、いずれの場合においても、「土地の無償返還に関する届出書」を当事者間で確認していますので、借地権の財産的な価値は認識しないこととなります。

しかし、賃貸借契約を締結した場合、借地人は借地借家法に基づく保護が受けられることになりますが、使用貸借である場合、借地人は借地借家法に基づく保護を受けることはできません。

そこで、相続税法では、**賃貸借契約がある場合**、借地借家法によって借地人が守られ

ているため、土地所有者が土地を自由に使用収益することができない制約を考慮し、▲**20％の評価減**を行うこととしています。つまり、貸宅地（底地）は自用地×80％で評価するということです。これに照応して、土地所有者が同族関係者になっている同族会社の非上場株式を評価する場合には、**自用地×20％を純資産価額に加算する**ものとされています。

　これに対して、使用貸借の場合には、借地借家法の制約はありませんから、このような評価減や加算は行いません。つまり、貸宅地（底地）は自用地100％として評価します。

　そうしますと、甲社長個人が所有する貸宅地（底地）の評価額は以下の通りとなります。

【無償返還届出書を提出して、**使用貸借**の場合】
　200千円 × 500㎡ ＝ **1億円**

（参考）【無償返還届出書を提出して、**賃貸借**の場合】
　200千円 × 500㎡×（1 − 20％）＝ **80百万円**

「無償返還届出書」＋使用貸借　　　「無償返還届出書」＋賃貸借

建物
↓
法人所有

建物
↓
法人所有

土地100％評価→個人

20％評価→法人
土地80％評価→個人

【問3】

　貸宅地の評価額を40百万円とすれば、甲社長個人の財産評価の合計は**260百万円**となります。ここで、将来の相続時に**A社の株式評価が2倍**（360百万円）になっているとしますと、以下の通り、財産評価の合計は**440百万円**となります（自社株式が180百万円から360百万円へ上昇）。

個人財産	(単位：百万円)
金融資産	10
自宅土地・建物	30
工場の土地（500㎡）	40
自社株式	180
（合計）	260

株式評価が2倍になった場合

個人財産	(単位：百万円)
金融資産	10
自宅土地・建物	30
工場の土地（500㎡）	40
自社株式	360
（合計）	440

遺留分とは、相続人（兄弟姉妹を除きます）が、被相続人の相続財産のうち一定割合を取得することが保証されている権利をいいます。遺留分の割合は、以下の通りとなります。

区分／法定相続人	全体の遺留分	遺留分を配分した場合				
		配偶者	子 1人	子 2人	子 3人	父母
配偶者だけ	$\frac{1}{2}$	$\frac{1}{2}$				
子だけ	$\frac{1}{2}$		$\frac{1}{2}$	$\frac{1}{4}$	$\frac{1}{6}$	
配偶者と子	$\frac{1}{2}$	$\frac{1}{4}$	$\frac{1}{4}$	$\frac{1}{8}$	$\frac{1}{12}$	
配偶者と父母	$\frac{1}{2}$	$\frac{1}{3}$				$\frac{1}{6}$
父母だけ	$\frac{1}{3}$					$\frac{1}{3}$

また、遺留分の金額は、被相続人の相続開始時点における相続財産の評価額（時価）に、生前贈与した一定の財産を加算し、その合計額から相続開始時点における被相続人の債務を控除した金額に対して、遺留分の割合を乗じて計算します。

このため、相続開始時点に想定される440百万円の財産に対して、次男の遺留分8分の1を乗じて、遺留分の金額は**55百万円**と試算することができます。

ただし、実務の現場では、財産の相続税評価額が時価（＝通常の取引価額）と一致するケースは少ないため、時価評価の手続きが必要となります。

【問4】

小規模宅地等の特例とは、一定の宅地等（相続の開始直前において被相続人等の事業用に使用されていた宅地等又は被相続人等の居住用に使用されていた宅地等）を相続した場合、相続税の課税価格から一定の割合を減額する制度のことをいいます。宅地等の

用途ごとの評価額の減額割合、適用対象となる土地面積の上限は以下の通りです。

宅地等		減額される割合	適用対象限度面積
被相続人等の事業の用に供されていた宅地等	特定事業用 （貸付事業以外）	▲80%	400㎡
	特定同族会社事業用	▲80%	400㎡
	貸付事業用	▲50%	200㎡
被相続人の居住の用に供されていた宅地等		▲80%	330㎡

　特定事業用宅地等（被相続人等の事業用に使用されていた宅地等）は、申告期限まで事業継続すること等の条件を満たした場合、**400㎡**まで評価額の**80%**が減額されます。この制度は、土地を事業用に使用している個人事業主の相続税負担を軽減させるものとなります。

　また、一定の要件を満たす同族会社の事業（不動産貸付業は除きます）を承継する場合についても同様の特例があり、これを**特定同族会社事業用宅地等**といいます。すなわち、相続の開始直前に被相続人等が有する株式数の合計額が発行済株式総数の**50%を超える**法人の事業に使用されていた宅地等で、その宅地等を相続によって取得した**親族**（被相続人の6親等内の血族、3親等内の姻族又は配偶者、いずれも法人税法上の<u>役員</u>であることが必要）が相続開始時から申告期限まで継続所有し、かつ、申告期限まで事業継続していた場合、**400㎡**まで評価額の**80%**が減額されます。この制度は、土地を同族会社の事業用に使用させている企業オーナーの相続税負担を軽減させるものとなります。

　本事例では、同族会社であるA社の事業用に使用されていた土地500㎡であり、総額40百万円であるため、その評価減は以下の通り計算されます。

【評価減】

$$40\,百万円 \times \frac{400\ ㎡}{500\ ㎡} \times ▲80\% = ▲25.6\,百万円$$

　したがって、相続時にA社の土地の課税価格は、14.4百万円（＝40－25.6）まで引き下げられることになるのです。

11. 事業用資産である土地の承継

12.

経営承継と後継者教育

事 例

　　事業承継支援の専門家であるあなたは、事業承継の問題を抱えるA社（売上高50億円、当期純利益1億円、従業員500人、純資産10億円のビルメンテナンス業）を訪問し、甲社長（代表取締役、70歳）と面談を行いました。息子の乙氏（経営企画部長、45歳）は後継者候補です。

　　あ な た：「お忙しいですか？」
　　甲 社 長：「幹部社員がしっかりやってくれていますから、私はゴルフ三昧の毎日ですよ」
　　あ な た：「そうですか。御社は5年前に事業部制を採用され、権限と責任を社員の方々へ大幅に移譲されましたよね。多くの優秀な社員を抱え、組織的な経営を実現することができていますから、誰が次の社長になっても大丈夫でしょう。事業承継はどのように進めていきますか？」
　　甲 社 長：「私がここまで築き上げてきた会社ですから、当然に息子の乙に継がせたいと考えています。彼はいま**経営企画部の部長**として働いています」
　　あ な た：「そうですか。営業部門の管理職の3人は優秀な人ばかりですが、彼らと比較しても、息子さんが最適な経営者だと判断されたのですね？」
　　甲 社 長：「息子が最適なのかどうかはわかりませんが、父親として息子に継がせたいと思うのは当然でしょう」

【問1】

最適な後継者をどのように選ぶべきでしょうか？あなたの考えを述べてください。

あなた：「そういえば、息子さんの**後継者教育**はどのように行われています
　　　　か？他社での勤務経験も積ませましたか？」

甲社長：「うちの息子は、新卒で当社に入り、20年ここで働かせています。
　　　　会社には独自の仕事のやり方がありますから、他社の仕事を覚えて
　　　　も意味がないでしょう。うちでは当然に新卒で入社させましたよ。
　　　　若い頃から、社内で丁寧に指導し、営業から経理まで一通り経験さ
　　　　せました」

あなた：「社内で従業員とはうまくやっていますか？」

甲社長：「わがままな性格があるせいか、上席者からの命令に従わなかったり、
　　　　同期と飲みに行くことを断ったりするなど、協調性がなく浮いてい
　　　　るようです。それであっても特に気にする必要はないでしょう。彼
　　　　は社長となる人材で、そもそも他の従業員とは異なる立場にありま
　　　　すから」

【問2】

甲社長は、息子の乙氏を**新卒採用**して働かせていますが、一定期間は
他社で修行させたほうがよいという意見もあります。後継者教育はど
のように考えるべきでしょうか？

【問3】

後継者を自社に入れて教育する場合、「社長の仕事を覚えさせること」、
「社員との人間関係を構築すること」を目的とすべきという意見があり
ます。この目的を達成するためには、**後継者のOJT**として、どのよう
なキャリア・プランが考えられますか。

　数日後、後継者と想定されている息子の乙氏と面談したところ、口数も少なく
て大人しい性格であり、父親である甲社長に対して従順に働いている様子でした。

あなた：「乙さん、甲社長も70歳ですね、A社の後継者は乙さんでしょう。
　　　　社長になる覚悟はできていますか？」

乙　氏：「はい、新卒で入社してから現在に至っています。ここまできて他
　　　　社で働くなど不可能ですから、当社の後を継ぐしか、私の道はない
　　　　でしょうね」

あなた：「そんな受身で消極的な姿勢では社長は務まりませんよ。A社のトッ

12. 経営承継と後継者教育　173

プとして、会社を経営する自信はありますか？」

乙　氏：「当社の規模は大きくなり、業績も安定していますから、誰が社長になっても同じですよ。私が社長になれば、周りの社員が支えてくれるでしょう」

あ な た：「なるほど、貴社は優秀な従業員が大勢いますから、大丈夫ですね、幹部社員との人間関係は良好ですか？」

乙　氏：「正直なところ、入社時以来、彼らとの間には溝がありますね。私は『社長の息子』として特別扱いされることも多いですから。定例会議で話すことはあっても、一緒に飲みに行くことはないので、彼らが何を考えているのか、よくわかりません」

あ な た：「仕事は好きですか？これから、Ａ社をどのような会社にしたいですか？将来の夢はありますか？」

乙　氏：「**仕事はあまり好きではありません。**定時に退社して、家で子供と遊びたいのです。会社の将来ですか？うちは安定しているので、これからも現状を維持できればいいですね」

あ な た：「そのような消極的な姿勢は変えなければいけませんよ。そもそも社長の仕事とは何か、勉強してきましたか？」

乙　氏：「社長の仕事は、得意先とゴルフに行くことですよ！得意先とのコミュニケーションを通じて関係性を構築することが、会社の売上増加をもたらすのです。勉強するよりも、ゴルフとお酒のほうが重要です。私は会社の決算書はほとんど見ないのですが、経理は社内で働く妹に任せており、経営管理に心配はありません」

【問4】

チェスター・バーナードは「組織の3要素」は、共通目的、協働意欲、コミュニケーションだと提唱しました。一方で、経営者の仕事は、「戦略立案」と「経営管理」だと言われることがあります。後継者に対して教えるべき、**「社長の仕事」とは何か**、あなたの考えを述べてください。

あ な た：「ところで、甲社長、代表者を乙さんに交代し、株式を贈与する時期は決まりましたか？」

甲 社 長：「事業承継税制を適用したいので、来年あたりに社長交代と株式の贈与を実行しようかと思っているんです。どうでしょうかね？」

あ な た：「経営承継円滑化法の贈与税の納税猶予制度の適用申請はお任せください。特例措置を適用することができる期間は、平成30年(2018

年) から （　Ａ　）までです。また、特例措置を適用する前提として、今年から（　Ｂ　）までの（　Ｃ　）年間に事業承継計画を都道府県知事へ提出しておかなければなりません」

甲　社　長：「納税ゼロで株式を贈与できるようになったのは助かりました。これで事業承継は問題ないですね」

あ　な　た：「株式承継はいいとしても、社長交代は大丈夫ですか？息子さんは一人前の経営者として社長になる資質を備えていますか？」

甲　社　長：「うーん、それがよくわからないんですよ」

あ　な　た：「組織のトップとして**従業員に対してリーダーシップを発揮する**には、何と言っても仕事で実績を残していなければいけません。息子さんが残された実績は何ですか？」

甲　社　長：「営業部長を担当させていた時期に、彼のおかげで多数の新規顧客を開拓することができましたから、十分な実績を残していると思います。能力と経験では十分です。ただ、**従業員との人間関係**にはまだ問題があるようですね・・・」

- -

【問 5】

事業承継税制に関して上記ＡからＣの空欄を埋めてください。また、「特例承継計画」とは何か、述べてください。

【問 6】

子供に対して**後継者教育**を行う場合、どこまで成長すれば一人前の経営者になったと判断することができるでしょうか、あなたの考えを述べてください。

—— 解　説 ——

【問 1】

　創業者が苦労して築き上げた事業を、自分の子供に継がせたいと考えるのは、当然の親心でしょう。子供がかわいいからです。しかし、**「子供が次の社長になる」という親心**を実現させるためには、①**子供が事業を継ぐべき状況にあるかどうか**、③**子供が経営**

12. 経営承継と後継者教育

者としての資質を備えたかどうか、この2つの判断基準をクリアしていなければいけません。

また、子供を一人前の経営者に育てるために、**②社外で修行させるか、社内だけで教育するか**、という判断もあります。

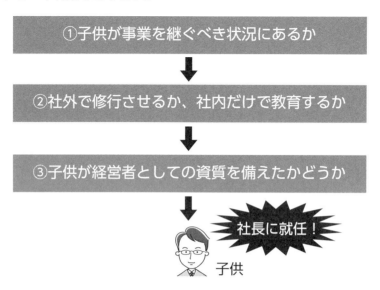

まず、**①子供が事業を継ぐべき状況にあるかどうか**については、財産承継の側面も考慮しつつ、事業の規模に応じて2通りの状況があります。

(1) 規模の大きな事業

事業の規模が大きく、組織の仕組みが完成されており、社長がいなくても安定的に経営が行うことができる場合、誰が社長になっても事業の存続は可能となることから、最適な経営者は、従業員も含めた幅広い候補者の中から選択することができます。

しかし、このような事業は、会社の株式評価が高く、また、大きな借入金を抱えていることがあることから、現実的に従業員への承継が困難であり、子供を後継者とせざるを得ません。子供に承継するとしても、株式承継については、経営承継円滑化法の納税猶予制度を適用すれば、税負担が問題となることはないでしょう。

この点、経営者として最適とは言えない子供が事業承継することによって、後継者による将来の経営が失敗する可能性はあるでしょう。規模の大きな事業の経営は難しく、また、失敗したときのダメージはとても大きなものです。この点、親族に経営を承継させるのではなく、従業員から最適な人材を役員・幹部社員に登用し、**同族経営からの脱却を図ることによって事業の存続・成長を優先すべき**と言われることがあります。

しかし、事業を成功させ、組織的経営を実現させるほど大きな成果を残した現社長には、事業の存続・成長を優先するよりも、**「子供が社長になる」という親心を満足させる権利がある**と考えるべきでしょう。

(2) 規模の小さな事業

これに対して、事業の規模が小さく、社長の個人的能力に依存した経営を行い、社長がいなくなれば存続できないような事業の場合、従業員まで候補者を広げたとしても次期社長として最適な人材を見つけることは困難です。このような事業を子供に継がせようとする場合、相応の経営リスクを負担させることになりますから、しっかりと後継者教育を行い、確実に一人前の経営者に育て上げなければいけません。**計画的な後継者教**

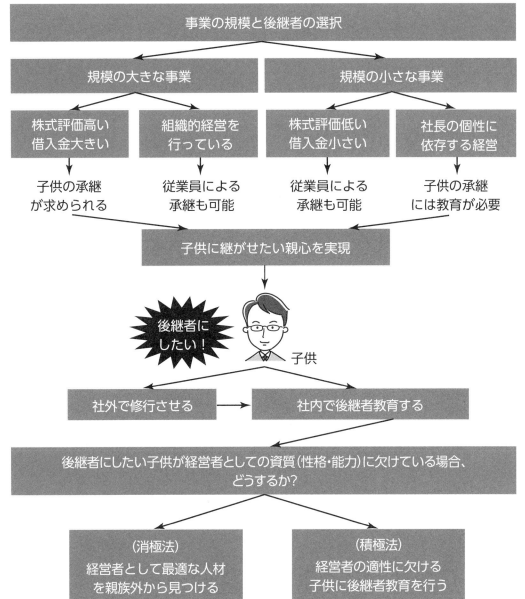

育が不可欠となります。

　ただし、将来性に不安のある事業の場合、もし経営に失敗してしまえば、後継者となった子供が不幸になってしまうため、親としても心配になるでしょう。子供にリスクの高いキャリアを歩ませるよりも、リスクの低いキャリア（サラリーマン等）を歩ませるほうが、子供が幸せになる可能性が高いと判断することも選択肢の１つとなります。

【問2】

　次に、子供を後継者にしたいと考えた場合、子供が大学を卒業するときに決めるべきことがあります。それは、子供を②社外で修行させるか、社内だけで教育するかという問題です。

　20代の未熟な若者をいきなり自社に入れますと、様々な問題が発生します。例えば、社長の子供だと周囲はチヤホヤ特別扱いし、世間知らずのまま自己中心的な人間となってしまったり、逆に社長から強いプレッシャーをかけられて萎縮し臆病者になってしまったりします。また、従業員の立場からすれば、「社長の子供」の取扱いや接し方が難しく、自然と溝ができてしまう可能性があります。

　これに対して、他社に入れるとなると、サラリーマンの１人として働くことになるため、誰も特別扱いしてくれません。それゆえ、**組織と人の実態を知る**ことができます。例えば、社長がいかに現場を理解していないか、逆に従業員が社長の気持ちを把握できず面従腹背しているか、仕事そっちのけで遊んでばかりいる社員がどれほど多いか、「ヒト」の問題を知ることができます。これだけでも、他社で働く意義は大きいでしょう。

　事業の規模にもよりますが、多くの場合、後継者教育の第一歩は、社外での経験を積ませることとなります。これには、**同業種の大企業**に就職するケースが多いようです。これによって、子供に「平社員」の下積みを経験させ、**一般の社員の気持ちを理解する能力**や、**社会人としての常識・マナー**を習得させます。また、同業種であれば、そこで獲得した**人脈が将来活用できる**はずですし、大企業であれば、**組織運営の仕組みを学ぶ**ことができます。

　しかし、一流の大企業に就職したとすれば、長期間にわたり組織の末端の仕事に従事せざるを得ないため、仕事を通じて多種多様な経験を積むことはできません。そこで、ベンチャー企業に就職し、早い時期から責任ある仕事を経験するとともに、**経営者の意思決定を間近に見る**ことによって経営者の仕事を学ぶという選択肢も考えられます。

　この点、他社での社会人経験なく大学卒業してすぐに子供を自社へ入社させるケースもありますが、現実には失敗するケースが多いように思われます。後継者本人が、社会の常識を知らないため、非常識な行動をとり、社員から嫌われてしまうことがあるようです。また、雇われる立場を十分に経験せずに経営者になると、**雇われる立場にある従業員の気持ちを理解できない**ため、社長のリーダーシップを発揮して従業員のモチベー

ションを高める能力を獲得することができないようです。遠回りのようでも、社外での経験を積むことは、後継者の知識を増やし、将来の社長にとって役立つ貴重な経験になると思われます。

　他社での修行を積ませるか、新卒で自社に入れるか、具体的にどのように判断すべきかが問題となりますが、実務の現場における判断は、以下のように事業規模によって異なると考えます。

⑴　年商10億円以下の事業

　年商10億円以下の事業であれば、後継者を**新卒で入社させてもよい**と考えられます。
　このような事業は組織的経営が行われておらず、社長であっても経営だけでなく現場の仕事にも従事するような状況にあるため、新卒で入社しても24時間365日働き続ける厳しい状況になり、短期間で幅広い実務経験を積むことができるからです。このような状況で鍛えられた後継者は、営業から製造、経理まで全て仕事を短期間で習得することができるでしょう。

⑵　年商10億円以上100億円未満の事業

　年商10億円以上100億円未満（卸売業であれば300億円未満）の事業であれば、**新卒で入社させず、他社で修行させるべき**と考えます。
　このような事業であれば、組織的経営が十分に行われているとは言えないため、社長の経営力やリーダーシップの巧拙が事業の存続・発展に影響します。それゆえ、従業員に対してリーダーシップを発揮できるような社長になるために、組織の中で働く従業員の気持ちを、自らの経験に基づいて知っておくべきです。例えば、人に雇われて働く従業員の辛さを知ること、サラリーマンの面従腹背の現実を知ることが必要です。これによって、従業員の気持ちを理解すれば、経営者として成長を図ることができます。
　それゆえ、すぐに自社には入らず、20代の5年間から10年間は、他社で修行すべきということになります。

⑶　年商100億円以上の事業

　年商100億円以上（卸売業であれば300億円以上）の事業となると、大規模で高度に分業が進んだ組織を抱える大企業であり、**他社での修行が理想的ではあるものの、後継者教育を急ぐ場合には自社に入れてもよい**と考えます。
　このような大きな規模になりますと、完全な組織的経営が行われているため、上場企業や大企業と同じような状況です。従業員の気持ちを理解し、リーダーシップを発揮できる能力が求められるとしても、自社の大きな組織の中で働くことを通じて、その能力を習得することも可能でしょう。ただし、社外で修行を積むことのメリットである、人脈作りができません。若い頃に築いた人脈は将来的に社長の経営力の向上をもたらすはずです。そうしますと、やはり一定期間他社での修行が求められると考えるべきかもしれません。

12. 経営承継と後継者教育　　179

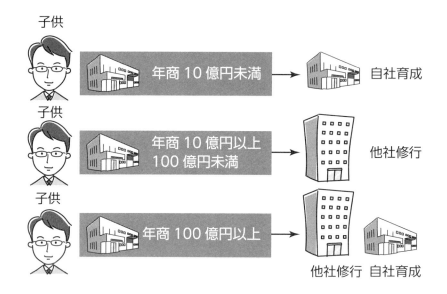

【問3】

　後継者を入社させたとしても、その人が一人前の経営者に成長できなければ意味がありません。**計画的な後継者教育**を行う必要があります。

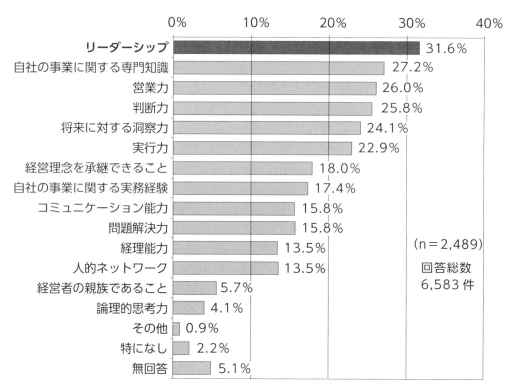

出所：『事業承継実態調査報告書』平成23年3月 独立行政法人 中小企業基盤整備機構

① 主要事業の営業責任者の経験

現場を知ることが必要であるとしても、全ての現場を経験することは不可能でしょう。そこで、主力部署（通常は**営業部門**が多い）を優先して経験すべきことになります。将来は会社のトップに就く後継者ですから、主力部署の仕事を知らずして、リーダーシップを発揮することなどできません。そして、この主力部署に３年程度は所属し、**他の社員に認められるような実績を残す**必要があります。最も稼ぎやすい部署で実績を残すことができない経営者に従業員がついてくるはずはありません。

② 経営企画部の経験

現場の仕事を経験した後は、経営企画部の責任者、経営企画担当の役員になることです。この立場における後継者の仕事の目的は２つあります。

１つは、**社長の仕事を覚えること**です。経営に関する意思決定を社長の代わりに行うこととします。特に、責任の軽い経営判断は、後継者１人が現経営者に頼らず行うようにし、それに伴う失敗体験もできるだけ数多く積んだほうがよいでしょう。

もう１つは、**社員との人間関係の構築**です。後継者は現経営者のようなリーダーシップを発揮することが困難であるため、**後継者を中心としたコミュニケーションが円滑に行われるような組織体制**を作らなければいけません。例えば、毎月１回は、後継者が主導する**経営会議**を開き、経営幹部の全員を参加させき、毎月の業績報告、今後の経営課題の検討を行うのです。その場では、社員に会社の将来の方向性を明確化させるべく、後継者が自ら策定した経営計画を提示します。

また、**同年代の幹部社員**を選抜し、自らを支える右腕人材として、彼らの意見をとり入れるようにします。現経営者を支えてきた役員・管理職は社長と同世代であり、彼らも高齢になっているはずです。そこで、内部の若手から役員・管理職を抜擢する人事を行い、彼らに後継者を支えてもらうのです。営業系で１名、管理系で１名、製造業であれば技術系で１名を選抜すればよいでしょう。

一般的に、幹部社員の交代を忘れがちですが、これは社長交代と同じくらい重要なことです。株主や社長が交代したとしても、**従業員の世代交代**が行われなければ、従業員に帰属する**知的資産**（知識、技術、人脈など）を承継することができず、事業を存続させることができません。**後継者と同年代の新しい幹部社員を育成し、社長交代と同時期に若返りを図ります。**

ここで苦労するのは、現社長と同年代、後継者よりも年上の古参社員との関係性です。「私は現社長から雇われたのだ」「バカ息子の言うことは聞かない」など、後継者を拒絶するケースもあるかもしれません。しかし、後継者のほうから話しかけ、積極的に教えを請う姿勢で謙虚に接すれば、必ず後継者を支えてくれるはずです。この世代はデジタルではなくアナログの関係が好まれるはずですから、後継者の方から飲みに誘い、昔話を中心に語り合いたいものです。

12. 経営承継と後継者教育

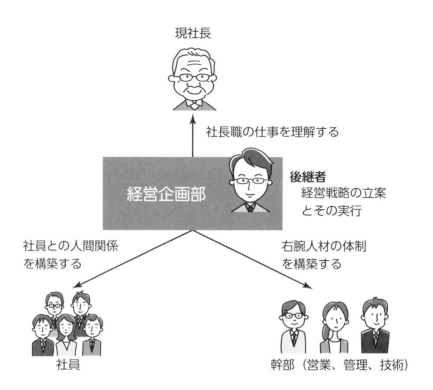

【問 4】

　社長の仕事とは何か、端的に言うと、「事業を経営すること」です。では経営とは何か、これは①「**戦略を立てること**」と②「**管理すること**」という 2 つの仕事に要約できるはずです。

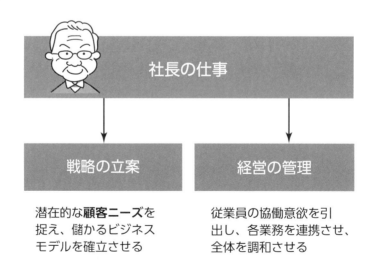

①　戦略の立案

　戦略の立案とは、**顧客ニーズ**、すなわち、**いま売れて儲かるものは何か**を捉えることです。これを正しく捉えることができなければ、**ビジネスモデル**が成立しません。

ただし、顧客ニーズは、時代の流れ、環境の変化に応じて大きく変わっていきます。しかも、その多くは潜在的なものであるため、容易に捉えることはできません。

顧客ニーズを捉えるためには、ビジネスの現場に出て働くことが必要です。商品やサービスを消費するのは人間です。毎日毎日、ビジネスの現場に出て、人に接し、話すことで「売れるもの、儲かるもの」が見つかります。それゆえ、「人嫌い、人間ぎらい」の人は経営者に向いていないと言わざるを得ません。

しかし、目に見える顧客ニーズだけを捉えていても、それはすでに競合他社も知っていることであり、差別化することができませんから、儲かるビジネスモデルを構築することは難しいでしょう。事業が大きく儲かるのは、**消費者の潜在的なニーズ**にアプローチできた場合です。消費者は、自分では気づいていないからこそ、潜在的なニーズを掘り起こすような新しい商品やサービスに飛びつき、高いお金を支払おうとします。それゆえ、競合他社が知らない、潜在的な顧客ニーズを先行して捉える必要があるのです。

しかし、潜在的なニーズはお客様の心の奥にあり、容易に捉えることはできません。それを捉えるためには、**可能な限り多くの人と接することが求められます。**取り扱う商品が機械製品であれば、ユーザー、最終製品購入者に直接会い、会話を重ねる機会が多ければ多いほど、具体的なヒントを得る可能性が高くなります。これは、オフィスのパソコンに向かっていても絶対に見つかるものではありません。「次に売れるものは何か」、毎日毎日、考え続けながら、お客様と会って話し、一緒に食事をするのです。それを1年間続けていけば、潜在的な顧客ニーズが多少なりとも見えてくるはずです。

捉えた顧客ニーズを活用した商品開発を行い、それがヒットすれば、短期的に大きな利益を獲得できるケースもあります。だからと言って、何十年も利益を計上し続けることは容易ではありません。これは、社長の仕事である「管理すること」が行われていないからです。事業の経営は、金融商品や不動産の投資とは異なるのです。

② 経営の管理

経営の管理とは、事業全体が調和するように、各従業員の仕事をうまく連携させることです。つまり、購買・仕入、企画・開発、製造、販売、サービス、人事・労務、経理・財務など、各職務担当者の仕事を効率的に連携させることです。それゆえ、社長として求められる能力は、各担当者の個別の業務知識よりもむしろ、全体の調和の観点から、事業全体を俯瞰できることと言えます。

この点、金融商品や不動産投資であれば、1人でビジネスモデルは成立するでしょう。しかし、一般の事業は多くの従業員の仕事によって構成されているため、その管理を行う際には、多くの**従業員の協働意欲**が必要です。伝統的な経営学では、**分業による協業によって企業の生産性が向上し、利益が生まれる**とされます。中には「給料はできるだけ高いほうがいいが、仕事はできるだけ少ないほうがいい」と考えて協働意欲に欠ける従業員もいるはずです。考え方や価値観が千差万別の従業員たちの気持ちを1つにまとめ、組織全体の生産性を高めなければいけません。

12. 経営承継と後継者教育　183

後継者ではなく先代経営者には、経営管理の能力があったのかというと、そうではなかったはずです。協働意欲のない従業員の入退社が繰り返され、離合集散の結果、現在の組織ができ上がったのでしょう。先代経営者は経営管理の面において数多くの失敗を経験してきたはずです。

　では、なぜ現在の事業の経営管理がうまく機能しているのでしょうか。それは、**現経営者が考える「事業の目的」を従業員と共有できたから**だと考えられます。なぜこの事業をやらなければならないか、現経営者の思いを従業員に説明し続けてきたからでしょう。何をやりたいのか、事業に対する思いと信念が、やる気（モチベーション）の源泉となり、それが事業を成功へと導くのです。

　このようにして共有された事業の目的を従業員に理解させ、協働意欲を高めるために、従業員に提示すべきものが、**「経営目標」**と**「経営方針」**です。**経営目標**とは、何を、何のために、いつまでにやるかという事業経営の**ゴール**のことです。また、**経営方針**とは、どこで、誰が、どのように業務を進めるかという**アクションプラン**のことです。換言すれば、現状と経営目標とのギャップを埋める解決策とも言えるでしょう。

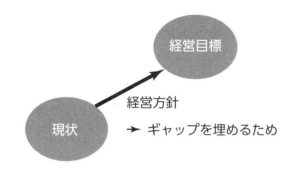

　しかし、組織の方向性が定まったとしても、個々の従業員がそれぞれ一生懸命働いてくれなければ、組織としての目標を達成することはできません。それゆえ、従業員の**協働意欲**を高めるために、「何のためにこの仕事をするのか」、仕事の意義を理解させ、**モチベーションを向上させる（動機づけを行う）**ことが必要です。その際、従業員を公正に評価し、良い成績を出した人が報われるような人事制度を設けることも必要でしょう。

　さらに、分業化された組織における協業が円滑に行われるようにするため、従業員同士、経営者と従業員の間の**コミュニケーションを活性化させ、業務の調和を図る**ことが必要です。実務の現場では、多くの組織がコミュニケーション不全になっており、それが閉塞感をもたらし、職場環境として非常に働きづらい組織風土を形成してしまっているケースが多く見られます。それゆえ、社内会議を行うことはもちろん、飲み会などによって親睦を図ったり、個別面談などで個人的な悩みや意見を聞いたりすることが必要です。

　ところで、伝統的な経営学でチェスター・バーナードが提唱した「組織の3要素」は、共通目的（組織目的）、協働意欲（貢献意欲）、コミュニケーションでした。以上をまと

めますと、「社長の仕事」とは、まさに「組織の3要素」を機能させることだと言えるでしょう。

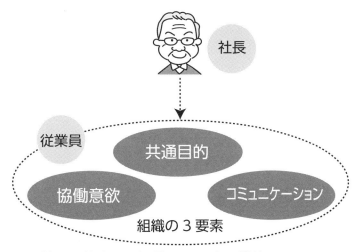

社長の仕事は、組織の3要素を機能させること！

【問5】

A（2027年12月31日）
B（2023年3月31日）
C（ 5 ）

納税猶予制度の特例措置における「特例承継計画」とは、**認定経営革新等支援機関の指導及び助言**を受けた特例認定承継会社が作成した計画であって、会社の後継者、承継時までの経営見通し、承継後5年間の事業計画等が記載されたものをいいます。計画を提出できる期間は、2018年4月1日から2023年3月31日までです。

【問6】

　子供が社外での修行を終えて（または新卒で入社して）、自社に入った場合、何年もかけて後継者教育を行った後、どの程度の成長を求めて社長を任せるかが問題となります。これには、③**子供が経営者としての資質を備えたかどうか**を判断することが必要です。

　子供に経営者としての資質が備わっていないと判断された場合、事業承継の時期を遅らせることもありますし、子供に継がせないと判断するケースもあるでしょう。しかし、**子供を後継者と想定して入社させたのであれば、計画的に後継者教育を行って、事業承継のタイミングも事前に決めておかなければいけません。**

　ここでは、知識や経験のない子供が成長し、一人前の経営者になるという大きな課題

の解決が必要です。現経営者の子供が、生まれながらに優れた資質を持っているとは限りません。当初は未熟であっても、時間をかけて後継者教育を行うことで、社長職を遂行する能力と経験を備えた経営者になるまで成長させることが必要です。つまり、**数年間かけて計画的に後継者教育を行い**、最適な後継者といえるに足る資質を備えた時点で、事業承継を行うのです。子供の立場から言えば、社長になることが宿命づけられているため、一人前の経営者になることを目標に、後継者として自ら計画的に**自己成長**を実現しなければいけないということです。

一人前になった後継者へ事業承継を実行する際には、以下の6つの基準において合格点を取ることが求められます。

① 業績を上げた実績があること

いくら肩書が社長だとして、立派な経営理念を掲げても、**実績が伴わなければ、部下がついてきません**。明らかに会社の利益獲得に貢献した実績があれば、部下は安心してついていくことができます。それゆえ、現経営者は、まだ気力や体力が十分あるうちに、後継者が実績を残すことができるように彼の仕事をサポートしながら、しっかり実績作りしなければいけません。

② 健康で体力があること

創業者は、24時間365日喜んで働き続けるタイプの人間です。経営者には、いざとなると、部下とともに徹夜も辞さないような体力があることが求められます。それゆえ、若い頃からスポーツに励み、頑強な体力作りに取り組んでおく必要があります。

③ 明るく社交性があること

経営者の仕事の多くは、様々な人間関係を作る仕事です。人間関係の幅を広げなければなりません。そのためには、明るく陽気で、人見知りしない性格が必要となります。いい大人なのに、初対面の相手に挨拶できない、楽しく会話ができない人見知りのタイプは不適格です。性格には生まれ持って備えている要素もありますが、訓練によって社交性を高めることが可能です。計画的にコミュニケーション能力を高めなければなりません。

④ リーダーシップを発揮できること

事業の経営資源の中で最も重要なものは「ヒト」（従業員）です。従業員を動かすのは、理屈や論理ではなく、**感情**です。感情面で従業員に影響を与え、動機づけを行い、リーダーシップを発揮できなければ、事業を存続・成長させることはできません。感情面を無視してはいけません。

⑤ 人情に厚いこと

他人のために尽力する労を惜しまない、周囲の人の幸せを考えて協力する、このような自利自他の精神によって、周囲に人の感情に影響を与え、信頼関係が生まれるのです。

⑥ 現実的で柔軟な意思決定ができること

自社の置かれている状況、経営環境を冷静かつ客観的に理解し、現実的に意思決定できることが求められます。創業者であれば事業を独善的に推進することも可能だったかもしれません。しかし、変化の激しい時代には、現実的で柔軟な意思決定が求められます。

　このような育成計画を現経営者が立案し、実行することは難しいと一般的に言われています。後継者を一人前の経営者に成長させるために何を学び経験させるべきか、現経営者自身も十分に理解していない、あるいは何となく理解していてもそれを自ら指導することができないことでしょう。一般的に、「名プレイヤーが名コーチとは限らない」と言われることがありますが、それと同じことが事業承継の局面においても言えるということです。そこで、どのような後継者教育を行うべきか、客観的な立場から現経営者を指導する役割が、外部の支援者に対して求められるのです。

13.
引退する経営者の気持ち

事 例

　甲社長（70歳）は、40年前に設立したA社（機械部品製造業、従業員数20人、売上高20億円、当期純利益3千万円、純資産3億円）の創業者であり、株式1,000株（発行済議決権株式の100％）を所有し、これまで代表取締役社長として頑張ってきました。

　甲社長は、学歴がなく、資金も人脈もないという状況から、モノ作りが好きで365日休まず働き続け、度胸で起業して成功者となりました。甲社長は、これまで「生涯現役で何が悪い、俺は死ぬまで仕事を続けるぞ」と公言しています。

　一方、後継者候補と位置づけられている長男の乙氏（40歳）は、高卒後、定職に就かず夜遊びで荒れた生活を送った後、24歳のときにA社に入社しました。現在は、原材料の購買管理の仕事に従事しています。

　ある日、甲社長は、妻から「一人息子である乙へ社長交代してはどうか」「乙はまだ経営者として頼りないけれども、教育して鍛えれば一人前の経営者になるはずだ」と言われました。

　後日、事業承継支援の専門家であるあなたは、甲社長から事業承継について相談を受けました。

　甲 社 長：「妻から社長を交代したらどうかと言われたのです。どう思われますか？」

　あ な た：「奥様のおっしゃる通りです。そろそろ事業承継を考える時期になりました。そのうち一気に体力と気力が落ちて、社長として働くことができなくなりますよ」

　甲 社 長：「いや、私は70歳ですよ。まだ早いでしょう」

- -

【問1】

甲社長は、なぜ社長交代しようとしないのでしょうか。それに対して、事業承継支援の専門家であるあなたは、どのようにアドバイスします

か？

- -

甲 社 長：「そうですか、社長交代に失敗すると、当社の存続が危ぶまれると
　　　　　いうことですね、よくわかりました、息子の乙を社長にすることを
　　　　　具体的に考えていきましょう」
あ な た：「そうですよ。乙さんには、社外で後継者研修を受けてもらい、社
　　　　　内では社長の右腕として経営の意思決定の訓練をさせるようにしま
　　　　　しょう」
甲 社 長：「でも、いまの仕事は私の生きがいで、仕事以外にやることがない
　　　　　のです。社長職から退いたら、これからどうやって生きていけばい
　　　　　いのですか？」

- -

【問2】
あなたは、甲社長の引退後の生活について、どのようにアドバイスし
ますか？

―― 解 説 ――

【問1】

　創業者の多くは、仕事が好きで好きでたまらず、こんな面白い仕事は死ぬまで辞めら
れないと思っています。事業承継の必要性は認識しているが辞められないというのが本
音でしょう。いったん引退して社長交代しても、不満がたまって再度社長に戻るような
人もいます（大塚家具の事例）。結局のところ、命をかけて築いてきた会社は自分のモ
ノだと考えてしまうのです。
　社長が引退しようとしない理由は主として以下の3つが挙げられます。

(1) 社長職の仕事が面白いから
　社長という仕事は、とても面白いものです。誰からも指示されず好きなようにできま
す。従業員も仕入先も尊敬の目で見てくれます。働いていますと、次から次へと新しい
事業アイデアが浮かんできます。お客様のためにと思って創り出した商品・サービスが
売れて繁盛します。毎日の生活に張り合いがあり、休日も遊んでいられません。正月も
働きます。こんなに面白く、やりがいのある仕事は他にはないのです。

13. 引退する経営者の気持ち　189

このような状況では、社長職が自分の人生そのものとなります。社長を辞めることは死ぬことと同じと感じてしまうわけです。

(2) 仕事を辞めたら収入が減るから

これまで会社で最も高い役員報酬を取っていたため、引退したら当然に報酬は減ることになります。贅沢三昧の生活であったはずですから、これまでの生活水準を下げたくありません。また、病気になって高い医療費がかかってしまうことに不安を感じます。しかし、これまで蓄積してきた個人財産を取り崩すという発想が浮かんできません。個人財産を減らすことに漠然とした恐怖感が伴うからです。

(3) 社会的地位や名誉を失いたくないから

社長職から引退することは、最高権力者の地位を失うことであり、それには寂しさ、不安が伴います。自己概念が消失してしまうからです。極端なケースでは、仕事ができない自分は存在価値が無いと思い込むこともあります。周囲から尊敬される立場、高い地位と名誉を失うことについても漠然とした恐怖感が伴うのです。

事業承継支援の専門家は、このような**現経営者の寂しさと不安な気持ち**を理解し、共感しながら話を聞くことが求められます。頭越しに否定せず、社長の話を聞く姿勢を見せることが必要です。しかし、事業承継は重大な問題ですので、先延ばしはできません。どれだけ時間がかかっても、社長交代に向けて説得しなければいけません。

一般的に、**60歳を超えたら事業承継の準備に着手しなければいけない**と言われています。これは、後継者に事業を継ぐことは簡単なことではなく、通常**5年間くらいの期間を必要とする**からです。

後継者に対して経営ノウハウを教え、仕事に必要な人脈（特に顧客）を引き継ぎ、古くから働く従業員との信頼関係を築かせる、これらの手続きを行うとすれば、社長交代を実行する5年前から着手しないと間に合いません。

現経営者が準備を行わず、突然他界することになったり、突然入院することになったりすると、現場は大混乱に陥り、社長不在の事業の存続が危うくなります。大急ぎで社長交代したとしても、後継者が未熟な状況で社長に就任し、リーダーシップを発揮できず組織体制が崩れるおそれがあります。

事業承継支援の専門家は、現経営者に対して事業承継の必要性を説明し、自分の幸せよりも、**後継者や残された従業員の幸せを考えること**、**事業そのものの継続が重要であること**を理解させなければいけません。

【問2】

ほとんどの経営者は、「仕事を辞めた後、何をすればいいかわからない」と言います。しかし、創業者の多くは、ゼロから1を生み出す能力を持つ優れた人物です。新たな生

きがいを見つけることは可能です。そのため、社長職を退任した後に何をやるか、日頃からじっくり考えておくべきでしょう。

引退後の生き方の選択肢は、以下の3つに大別されます。

(1) 完全引退する

これは、経営から完全に手を引いて、隠居生活を送るという生き方です。

このタイプは少数派です。病気で入院するような状況に陥り、現経営者が、自分が長生きできないことを自覚し、命を縮めるような仕事やストレスからすぐに離れ、残された時間を有意義に生きようとするケースです。それを家族や医者が強く勧めるようになった場合、現経営者は潔く完全引退を決意することになります。

(2) 別事業を立ち上げる

これは、本業の経営から離れるものの、NPOや慈善活動など別の事業を立ち上げ、新たな事業を経営するという生き方です。

長年にわたって事業を営んできた経営者のほとんどは、事業意欲の塊のような存在です。事業を成功させることが生きがいとなっています。社長から引退しても事業意欲が簡単に収まるものではありません。そこで、新しい別の事業でその事業意欲を実現しようとするのです。また、業界団体の要職に就く、政治家の後援会の会長になるなど、公職の名誉職などに就いて新しい生きがいを見つけることも可能でしょう。

これによって、お金を稼ぐことではなく、**「社会貢献」で他者に利益をもたらすことで自己実現欲求を満たす**といった高次元の生き方も可能となるはずです。

これは事業承継と同時に創業というイベントも発生しますので、専門家の支援を必要とします。それゆえ、事業承継支援の専門家から勧められた場合に選択される生き方となります。

(3) 会長に就任して後継者を支える

これは、社長職を退いて後継者に譲り、自分は**代表権の無い「会長職」に就任する**という生き方です。ほとんどの事業承継では、この選択肢が選ばれます。

経営そのものに口を出すことは控えつつも、会長という立場から若い新社長の精神的な支えとなり、指導・助言を行います。また、社長のカリスマ性や属人的能力に依存していた経営スタイルを、社長1人の能力に頼らない組織的な経営スタイルに転換しなければいけません。そのためには、部下に権限を移譲し、自律的に機能する組織体制を築く必要があります。これは会長が行うべき仕事なのです。

しかし、問題となるのは、退任した後もトップの権力を手放そうとしない会長です。後継者との関係において、これまで「社長と部長」であった肩書が「会長と社長」に変わっただけで、権力をすべて握っておかないと気が済まない、細かいことまで口出しする、挙句の果てには「お前は社長失格だ、黙って俺に言う通りにやれ！」と怒鳴り散ら

13. 引退する経営者の気持ち　191

すようなケースです。これは、引退する経営者が、仕事が無くなった寂しさや不安、権力を失う恐怖感に耐えられず、相変わらず経営者の立場にしがみつこうとするからです。

会長職を1年から2年を過ごしたら、最後に完全引退することになります。その後、自分の人生の新たなライフスタイルを見つけ、有意義な時間を過ごして、悔いの残らない人生を送ることを考えなければなりません。しかし、創業してここまで会社を大きくした経営者は、金銭欲、名誉欲、支配欲は人一倍旺盛であり、強い欲望は消えることはないでしょう。そこで、次の欲望の矛先をどこに向けるかが問題となります。

この点、残された欲望といえば、**生命欲**と**享楽欲**が考えられます。**生命欲**、すなわち、いつまでも健康で長生きすることに専念するのです。ゴルフを続ける、健康食品をとり、最新医療で若返りを図る、そのためにお金と時間をふんだんにかけることです。また、**享楽欲**、すなわち、仕事のために犠牲にしてきた「やりたいこと」「我慢してきたこと」をやるのです。旅行、芸術や音楽など趣味に没頭することです。配偶者を失ったのであれば、新たな恋愛も楽しみとなるかもしれません。

事業承継支援の専門家は、引退する経営者の気持ちを理解し、**人生相談**に対するアドバイスも提供しなければならないのです。

第3章

株式評価と
事業性評価

1.
株式評価の計算例（1）

事 例

　A社（電気機械**製造業**）の甲社長（70歳）は、長男の乙氏（40歳）への事業承継を考えており、所有する株式100％を乙氏に承継する方法について、事業承継支援の専門家であるあなたに相談してきました。A社の株式の評価額を計算してください。

（決算書）売上高8億円、総資産額12億円、資本金等8,000万円
（従業員数）30人
（実際の発行済株式総数）160,000株
（1株当たりの資本金等の額）500円（＝8,000万円÷160,000株）

（比準要素）※1株当たりの資本金等の額を50円とした場合の金額

	A社	類似業種
1株50円当たりの年配当金額	3.8円	3.1円
1株50円当たりの年利益金額	23円	18円
1株50円当たりの簿価純資産価額	334円	192円

（類似業種株価）※1株当たりの資本金等の額を50円とした場合の株価

課税時期の属する月の平均株価	260円
課税時期の属する月の前月の平均株価	280円
課税時期の属する月の前々月の平均株価	285円
課税時期の前年の平均株価	265円
課税時期の属する月以前2年間の平均株価	270円

（資産及び負債）　　　　　　　　　　　　　　　　　　　　　　（単位：円）

	相続税評価	帳簿価額		相続税評価	帳簿価額
流動資産	682,000,000	682,000,000	負債	437,000,000	437,000,000
固定資産	523,000,000	283,000,000			
合計	1,205,000,000	965,000,000	合計	437,000,000	437,000,000

※ A社は特定の評価会社に該当していない。

（類似業種比準価額の計算式）

$$\begin{array}{c}1株当たり\\類似業種\\比準価額\end{array}=A\begin{array}{c}類似業種\\の株価\end{array}\times\dfrac{\dfrac{\text{Ⓑ}\begin{array}{c}1株当たり\\評価会社\\配当金額\end{array}}{\text{B}\begin{array}{c}1株当たり\\類似業種\\配当金額\end{array}}+\dfrac{\text{Ⓒ}\begin{array}{c}1株当たり\\評価会社\\利益金額\end{array}}{\text{C}\begin{array}{c}1株当たり\\類似業種\\利益金額\end{array}}+\dfrac{\text{Ⓓ}\begin{array}{c}1株当たり\\評価会社\\簿価純資産\end{array}}{\text{D}\begin{array}{c}1株当たり\\類似業種\\簿価純資産\end{array}}}{3}\times\begin{pmatrix}斟酌率\\0.7\\0.6\\0.5\end{pmatrix}\times\dfrac{\begin{array}{c}評価会社の\\1株当たり\\資本金等の額\end{array}}{50円}$$

類似業種の株価

以下のいずれか低い金額

①課税時期の属する月の株価

②課税時期の属する月の前月の株価

③課税時期の属する月の前々月の株価

④課税時期の前年の平均株価

⑤課税時期の属する月以前2年間の平均株価

（純資産価額の計算式）

法人税等相当額＝{(相続税評価による資産－相続税評価による負債)－(帳簿価額による資産－帳簿価額による負債)}×**37%**

1株当たりの純資産価額＝(相続税評価による資産－相続税評価による負債－法人税等相当額)÷実際の発行済株式数

▲37%

帳簿価額による純資産価額	含み益

相続税評価額による純資産価額

株式評価における純資産価額

- -

【問1】

A社の会社規模を判定してください。

【問2】

A社の類似業種比準価額を計算してください。

1. 株式評価の計算例（1）

【問3】

A 社の純資産価額を計算してください。

【問4】

A 社の実際の発行済株式 1 株当たりの評価額を計算してください。

—— 解 説 ——

【問1】

　　会社規模の判定基準の1つは、**従業員数基準**です。従業員数が 70 人以上の会社は全て「大会社」とし、従業員数が 70 人未満の会社は、①従業員数＆総資産基準、②取引金額基準の**いずれか大きい方**とします。

　　A 社は、売上高 8 億円、従業員数 30 人、総資産 12 億円です。①従業員数＆を総資産基準に従いますと、製造業は「卸売業や小売・サービス業以外の会社」で、総資産額 12 億円、従業員数 30 人ですから、総資産による判定の「中会社の大」と、従業員による判定の「中会社の中」のうち小さい方を選んで、「中会社の中」と判定されます。

　　一方、②取引金額基準に従いますと、「卸売業や小売・サービス業以外の会社」、売上高 8 億円ですから、「中会社の大」と判定されます。

　　よって、①と②のいずれか大きい方を選択した結果、A 社は**「中会社の大」**と判定

総資産価額（帳簿価額）			従業員数	年間の取引金額			会社規模とLの割合	類似業種の使用割合
卸売業	小売業サービス業	左記以外		卸売業	小売業サービス業	左記以外		
			70 人以上				**大会社**	100%
20 億円以上	15 億円以上	15 億円以上	35 人超70 人未満	30 億円以上	20 億円以上	15 億円以上	**大会社**	
4 億円以上20 億円未満	5 億円以上15 億円未満	5 億円以上15 億円未満	35 人超70 人未満	7 億円以上30 億円未満	5 億円以上20 億円未満	4 億円以上15 億円未満	**中会社の大**L = 0.9	90%
2 億円以上4 億円未満	2.5 億円以上5 億円未満	2.5 億円以上5 億円未満	20 人超35 人以下	3.5 億円以上7 億円未満	2.5 億円以上5 億円未満	2 億円以上4 億円未満	**中会社の中**L = 0.75	75%
7,000 万円以上2 億円未満	4,000 万円以上2.5 億円未満	5,000 万円以上2.5 億円未満	5 人超20 人以下	2 億円以上3.5 億円未満	6,000 万円以上2.5 億円未満	8,000 万円以上2 億円未満	**中会社の小**L = 0.6	60%
7,000 万円未満	4,000 万円未満	5,000 万円未満	5 人以下	2 億円未満	6,000 万円未満	8,000 万円未満	**小会社**	50%

1 次判定：いずれか下位の区分を採用

2 次判定：いずれか上位の区分を採用

されることになります。会社規模の判定は、類似業種比準価額の計算における斟酌率の選択や、最終的な株式評価額の計算における類似業種比準価額と純資産価額の加重平均割合の選択に影響しますので、これを間違ってはいけません。

【問2】

類似業種比準価額は、配当、利益、純資産という3つの比準要素を使って計算を行います。まず、**各要素別比準割合**（＝対象会社の比準要素÷類似業種の比準要素）を計算しますが、ここで小数点第2位未満を切り捨てることがポイントとなります。

配当　　3.8円÷3.1円＝1.225…≒1.22

利益　　23円÷18円＝1.277…≒1.27

純資産　334円÷192円＝1.739…≒1.73

次に、計算式の分数の分母に「3」と書かれているので、これら3つの**比準要素の平均値**を計算します。ここでもまた小数点第2位未満を切り捨てることがポイントとなります。

比準割合の平均値

＝（配当の比準割合＋利益の比準割合＋純資産の比準割合）÷3

＝（1.22 ＋ 1.27 ＋ 1.73）÷ 3

＝ 1.406… ≒ 1.40

そして、類似業種株価と斟酌率を乗じることで、**1株当たりの資本金等の額50円とした場合の類似業種比準価額**を計算します。ここでも端数処理が発生しますが、10銭未満を切り捨てることがポイントとなります。

なお、類似業種株価については、課税時期の属する月平均、前月平均、前々月平均、前年度平均、以前2年間にわたる平均という5種類の株価の中から**最も低いもの**を選択します。また、斟酌率は、大会社0.7、中会社0.6、小会社0.5を乗じることとされています。

ちなみに、資本金等の額とは、資本金と資本準備金の合計額をいいます。

1株当たりの資本金等の額50円とした場合の類似業種比準価額

＝類似業種株価×比準割合の平均値×斟酌率

＝最も低い260円× 1.40 ×中会社0.6

＝ 218.40円 ≒ 218.4円

最後に、**実際の1株当たりの類似業種比準価額**を計算します。ここでも端数処理が発生しますが、円未満を切り捨てることがポイントとなります。

ここまで計算してきた株価は、1株当たり資本金等50円とした場合における類似業

1. 株式評価の計算例（1）

種株価をベースに計算してきました。しかし、最終的に計算したい株価は、評価会社が実際に発行する1株当たりの株価であり、それは1株当たり資本金等が50円というわけではありません。ここでのA社の実際の発行済株式1株に対応する資本金等の額は500円です（＝8,000万円÷16万株）。それゆえ、1株当たり資本金等が異なっているため、50円に対応する株価から500円対応する株価に換算しなければいけません。

$$218.4 円 \times \frac{500 円}{50 円} = 2,184.0 \cdots 円 \fallingdotseq 2,184 円$$

以上の計算の結果、実際の発行済株式1株当たりの類似業種比準価額は **2,184円** となります。

類似業種比準価額の計算における株価の換算

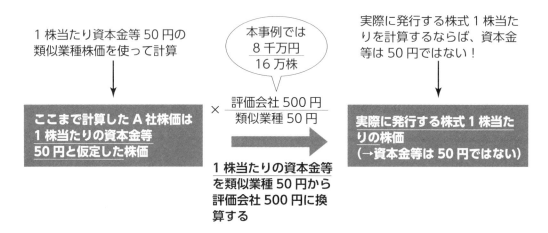

【問3】

純資産価額の計算では、含み損益が生じている資産又は負債を把握しなければいけません。

一般的に、含み損益が生じている可能性が高い資産は、以下の通りです。

- 取引所の相場のある有価証券
- 土地等（借地権を忘れないように注意！）
- 建物
- 保険積立金

本事例では含み損益が資産全体の合計額として記載されていますので、個別の勘定科目ごとの含み損益は考慮しなくても構いません。

相続税評価額に基づく純資産額が、帳簿価額に基づく純資産額を上回る部分は、評価差額として認識し、その **37%**（2018年12月現在→改正の可能性大）を法人税等相当額として、相続税評価額に基づく純資産額から控除します。

- 相続税評価額ベースの純資産額

資産 1,205,000,000 円 − 負債 437,000,000 円 = 純資産 768,000,000 円

- 帳簿価額ベースの純資産額

資産 965,000,000 円 − 負債 437,000,000 円 = 純資産 528,000,000 円

- 含み益の 37%（法人税等相当額）

（768,000,000 円 − 528,000,000 円）× 37% = 88,800,000 円

- 純資産価額

相続税評価 768,000,000 円 − 88,800,000 円 = 679,200,000 円

- 発行済株式 1 株当たりの純資産価額

679,200,000 円 ÷ 16 万株 = 4,245 円

以上の計算の結果、発行済株式 1 株当たりの純資産価額は **4,245 円** となります。

【問 4】

会社規模の区分に応じて、類似業種比準価額と純資産価額を加重平均して株式の評価額を計算します。中会社の大の場合、類似業種比準価額 0.9 ＋ 純資産価額 0.1 と加重平均して計算しますが、純資産価額のほうが加重平均値よりも低い場合は純資産価額を使うことができます。

【一般の評価会社】

大会社 ： 類似業種比準価額 と 純資産価額 のいずれか低い方

中会社の大 ： [類似業種比準価額 ×0.9＋ 純資産価額 ×0.1] と 純資産価額 のいずれか低い方

中会社の中 ： [類似業種比準価額 ×0.75＋ 純資産価額 ×0.25] と 純資産価額 のいずれか低い方

中会社の小 ： [類似業種比準価額 × 0.6＋ 純資産価額 ×0.4] と 純資産価額 のいずれか低い方

小会社 ： [類似業種比準価額 ×0.5＋ 準資産価額 ×0.5] と 純資産価額 のいずれか低い方

【特定の評価会社】

土地・株式の割合の高い会社や開業後 3 年末満の会社等 ：原則として 純資産価額

A 社は、類似業種比準価額が 2,184 円、純資産価額が 4,245 円ですから、

2,184 円× 0.9 ＋ 4,245 円× 0.1 = 2,390.1 円 ≒ **2,390 円**

（2,390 円 ＜ 純資産価額 4,245 円であるため、加重平均値を使用します。）

以上をまとめますと、株式評価の一連のプロセスは、以下の通りになります。

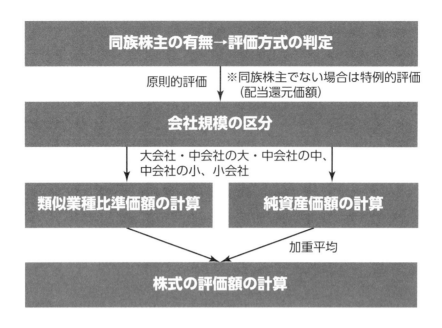

ここでは省略しましたが、同族株主の有無に基づく評価方式は、以下のフローチャートに従って判定します。

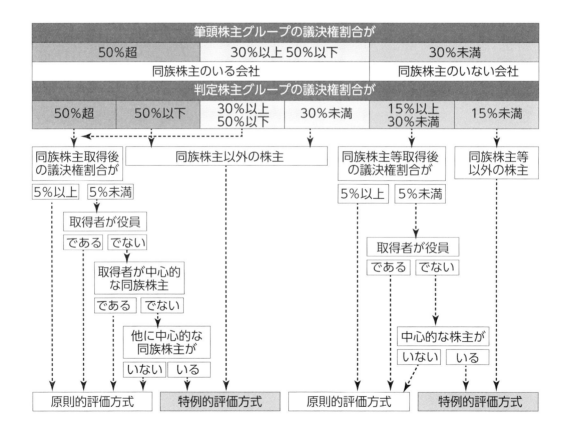

また、類似業種比準価額の類似業種株価及び類似業種の比準要素（配当、利益、純資産）は国税庁が公表しているため、インターネットを通じてその数値を調べることになります。その際、対象会社の正確な業種目の判定が問題となりますが、国税庁の類似業種を調べる前に、**総務省の「日本標準産業分類」**の表を使って判定すればよいでしょう。ここでは国税庁よりも詳細な分類が行われているからです。「日本標準産業分類」に従って業種目を判定することができれば、同様に公開されている**国税庁の類似業種比準価額の業種目との対比表**を使って、国税庁のどの類似業種に該当しているか、調べるとよいでしょう。

総務省のWebサイトに掲載してある「日本標準産業分類」から探し出します。

大分類 コード	中分類 コード	小分類 コード	項目名
C	0	0	鉱業，採石業，砂利採取業
C	5	0	鉱業，採石業、砂利採取業
C	5	50	管理，補助的経済活動を行う事業所（05 鉱業，採石業，砂利採取
C	5	50	主として管理事務を行う本社等
C	5	50	その他の管理，補助的経済活動を行う事業所
C	5	51	金属鉱業
C	5	51	金・銀鉱業
C	5	51	鉛・亜鉛鉱業
C	5	51	鉄鉱業
C	5	51	その他の金属鉱業
C	5	52	石炭・亜炭鉱業
C	5	52	石炭鉱業（石炭選別業を含む）
C	5	52	亜炭鉱業
C	5	53	原油・天然ガス鉱業
C	5	53	原油鉱業
C	5	53	天然ガス鉱業
C	5	54	採石業，砂・砂利・玉石採取業
C	5	54	花こう岩・同類似岩石採石業
C	5	54	石英粗面岩・同類似岩石採石業
C	5	54	安山岩・同類似岩石採石業
C	5	54	大理石採石業
C	5	54	ぎょう灰岩採石業
C	5	54	砂岩採石業
C	5	54	粘板岩採石業
C	5	54	砂・砂利・玉石採取業
C	5	54	その他の採石業，砂・砂利・玉石採取業

1. 株式評価の計算例（1）

国税庁の対比表で、規模判定の業種を調べます。

（別表）日本標準産業分類の分類項目と類似業種比準価額計算上の業種目との対比表（平成 29 年分）

日本標準産業分類の分類項目			類似業種比準価額計算上の業種目			規模区分を判定する場合の業種
大分類			大分類		番号	
	中分類			中分類		
		小分類			小分類	
A　農業、林業			その他の産業		113	卸売業、小売・サービス業以外
	01　農業					
		011　耕種農業 012　畜産農業 013　農業サービス業（園芸サービス業を除く） 014　園芸サービス業				
	02　林業					
		021　育林業 022　素材生産業 023　特用林産物生産業（きのこ類の栽培を除く） 024　林業サービス業 029　その他の林業				
B　漁業			その他の産業		113	卸売業、小売・サービス業以外
	03　漁業（水産養殖業を除く）					
		031　海面漁業 032　内水面漁業				
	04　水産養殖業					
		041　海面養殖業 042　内水面養殖業				
C　鉱業，採石業，砂利採取業			その他の産業		113	卸売業、小売・サービス業以外
	05　鉱業，採石業，砂利採取業					
		051　金属鉱業 052　石炭・亜炭鉱業 053　原油・天然ガス鉱業 054　採石業，砂・砂利・玉石採取業 055　窯業原料用鉱物鉱業（耐火物・陶磁器・ガラス・セメント原料用に限る） 059　その他の鉱業				

2.
株式評価の計算例（2）

事 例

　B社（金属製品**製造業**）の甲社長（70歳）は、長男の乙氏（40歳）への事業承継を考えており、所有する株式100％を乙氏に承継する方法について、事業承継支援の専門家であるあなたに相談してきました。B社の株式の評価額を計算してください。

（従業員数）15人
（総資産額）6億円
（資本金等の額）5,000万円

（株主構成）※佐藤氏は取引先の社長であり、同族関係者ではない。

甲社長との関係		所有株式数
甲社長	本人	70,000株
甲の妻	配偶者	10,000株
乙氏	子供	10,000株
佐藤氏	－	10,000株
	発行済株式総数	100,000株

（1株当たりの資本金等の額）500円（＝5,000万円÷100,000株）

（比準要素）※1株当たりの資本金等の額を50円とした場合の金額

	A社	類似業種
1株50円当たりの年配当金額	（a）円	5.5円
1株50円当たりの年利益金額	（b）円	27円
1株50円当たりの簿価純資産価額	410円	372円

(類似業種株価) ※1株当たりの資本金等の額を50円とした場合の株価

課税時期の属する月の平均株価	302円
課税時期の属する月の前月の平均株価	287円
課税時期の属する月の前々月の平均株価	291円
課税時期の前年の平均株価	257円
課税時期の属する月以前2年間の平均株価	272円

(過去3年間の決算)

	売上高	所得金額	配当金額
直前期	2億3,000万円	3,900万円	400万円
直前々期	2億1千万円	(注)4,400万円	600万円
直前々期の前期	2億8,000万円	3,500万円	500万円

(注)非経常的に発生する特別利益として固定資産売却益700万円が含まれている。
※ B社は特定の評価会社に該当していない。

(類似業種比準価額の計算式)

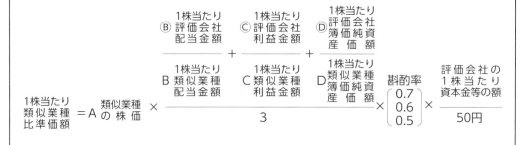

- -

【問1】

B社の会社規模を判定してください。

【問2】

B社の1株当たりの資本金等の額を50円とした場合、1株(50円)当たり年配当金額および利益金額を計算してください。

【問3】

B社の類似業種比準価額を計算してください。

【問4】

B社の純資産価額を **5,120円** とした場合、株式1株当たりの評価額を計算してください。

【問5】

甲社長は所有する 70,000 株全てを現物出資することによって、**持株会社** を新設しようと考えました。持株会社に出資される株式の評価額を計算してください。

―― 解 説 ――

【問1】

　会社規模の判定基準の1つは、**従業員数基準**です。従業員数が70人以上の会社は全て「大会社」とし、従業員数が70人未満の会社は、①従業員数＆総資産基準、②取引金額基準の**いずれか大きい方**とします。

　B社は、売上高2億3,000万円、従業員数15人、総資産6億円です。①従業員数＆を総資産基準に従いますと、製造業は「卸売業や小売・サービス業以外の会社」で、総資産額6億円、従業員数30人ですから、総資産による判定の「中会社の大」と、従業員による判定の「中会社の小」のうち小さい方を選んで、「中会社の小」と判定されます。

　一方、②取引金額基準に従いますと、「卸売業や小売・サービス業以外の会社」、売上高2億3,000万円ですから、「中会社の中」と判定されます。

　よって、①と②のいずれか大きい方を選択した結果、B社は **「中会社の中」** と判定されることになります。

総資産価額（帳簿価額）			従業員数	年間の取引金額			会社規模とLの割合	類似業種の使用割合
卸売業	小売業サービス業	左記以外		卸売業	小売業サービス業	左記以外		
			70人以上				大会社	100%
20億円以上	15億円以上	15億円以上	35人超70人未満	30億円以上	20億円以上	15億円以上	大会社	
4億円以上20億円未満	5億円以上15億円未満	5億円以上15億円未満	35人超70人未満	7億円以上30億円未満	5億円以上20億円未満	4億円以上15億円未満	中会社の大L＝0.9	90%
2億円以上4億円未満	2.5億円以上5億円未満	2.5億円以上5億円未満	20人超35人以下	3.5億円以上7億円未満	2.5億円以上5億円未満	2億円以上4億円未満	中会社の中L＝0.75	75%
7,000万円以上2億円未満	4,000万円以上2.5億円未満	5,000万円以上2.5億円未満	5人超20人以下	2億円以上3.5億円未満	6,000万円以上2.5億円未満	8,000万円以上2億円未満	中会社の小L＝0.6	60%
7,000万円未満	4,000万円未満	5,000万円未満	5人以下	2億円未満	6,000万円未満	8,000万円未満	小会社	50%

1次判定：いずれか下位の区分を採用

2次判定：いずれか上位の区分を採用

【問2】

1株当たりの資本金等の額を50円とした場合の株式数とは、評価会社の資本金等の額を50円で除した数をいいます。これは類似業種株価や類似業種の比準要素を計算するときに使う株式数です。

資本金等 50,000,000 円 ÷ @ 50 円 = **1,000,000 株**

これは、**評価会社が実際に発行する株式総数**とは異なる概念ですので注意が必要です。

1株当たりの資本金額等の額を500円とした場合の株式数（評価会社が実際に発行する株式総数）	100,000 株
1株当たりの資本金額等の額を50円とした場合の株式数（類似業種比準価額の計算を行うために使う株式数）	1,000,000 株

1株当たりの資本金等の額を50円とした場合の比準要素（配当、利益、純資産）とは、評価会社の比準要素を、1株当たりの資本金等の額を50円とした場合の株式数で除して計算したものです。

1株（50円）当たりの配当 ＝ 評価会社の配当金額 ÷ 1,000,000 株

1株（50円）当たりの利益 ＝ 評価会社の利益金額 ÷ 1,000,000 株

1株（50円）当たりの配当金額は、直前期末以前2年間の平均額を、直前期末における、1株当たり資本金等を50円とした場合の株式数で除して計算します。直前期、2年間平均額のうち低いほうを選択できるわけではありません。**配当については、2年間の平均額の選択が強制されています。**

（400 万円 + 600 万円）÷ 2 = 500 万円

【平均強制】500 万円 ÷（1 株 50 円）1,000,000 株 = **@ 5.0 円**

　※ 1,000,000 株は、実際に発行された株式数ではなく、1 株当たり資本金等 50 円で計算した株式
　　数です。

　一方、1 株（50 円）当たりの利益金額は、直前期、直前期末以前 2 年間平均額のうち
低いほうの金額を、直前期末における、1 株当たり資本金等を 50 円とした場合の発行
済株式数で除して計算します。**利益については、低いほうの金額を選択することができ
ます。**また、非経常的に発生する特別利益は、利益金額に含めません。

　直前期 3,900 万円

　直前前期 4,400 万円 − 特別利益 700 万円 = 3,700 万円

　2 年間平均額（3,900 万円 + 3,700 万円）÷ 2 = 3,800 万円

　よって、3,800 万円 < 3,900 万円であるので、低いほうの **2 年間平均額**を選択

【選択可能】3,800 万円 ÷（1 株 50 円）1,000,000 株 = **@ 38 円**

　※ 1,000,000 株は、実際に発行された株式数ではなく、1 株当たり資本金等 50 円で計算した株式
　　数です。

【問 3】

　以上の結果、比準要素がすべて算出できましたので、類似業種比準価額を計算するこ
とができます。比準割合の平均値は以下の通りです。

　配当　5.0 円 ÷ 5.5 円 = 0.909… ≒ 0.90

　利益　38 円 ÷ 27 円 = 1.407… ≒ 1.40

　純資産 410 円 ÷ 372 円 = 1.102… ≒ 1.10

比準割合の平均値
　　　　= (0.90 + 1.40 + 1.10) ÷ 3
　　　　= 1.133… ≒ 1.13

そして、**類似業種比準価額**を計算します。

1 株当たりの資本金等の額 50 円とした場合の類似業種比準価額
　　　　= 類似業種株価 × 比準割合の平均値 × 斟酌率
　　　　= 最も低い 257 円 × 1.13 × 中会社 0.6
　　　　= 174.246 円 ≒ 174.2 円

実際に発行する株式1株当たりの類似業種比準価額

$$174.2\,円 \times \frac{500\,円}{50\,円} = 1,742.0\cdots円 ≒ 1,742\,円$$

以上の計算の結果、実際の発行済株式1株当たりの類似業種比準価額は **1,742円** となりました。

【問4】

「中会社の中」の場合、類似業種比準価額 0.75 + 純資産価額 0.25 と加重平均して計算しますが、純資産価額のほうが加重平均値よりも低い場合は純資産価額を使うことができきます。

B社は、類似業種比準価額が 1,742 円、純資産価額が 5,120 円ですから、

$$1,742\,円 \times 0.75 + 5,120\,円 \times 0.25 = 2,586.5\,円 ≒ \mathbf{2,586\,円}$$

（2,586 円 < 純資産価額 5,120 円であるため、加重平均値を使用します。）

【一般の評価会社】

大会社 ：類似業種比準価額 と 純資産価額 のいずれか低い方
中会社の大 ：〔類似業種比準価額 ×0.9+ 純資産価額 ×0.1〕と 純資産価額 のいずれか低い方
中会社の中 ：〔類似業種比準価額 ×0.75+ 純資産価額 ×0.25〕と 純資産価額 のいずれか低い方
中会社の小 ：〔類似業種比準価額 ×0.6+ 純資産価額 ×0.4〕と 純資産価額 のいずれか低い方
小会社 ：〔類似業種比準価額 ×0.5+ 準資産価額 ×0.5〕と 純資産価額 のいずれか低い方

【特定の評価会社】

土地・株式の割合の高い会社や開業後3年未満の会社等 ：原則として 純資産価額

【問5】

持株会社へ非上場株式を現物出資する場合、税務上、オーナー個人から法人へ株式が譲渡したものとして取り扱われます。この場合、対象となる非上場株式は、相続税評価ではなく、**法人税法上の時価** によって評価することが基本となります。

法人税法上の時価の原則的な計算方法は、法人税法基本通達9−1−13《上場有価証券等以外の株式の価額》に規定されていますが、ほとんどケースはその特例として規定されている法人税法基本通達9−1−14《上場有価証券等以外の株式の価額の特例》を適用し、相続税法上の時価を援用した計算方法を使うこととなります。

すなわち、純資産価額の計算において、相続税評価額の計算上は法人税等相当額を控除しますが、法人税法の計算上は控除しません。また、資産として所有する土地の評価

について、相続税評価ではなく通常の取引価額（市場価格）によることとなります。そして、類似業種比準価額と純資産価額の加重平均については、0.5 ＋ 0.5（**小会社**に該当する場合の計算方式）によって計算することとなります。

　本事例の B 社の株式は、類似業種比準価額が 1,742 円、純資産価額が 5,120 円ですから、相続税評価を行う場合は、0.75 ＋ 0.25 で加重平均して 2,586 円でした。しかし、これを持株会社へ現物出資（譲渡）する場合は、法人税法上の時価を使うことになり、以下のように、0.5 ＋ 0.5 で加重平均して株式評価を行うことになります。

　1,742 円× 0.5 ＋ 5,120 円× 0.5 ＝ 3,431 円

　※法人税法上の時価は必ず **0.5** で平均値を算出するため、純資産価額との比較は行いません。

3.
後継者による事業性評価

事 例

　甲社長（70歳）は、地方都市にあるA社（食品スーパー4店舗、従業員数20人、売上高12億円、当期純損失▲1千万円、純資産1億円）の創業者であり、株式1,000株（発行済議決権株式の100％）を所有し、これまで代表取締役社長として頑張ってきました。妻の丙氏は経理を担当し、夫の甲社長を支えています。

　甲社長は、事業承継を行おうとしており、後継者候補と位置づけられる長男の乙氏（40歳）が5年前に、大手商社を退職してA社に入社しました。現在は、購買担当責任者として働いています。

　ある日、後継者候補の乙氏は、多忙な日々の中、ふと立ち止まって事業承継について考えてみました。

　　　乙　　氏：「そう言えば、うちの会社って儲かっているのかな？」

　A社の食品スーパー事業を巡る経営環境は年々厳しくなってきており、地域の人口減少、大手ショッピング・モールの台頭、インターネット宅配事業者との競合などにより、A社の顧客は年々減少しています。また、地産地消を標榜して地元の朝一番にとれた新鮮な野菜を販売する八百屋が登場し、消費者から大人気となっています。しかし、乙氏は**決算書を詳しく見たことがなく**、A社が赤字である現状について何ら疑問視していませんでした。

　一方、広告宣伝は、新聞折り込みチラシのみ実施しており、簡単な会社案内しか掲載していないWeb上のホームページでは、何も行っていませんでした。そして、丙氏が担当する経理業務も、昔ながらの手作業で会計帳簿を入力しており、繁忙期は夜中まで入力作業を行うこともありました。顧問税理士は創業以来の長いお付き合いである70歳のベテラン大先生であり、クラウド会計導入などの提案は行ってくれません。

　後継者候補の乙氏は、**業務効率化やマーケティングにIT技術を活用しなければいけない**と薄々気づいていましたが、自分自身が営業畑出身でITを苦手とし、日常業務に忙殺されていたため、経営改善への取り組みは自分が社長に就任した

後で構わないだろうと楽観的に考えていました。

　後日、乙氏は事業承継支援の専門家であるあなたに相談をしました。

乙　　氏：「先生、甲社長はそろそろ引退しますので、私が社長に就任しよう
　　　　　と思います。行政のセミナーを受講しましたところ、『事業承継は、
　　　　　株式承継に伴う税務や、支配権確保のための法務の問題が重要だと
　　　　　言われましたが、当社は問題ないでしょうか」

あ な た：「これらの点について全く問題はありません。それよりも、事業性
　　　　　について確認することが優先課題です。乙さんは当社の経営を担う
　　　　　ことになりますが、食品スーパー事業のことを完全に理解できてい
　　　　　ますよね？」

乙　　氏：「それが決算書を見ても、よくわからないです。親父（甲社長）と
　　　　　親子で仕事のことを話すのも面倒なので、正直なところ、あまり詳
　　　　　しく知らないんですよ。どうせ私しか後継者がいないので、自然と
　　　　　理解できればいいでしょう」

あ な た：「何を言ってるんですか！？事業の実態を知らないでそれを引き継
　　　　　ごうなんて、怖くないですか？簿外債務が隠れているかもしれませ
　　　　　んし、赤字が続いたら、経営危機に陥るかもしれませんよ。すぐに
　　　　　事業性評価に取り組みましょう。」

乙　　氏：「**事業性評価**？それは何ですか？」

- -

【問1】

金融機関による事業性評価への取り組みが注目されていますが、事業
性評価は**後継者にとっても重要である**と言われます。その理由を説明
してください。

【問2】

Ａ社の事業性の評価を行う場合、何を評価の対象とすべきでしょうか。
また、評価を行うためには、**現経営者との対話**が重要だと言われます。
後継者が現経営者に対して、何を対象として、どのようにヒアリング
すべきでしょうか。

3. 後継者による事業性評価　　211

── 解 説 ──

【問 1】

　事業とは何か、「事業」の定義をどのように捉えるかが問題となりますが、事業承継税制にも密接に関連しますので、その定義に従うこととしましょう。

　事業承継税制を適用するためには、以下の業態のビジネスを、常時使用従業員数が5人以上雇って、3年以上継続することが要件となります。これらの要件を満たすことをもって「事業」と定義することができるでしょう。

> **【租税特別措置法施行規則第23条の9第5項】**
> 　租税特別措置法施行令第40条の8第5項及び第23項に規定する財務省令で定める**業務**は、次に掲げるいずれかのものとする。
> 一　商品販売等（**商品販売、資産の貸付け**（受贈者及び特別関係者に対する貸付けを除く。）又は**役務提供**で、継続して対価を得て行われるものをいい、その**商品開発、生産**又は**役務開発**を含む。
> 二　商品販売等を行うために必要となる資産（常時使用従業員が勤務するための事務所、店舗、工場等を除く。）の所有又は賃借
> 三　これら業務に類するもの

　また、金融庁の平成26事務年度の金融モニタリング基本方針のなかでは、「事業性評価」について、以下のように定義されています。

> 金融機関は、財務データや担保・保証に必要以上に依存することなく、借り手企業の**事業内容や成長可能性**などを適切に評価し（**事業性評価**）、融資や助言を行い、企業や産業の成長を支援していくことが求められる。

　それゆえ、「事業性評価」とは、上記の「業務」の内容を調べて、その収益性・安全性および成長可能性を評価することだと考えられます。誤解を恐れず端的に言えば、**「今後も儲かるビジネスかどうか調べる」**いうことでしょう。

　ビジネスが儲かるかどうかは、提供する商品やサービスが顧客ニーズに適合しているかどうかが問題となります。それゆえ、具体的な評価の前提として、「提供する商品・サービスがなぜ顧客に選ばれているのか」を**理解する**必要があります。理解したうえで、その事業がこれからも存続するものかどうか、課題や問題点を見つけて評価することになります。

　「事業性評価」の取組みは、一般的には金融機関によるものだと理解されています。しかし、これは金融機関だけに必要なものではありません。事業承継の際には、後継者にとって極めて重要な取組みとなります。すなわち、後継者が、現経営者が築き上げた事業に係る「事業性評価」を行わなければならないのです。

　後継者は、経営者になることが人生でただ1つの選択肢というわけではありません。サラリーマンとして大企業で活躍する、ITベンチャーを起業して個人事業主として頑

張るなど、他の選択肢を持っています。すなわち、人生における複数の選択肢の中から、「先代経営者が築いた事業を継いで経営者になる」という選択肢を選ぶという**キャリア選択**を行うことができるのです。

それゆえ、**現経営者が築いた事業が、本当に価値のある事業なのか**、見極めなければいけません。その事業が実際に儲かっていて、今後も儲かり続けるものなのか、自分自身はその事業に関心を持ち、人生を捧げる仕事としてやりがいや面白さを感じることができるかなど、事業を引き継ぐ前に確かめておくべき事項がたくさんあるのです。

後から「失敗だった、承継すべきではなかった！」と言っても取り返しがつきません。後継者にとっての事業性評価は、事業承継において最優先の手続きだと言っても過言ではないでしょう。

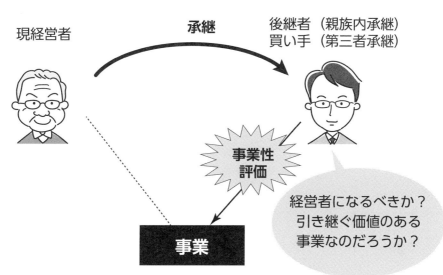

後継者による事業性評価の視点

この事業で提供する商品・サービスが
なぜ顧客に選ばれているのか

【問2】

後継者が事業の現状を理解しようとするならば、金融機関などの支援者の利用を想定して作られた「**ローカルベンチマーク（中小企業庁）**」を利用して現経営者と**対話**を行うことが効果的です。

ローカルベンチマークは、事業の経営状態の把握を行うツールとして、金融機関・支援機関等が、経営者と同じ目線で対話を行うための基本的な枠組みであり、事業性評価の「入口」として活用されることが期待されるものです。

会社が 病気に なる前に。

　ローカルベンチマークの構成は、地域の経済・産業の現状を把握するプロセス（第一段階）と、個別企業について成長余力や持続性・生産性を判断するプロセス（第二段階）の二部構成となっています。

　第一段階は、**RESAS（地域経済分析システム）**を使い、地域の産業構造や取引の流れ、雇用状況を分析することで、個別の産業が地域経済に与える影響や重点的に取り組むべき産業を特定するものです。後継者は、これによって自社を取り巻く**外部経営環境**を知ることができるでしょう。

　第二段階は、「財務情報」（6つの指標）と「非財務情報」（4つの視点）に関する各データをExcelシートに入力し、その結果に見ることで、事業の現状を把握するものです。

財務情報の6つの指標
①売上高増加率（売上持続性）、②営業利益率（収益性）、③労働生産性（生産性）、④EBITDA有利子負債倍率（健全性）、⑤営業運転資本回転期間（効率性）、⑥自己資本比率（安全性）
非財務情報の4つの視点
①経営者への着目、②関係者への着目、③事業への着目、④内部管理体制への着目

　ここで後継者が現経営者と対話すべき内容は、**業務フローと商流のヒアリング**と、**非財務情報のヒアリング**に大別されます。

　業務フローについては、各業務の具体的内容とそれらのつながりを把握し、商流については取引先との取引理由を図示して、どのような流れで**顧客提供価値**が生み出されているかを理解します。また、各業務のつながりを理解して、どの業務に課題があるのか、どの業務が差別化ポイント（お客様から選ばれている理由）となっているのか検討します。

ローカルベンチマーク活用イメージ

社長との対話　　　　　後継者との対話　　　　　従業員へのヒアリング

企業の健康診断ツール　ローカルベンチマーク

財務分析診断結果

■財務指標

指　標	算出結果	貴社点数	業種平均値	業種平均点数
①売上増加率	1.4%	2	3.7%	3
②営業利益率	1.5%	3	1.5%	3
③労働生産性	446(千円)	2	752(千円)	3
④EBITDA有利子負債倍率	2.1(倍)	5	6.4(倍)	3
⑤営業運転資本回転期間	1.3(ヶ月)	3	1.2(ヶ月)	3
⑥自己資本比率	35.4%	4	26.5%	3
総合評価点		19	B	

※1 各項目の評点および総合評価点は各項目の業種平均値からの乖離を示すものであり、点数の高低が必ずしも企業の評価を示すものではありません。非財務指標も含め、総合的な判断が必要なことにご留意ください。

※2 総合評価点のランクはA:24点以上、B:18点以上24点未満、C：12点以上18点未満、D:12点未満

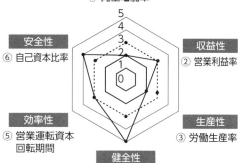

■基本情報

商号	株式会社○○
所在地	東京都○○
代表者名	○○　○○
業種（選択）	小売業

売上高	4,950,128（千円）
営業利益	75,819（千円）
従業員数	170（人）

●製品製造、サービス提供における業務フローと差別化ポイント

●商流把握

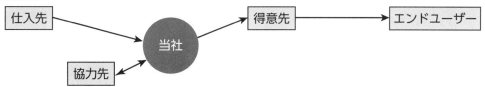

企業の健康診断ツール　ローカルベンチマーク
〈製品製造、サービス提供における業務フローと差別化ポイント〉

商号	株式会社○○
売上高	5,130,250（千円）
営業利益	15,000（千円）
従業員数	30（人）

業務① 商品企画	業務② 商品開発	業務③ 製造	業務④ デザイン	業務⑤ 販売	提供内容／顧客提供価値
■実施内容 「地元食材を使った商品」をテーマに商品企画。ブランドの統一感を意識。	■実施内容 社長、役員だけでなく、社員も試食に参加し、幅広い意見を収集。	■実施内容 自社工場と外注先を活用。（製麺・顆粒だし製造は外注先）	■実施内容 ラベル等のデザインから、売場用のPOP含め内製化している。	■実施内容 直販の販路開拓は途上であり、問屋が中心となっている。	■製品・商品・サービスの内容 地元食材○○を使用した、ラーメンセット等の食品。現在の商品数は○○種類。
■差別化ポイント 地元食材○○を使用した食品開発をしている事業者は県内で当社のみ。	■差別化ポイント 毎月の試作品数は○○件に及び、開発アイデアが豊富である。	■差別化ポイント 自社工場には大手食品メーカー出身者が2名おり、積極的な改善提案がある。	■差別化ポイント 自社でデザイン〜POP作成まで可能な食品メーカーは稀であり、小回りのきいた対応が可能。	■差別化ポイント 問屋経由ながら、高級スーパーや、県内の空港への販路を確立している。	■どのような価値を提供しているか 「地元の名産品を全国区」がコンセプト。一定の顧客からブランド認知されリピート率高い。

〈商流把握〉

仕入先	協力先	当社	得意先	エンドユーザー
■社名・取引金額・内容等 ○食材 卸売A社 シェア○% 卸売B社 シェア○% 契約農家 シェア○%	■社名・取引金額・内容等 ○製麺業者 D社 ○○円／月 ○顆粒だし製造業者 E社 ○○円／月		■属性（消費者・企業等） ※社名・取引金額・内容等 食品卸E社 シェア○% 食品卸F社 シェア○%	■属性（消費者・企業等） ※社名・取引金額・内容等 大手スーパーG社 県内空港H社
■選定理由 安定して高い品質を保てている先を確保。	■選定理由 社長自ら、味を確認し選定している。当社の要望をすぐ反映してくれる先である。		■選ばれている理由 当社商品を全国の販売店に紹介してくれている。現在、直販ルートの構築を検討中。	■選ばれている理由 問屋経由のため、エンドユーザーの意見を吸い上げる場面が少ないことが課題。

出所：経済産業省・株式会社帝国データバンク「ローカルベンチマーク『参考ツール』利用マニュアル」2018年

　また、以下の4つの視点に基づいて、現経営者に対してヒアリングを行い、現状把握を行うとともに、課題や対応策を明らかにします。

(1)　経営者への着目

　地域企業においては、経営者が事業の成否に与える影響が大きく、経営者の優劣が事業の優劣を左右します。そのため、「経営者」自身の現状について理解することが重要です。また、事業承継プロセスを前に進めるために、誰を後継者としたいか、現経営者の意向を確認することが不可欠です。

【具体的な質問項目】
✓　現経営者自身の現状
✓　経営理念・ビジョン、事業の方向性

✓ 経営意欲・健康状態

✓ 後継者の有無

(2) 事業への着目

　事業がどのように収益を上げているのか、それをどのような仕組みで実現しているのか、すなわちビジネスモデルを理解するとともに、事業の強みと課題がどこにあるのかを把握します。

　その具体的な作業として、業務フローと商流を把握して図示します。それによって、現経営者との活発な対話が生まれ、事業内容を深堀りすることができます。また、商品やサービス1つ当たりの原価をきちんと把握できているか、IT活用によって生産性向上に取り組んでいるかについても重要な項目となります。

【具体的な質問項目】

✓ ビジネスモデル、商流と業務フロー（図示する）

✓ 沿革

✓ 技術力・販売力の強み・弱み（SWOT分析）

✓ IT活用の状況

(3) 関係者への着目

　事業を取り巻く市場環境を把握するとともに、販売先や仕入先との関係を理解する視点も欠かせません。また、経営に必要不可欠である従業員に関する項目については、業界・地域内の平均と比較することで、実態が見えてきます。さらに、取引金融機関の数と推移を見ることで、金融機関のスタンスやメインバンクとの関係などを推し量ることができます。

【具体的な質問項目】

✓ 市場動向

✓ 顧客関係（顧客リピート率、取引先数の推移）

✓ 従業員

✓ 取引金融機関

(4) 内部管理体制への着目

　中小企業においては、依然として親族による属人的な経営も多いことから、どの程度内部管理体制が整っているかという視点も重要です。また、会社全体の方向性が一致しているかを見るため、経営目標が社内で共有されているかを確認します。社内会議の質（議題内容、経営目標について議論されているか、経営者以外の重要人物の有無等）を見ることも有効でしょう。

　そして、事業の推進に必要な人材が配置されているか、人材育成するシステムが構築されているかという点も重要な視点です。

3. 後継者による事業性評価

さらに、他のヒアリング結果と比べて違和感がある場合には、係争事件の有無やコンプライアンス上の問題がないかを調べることも必要となります。

> **【具体的な質問項目】**
> ✓ ガバナンス、組織体制
> ✓ 経営目標と事業計画と社内会議による共有
> ✓ 研究開発・商品開発
> ✓ 人材育成
> ✓ コンプライアンス上の問題点の有無

ローカルベンチマークとして示す評価指標や手法は、現経営者との**対話を深め、お互いに課題を認識し、行動につなげていくための**「きっかけ」または「たたき台」として活用することができます。

後継者にとっては、現経営者による過去の経営を理解し、将来の経営判断に資する情報とし、自らの経営力を高め、利害関係者と対話を行うための手段となり得るものです。もちろん、事業承継の支援者にとっても、他の支援者と情報交換する際の材料とし、後継者との対話を行う手段となるものです。

いずれにしても、ローカルベンチマークは**「対話」のための手段**であり、これを作成するだけで課題が解決されるというものではありません。最初の「きっかけ」を作るのは支援者だとしても、後継者がローカルベンチマークを使って現経営者との対話を行って、事業の現状把握と課題の検討を行うことが、事業承継において最優先のプロセスです。

ローカルベンチマークは、後継者が事業の課題に気づき、その解決に向けた目標を設定し、PDCA サイクルを機能させるための出発点となります。現経営者との対話を通じて、自社のどこに強みがあってどこに課題があるのか、そして、課題は解決することが可能であるのか、どのような解決策があるのかを把握することが必要であり、そのためには、後継者が非財務情報をしっかりと理解しなければなりません。

また、非財務情報の分析を行うことは、対象事業の過去の財務数値の裏付けや根拠を知ることにもなります。たとえば、売上高増加率等の指標について「なぜ売上が増加（低下）したのか。その理由は自社の経営のどこにあるのか」を把握することで、財務数値が経営実態を適正に反映して信頼できるものか、数字で表れた自社の強み・弱みの源泉はどこにあるのかといったことを知ることができます。

そのような分析の結果として、これまでに蓄積された「目に見えない経営資源」すなわち**知的資産**を明らかにすることができ、それらを有効に活用した新しい事業戦略を立案することが可能となるでしょう。

【参考】知的資産経営報告書

「知的資産経営報告書」とは、企業が有する技術、ノウハウ、人材など重要な知的資産の認識・評価を行い、それらをどのように活用して企業の価値創造につなげていくか

を示す報告書です。過去から現在における企業の価値創造プロセスだけでなく、将来の中期的な価値創造プロセスをも明らかにすることで、企業の価値創造の流れをより信頼性をもって説明するものです。

従来の財務諸表を中心とした評価では、中小・ベンチャー企業の真の姿（価値）を知ってもらえないことがあります。また、経営者にとって当たり前のことでも、周りの人が必ずしもそれを知っているとは限りません。知的資産経営経営書は、中小・ベンチャー企業が有する技術、ノウハウ、人材など重要な知的資産を的確に認識し、ステークホルダー（顧客、金融機関、取引先、従業員等）に伝えるために大変有効なものです。

企業の存続・発展にとって、ステークホルダーに会社の優れた部分を知ってもらうことは大変重要であり、正確な財務諸表に加え、非財務の情報（自社の持つ知的資産の優位性）を伝えることが必要です。伝えたい相手に自社の優位性をきちんと伝えるために、知的資産経営報告書を作成し、それを開示することで自社の真の姿（価値）を知ってもらいましょう。

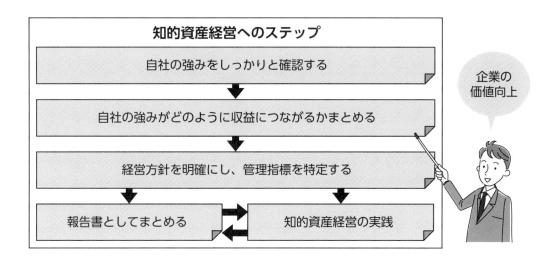

事業価値を高める経営レポート（知的資産経営報告書）

事業価値を高める経営レポート	商号：	作成日： 年 月 日

キャッチフレーズ

Ⅰ 経営理念（企業ビジョン）

Ⅱ-1 企業概要

Ⅱ-2．沿　革

Ⅱ-3．受賞歴・認証・資格等
- ・
- ・
- ・

Ⅲ-1 内部環境（業務の流れ）

① → ② → ③ → ④ → ⑤ → 顧客提供価値

業務の流れ	他社との差別化に繋がっている取組
①	
②	
③	
④	
⑤	
顧客提供価値	

Ⅲ-2 内部環境（強み・弱み）

【自社の強み】

【自社の弱み】（経営課題）

【その理由・背景】

【その理由・背景】

出所：中小企業基盤整備機構

Ⅳ 外部環境（機会と脅威）

機　　会	取組の優先順位

脅　　威	取組の優先順位

Ⅴ 今後のビジョン（方針・戦略）

外部環境と知的資産を踏まえた今後のビジョン	①	
	②	
	③	

今後のビジョンを実現するための取組	

Ⅵ 価値創造のストーリー

知的資産・KPI	【過去～現在のストーリー】（　年～　年）知的資産の活用状況		【現在～将来のストーリー】（　年～　年）知的資産の活用目標	
	人的資産 ※従業員が退職時に一緒に持ち出す資産（ノウハウ、技能、経験、モベーション、経営者の能力など）		人的資産	
	構造資産 ※従業員の退職時に企業内に残留する資産（システム、ブランド力、もうかる仕組みなど）		構造資産	
	関係資産 ※企業の対外的関係に付随した全ての資産（販路、顧客・金融機関などとの関係など）		関係資産	
	その他 ※上記3分類に属さないもの（資金、設備など）		その他	

KGI	【現在】	【将来】

3. 後継者による事業性評価

知的資産		KPI の例
人的資産	アイデア	商品企画案件数
	人材	訪問件数
	経験	在職率
	モチベーション	スキルアップ計画達成率
構造資産	顧客データベース	顧客カード枚数
	人材育成システム	システム利用件数
	組織力	チームミーティング回数
関係資産	企業イメージ	HP アクセス件数
	顧客とのネットワーク	顧客リピート率
	取引先との良好な関係	顧客満足度（アンケート調査点数等）

　事業性評価に決まった手法はありません。特に、非財務項目については、経営者の考え方によって、何を重視するか異なってくるはずです。したがって、ローカルベンチマークが唯一の手法というわけでなく、**他のフレームワークを使用しても構わないの**です。

　たとえば、**知的資産経営報告書**を題材として、事業承継の支援者または後継者が、現経営者に対して非財務項目のヒアリングを行うことも効果的です。具体的な質問事項として、以下のようなものが想定されます。

＜質問事項＞
⑴　創業者はなぜこの事業を始められたのですか？
⑵　なぜこの場所・この時期に事業を始められたのですか？
⑶　創業期の事業環境はどのようなものだったのでしょうか？
⑷　事業が軌道に乗ったきっかけはどのようなものだったのでしょうか？
⑸　過去に大変な時期（受注が減少していた、赤字や債務を抱えていたなど）もあったと思いますが、どのように乗り越えられたのですか？
⑹　事業内容が変化していますが、どのような理由があったのでしょうか？（事業の転換点となった時期はいつですか？）
⑺　今後はどのように事業を発展させていきたいとお考えですか？
⑻　御社の業務の流れ（業務フロー）について教えてください。何か強みとなる特徴はありますか？

(9) 競合他社と差別化するためにどのような工夫をされていますか？
(10) 競合他社と比較してどのような点に課題があるとお考えですか？
(11) 御社は業界内でどのようなポジションにあるとお考えですか？
(12) 競合先は昔と今とで変化がありますか？
(13) 昔と今で顧客のニーズはどのように変化しているとお考えですか？
(14) この先、御社にとってどのようなことがチャンスになるとお考えですか？
(15) この先、御社にとってどのようなことがリスクになるとお考えですか？

出所：大山雅己『事業性評価がよくわかる本』

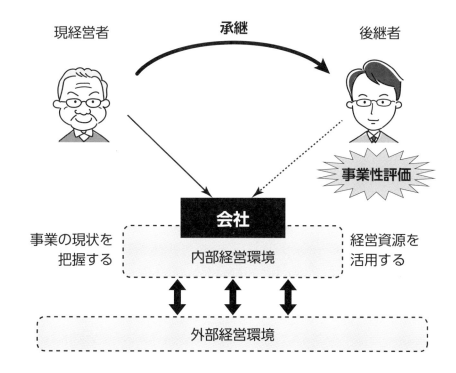

4. 事業性評価の進め方

事 例

　甲社長（70歳）は、東京都内にあるA社（中華料理店運営、従業員数15人（パート・アルバイト50人）、売上高3億円、当期純利益1千万円）の創業者であり、株式1,000株（発行済議決権株式の100％）を所有し、これまで代表取締役社長として頑張ってきました。

　A社の店舗は、郊外の幹線沿いに本店を含む3店舗あり、大きなJRターミナルの駅前にも1店舗あります（合計4店舗）。本店では宅配の注文も受けており、店舗スタッフが近隣顧客の自宅まで配送しています。

　料理の味の評判はとてもよく、店舗近隣住民からの知名度も高いほうです。特に、ヘルシーな素材を使った餃子が大人気です。最近では、焼売など餃子以外の点心メニューを増やしたことから、広告宣伝は一切行っていないにもかかわらず、女性客が増えています。

　A社の運営方法は、本店の厨房をセントラルキッチンとし、ここで製麺、肉や野菜のカット、餃子作りを行い、毎朝各店舗に配送するというもので、調理の効率化を図っています。仕入先は、食品商社のX社とY社であり、セントラルキッチンで配送を受けていますが、野菜については調理人が青果市場へ毎朝行って買っています。

　財務状況について、直近の3ヵ年、A社の売上高は横ばいとなっています。また、野菜の仕入価格やアルバイト人件費が上昇しているため、利益率が低下しています。これに対処するため、A社はメニューの変更、細やかな値上げを行っていますが、黒字を確保するだけで精一杯です。そして、パート・アルバイトの人材採用が年々厳しくなっており、コスト上昇圧力が続く見通しです。

さらに困ったことに、今年度中には、Ａ社の主力店舗の近くに、低価格戦略をとる大手外食チェーンの中華料理店が新規出店する予定です。

甲社長は、事業承継を進めています。後継者候補と位置づけられている長男の乙氏（40歳）は調理人として一人前となり、5年前に有名ホテルを退職してＡ社に入社しました。現在は、主力店舗の店長として働いています。

ある日、後継者候補の乙氏は、多忙な日々の中、ふと立ち止まって事業承継について考えてみました。

乙　　氏：「そう言えば、うちの会社って儲かっているのかな？調理師である
　　　　　　自分は自社のことを何も理解できていない、これではマズいな」

後日、乙氏は事業承継の専門家であるあなたに相談しました。

乙　　氏：「先生、私が事業を引き継ぐ予定なのですが、当社の現状はどうなっ
　　　　　　ているのでしょうか？また、今後も存続して成長させることができ
　　　　　　るでしょうか？」
あ な た：「まずは外部経営環境を一緒に調べてみましょうか。データを持っ
　　　　　　てきますよ」

業界団体から公表されたデータによれば、東京都内の中華料理店の売上高は前年比 0.5 ％増加、全体の客単価は 3 ％上昇となっていました。飲食業は景気変動の影響を受けやすく、インバウンド効果、原材料価格や人件費の上昇、競合の出店など多くの外部要因によって業績が影響を受けます。近年は、コスト増加を販売価格上昇に転嫁することで、飲食店全体の業績は改善傾向にあります。

しかしながら、今年に入ってから、消費マインドの急激な悪化に伴い、消費者の低価格化志向が高まってきています。それゆえ、消費者ニーズは、高価格・高付加価値の料理を求める顧客と、低価格・低付加価値の料理を求める顧客に二極化しているようです。

特に、健康志向の高まりから、食に対するこだわりが強く、高価格でも品質の高い料理を求めるニーズが増えてきています。これは、品質維持、安全・衛生管理の厳格化のためのコスト増加をもたらします。

一方、300 円ラーメンなどの激しい低価格競争も始まっており、大手外食チェーン店が薄利多売を仕掛ける動きも見られます。また、コンビニやスーパーの惣菜コーナーなど中食市場との競争が始まっています。

Ａ社を取り巻く外部経営環境は楽観視することができません。しかし、人口減少が緩やかな東京都中心部では、急激な需要減少は考えにくく、相応の外食ニー

ズと売上規模は維持できるものと考えられます。

> 乙　　氏：「なるほど、飲食店は厳しい経営環境に置かれているようですが、当社の状況はそれほど悪くはないということですね」
> あ な た：「お父様の甲社長が頑張ってきたからですよ。しかし、現状を変えずに甲社長のやり方をそのまま承継すれば、近い将来、経営が苦しくなるおそれがあります。今後は、乙さん主導で、先手を打った事業戦略を考えなくてはいけません」
> 乙　　氏：「わかりました。社内の状況はどうなっていますか？」
> あ な た：「次に内部経営環境を一緒に確認してみましょうか。過去の決算書を理解するとともに、甲社長にヒアリングした結果をお話しましょう」

　各店舗の売上は、毎週月曜日に、本社経理部にFAXで報告させており、経理部スタッフ2名が手分けして集計し、会計システムに入力しています。しかし、食品商社への仕入れは月末一括払いなので、店舗ごとの仕入原価の計算は行っていません。甲社長は、毎月末に顧問税理士から提出される合計残高試算表を見て、全社的な損益管理のみ行っています。

（単位：百万円）	Ａ社昨年度実績	対売上高比率	業界平均
売上高	300		
（対前年比）	（＋3.5%）		（＋0.5%）
材料費	105	35%	32%
人件費	114	38%	33%
家賃	50		
その他経費	31		
利益	10		

　各店舗では、アルバイト・パートのシフトは店長が決めていますが、店舗ごとの人件費のばらつきが大きいように見受けられます。また、ランチと夜の間、14時から17時がアイドル・タイムとなっており、店舗スタッフが暇を持て余しているようです。さらに、アルバイト・パートもレジ対応を行っており、手書き伝票での代金支払いのため、記入ミスも散見され、一部では売上代金が着服された可能性もあるようです。これについて、大手マーケティング支援業者R社から「エアレジ」というタブレット端末を活用したレジ・システムと、「MF会計」というクラウド会計システムの導入を提案されています。しかし、甲社長をはじ

めA社スタッフはIT活用の知識が全くありません。

　マーケティングについて、A社では、中国人の丙氏が、地元香港で秘伝のタレとレシピを使った焼売の新メニューを開発しており、それがインターネットの口コミで人気が広まると、週末に行列ができる日も見られるようになりました。また最近は、インターネットのECサイトでの食品加工品の通販が伸びています。この点、楽天やAmazonからEC店舗の出店を提案されていますが、甲社長をはじめA社スタッフはECの知識が全くありません。

　また、本店では日本に進出してきた米国宅配大手UB社から、インターネット集客と配送代行を提案されました。しかし、1件当たりの配送手数料が400円と非常に高額であるため、導入すべきかどうか悩んでいます。

【問1】

商流図を描いてください。ちなみに、各店舗の売上は、本店150百万円、郊外店① 40百万円、郊外店② 40百万円、駅前店60百万円、その他1百万円でした。

【問2】

SWOT分析を行い、強みを機会に活かす戦略を提案してください。

あ な た：「いろいろと問題がありますね。」

乙　　氏：「実際にどの店舗で儲かっているのかどうか、よくわからないですね。」

あ な た：「飲食業では各店舗の採算管理が重要です。不採算であれば、テコ入れや撤退を考えなければいけません。最も重視すべき指標は**「FL比率」**です。Fは（　A　）、Lは（　B　）を意味します」

乙　　氏：「当社のFL比率を見ると、いずれも業界平均を上回っています、コスト削減が必要ですね？」

あ な た：「その通りです。コストが高い原因を考え、業務の効率化を図る必要があるでしょう。たとえば、（　C　）を見直すことによって原価率を下げることが可能となります。貴社は（　C　）に対する価格交渉力はありませんから、他社から見積もりを取ってみませんか？」

乙　　氏：「なるほど、（　A　）の低減ですね。一方、（　B　）の負担が重いのは、当社の店舗運営が昔ながらの手作業であることが原因だと思います。それを改善することはできませんか？」

あ な た：「各店舗の売上報告が週1回というのは、報告が少なすぎです。また、

4. 事業性評価の進め方　227

手書き伝票での集計も非効率で（　B　）上昇の原因です。この機会にレジを電子化して、業務の効率化を図りましょう。週1回ではなく、毎日、本社へ報告するシステムが必要です。この点、大手のPOSシステムは高額であるため、R社から提案されている『エアレジ』を使ってみましょうか。また、各店舗の仕入原価も店舗ごとに把握する必要がありますから、クラウド会計を使って、適時に（　D　）ができるようにしましょう。これによって2人いる（　E　）を1人に減らせると思いますよ」

乙　氏：「なるほどIT活用で効率化できそうですね。売上は増えているようですが、さらに増やすにはどうすればよいでしょうか？いま巷では（　F　）の市場が拡大しているようですね？」

あなた：「貴社の丙氏は、本場中国で修行を積んだ調理師ですから、最近人気が出てきた餃子や焼売を販売する（　G　）を開設しませんか。こういった加工食品は（　F　）に最適です。また、店舗スタッフのアイドル・タイムが無駄になっていますので、ブログやFacebookへ投稿する記事を書いてもらい、SNSを活用した広告宣伝によって既存店舗や（　G　）への集客を図りましょう」

【問3】

本文の空欄を埋めてください。

―― 解　説 ――

【問1】

　商流図を描くと、以下のような図が考えられます。商流図から、対象事業のビジネスモデル全体像が明らかになりますので、そこから深掘りしていきましょう。質問事項として以下のものが考えられます。

＜質問事項＞

- 店舗が4店舗あるが、各店舗の損益はどのように管理されており、経営者はどのように評価しているか？
- 仕入先は固定化していないか？値下げ交渉や他社の相見積もりはできないか？

- 調理、配送、経理など個別業務は効率的に遂行されているか？これ以上効率化することはできないか？
- 消費者に対する販路を増やすことはできないか？

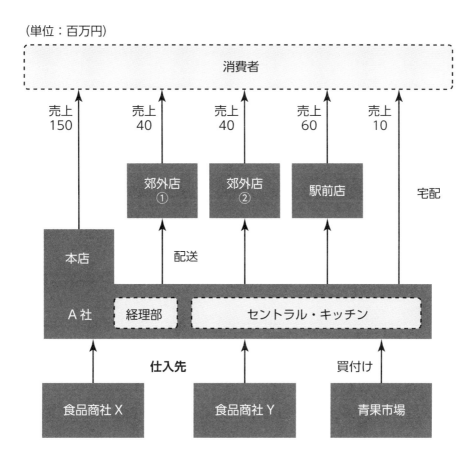

【問2】

事業性評価を進める際には、必ずSWOT分析を行いましょう。

外部	【機会】	【脅威】
	・高価格・高付加価値の料理を求める顧客（ヘルシー志向の女性客） ・インターネット通販（EC） ・宅配事業 UB 社の外部提携	・仕入価格の上昇 ・人件費の上昇 ・大手外食チェーンとの競合 ・食に対する品質管理の厳格化によるコスト上昇
内部	【強み】	【弱み】
	・後継者が調理師である ・味の評判と知名度 ・中国人丙氏の開発する点心の新メニュー ・野菜仕入れの目利き力	・ずさんな人件費管理 ・手書きの売上集計 ・店舗ごとの損益管理なし ・IT 技術や EC 活用の欠如

　SWOT 分析の進め方ですが、社内の情報を幅広くとり入れるため、現経営者と後継者だけでなく、できれば幹部社員全員を会議室に集めて実施すべきです。最後には個別業務ごとのアクションプランを立案することから、現場の実務担当者に理解させる必要があるからです。そのために、3時間から4時間かけて SWOT 分析のための社内会議を開催します。

＜ SWOT 分析の具体的な進め方＞

① アイデアを記入する

　参加者全員に付箋とペンを配布します。SWOT の4要素ごとに、たとえば自社の「強み」は何か、思いついたことを各自付箋に記入します。できるだけ多いほうがよいでしょう。

② 関連するアイデアをまとめる

　次に、進行役がその付箋を集めて、ホワイトボードに貼り付けます。似たような内容の付箋は近くに貼ります。

③ グループ化する

　参加者各自、書き方や表現はバラバラでしょうから、進行役が似たような内容をグループ化し、複数の参加者から提出された意味のありそうな内容を要約します。一方で、特殊なものは除外します。

④ 関連線を引く

　関連すべきグループに線を引きます。SWOT は2列×2列で4種類の組み合わせが考えられますが、これからの事業戦略を立案するために、最も重要な組み合わせは、**「機会」×「強み」** であり、これを **「積極化戦略」** といいます。積極化戦略は、自社の強みを活かせるチャンスが到来している部分です。自社の優位性を最大限に活用するために、積極的に取り組むべき施策を検討します。具体的なアクションプランは、売上拡大とコスト削減という2つの側面から、個別業務ごとに検討すればよいでしょう。参加

者全員の意見を集約して、今後の事業戦略を練り上げます。

A社事例では、【強み】「中国人丙氏の開発する点心の新メニュー」を、【機会】「インターネット通販（EC）」に組み合わせる戦略を検討しています。これ以外にも、【強み】調理師である後継者と中国人丙氏の知識と経験を活用して、【機会】高価格・高付加価値の料理を開発することで売上を拡大することができるかもしれません。

【弱み】については、1つひとつ解消していかなければいけません。A社は内部管理が不十分であったため、業務フローを見直すことが求められます。特に、会計などの管理業務についてはIT活用による業務効率化を検討しなければいけません。

①アイデアを記入する

②関連するアイデアをまとめる

③グループ化する

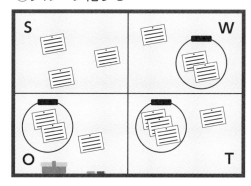

④関連線を引く

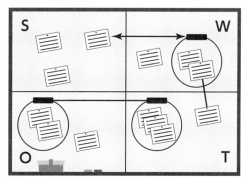

【問3】

(A) 材料費（Food）
(B) 人件費（Labor）
(C) 仕入先
(D) 店舗ごとの損益分析
(E) 経理スタッフ
(F) インターネット通販
(G) EC店舗

第4章

従業員承継

1.
後継者の決意と覚悟

事 例

　　A社（機械製造業、従業員数20人、売上高10億円、当期純利益3千万円、純資産2億円、借入金1億円）は、関東の地方都市にある創業50年の町工場であり、創業者である甲社長（代表取締役、75歳）がここまで大きくしてきました。大手自動車メーカーとの継続的な取引があり、業績は安定しています。しかし、甲社長は、持病の進行と体力の衰えから、そろそろ引退したいと思っています。

　　しかしながら、子供は娘2人で、いずれも結婚して専業主婦をしています。親族は誰もA社で働いていません。つまり、親族内承継は難しい状況です。

　　そこで、中堅社員として頑張っている乙部長（45歳、営業担当、親族外の従業員）を後継者にするのはどうかと考えました。乙部長は新卒でB社に入社し、工場の製造作業と総務経理の仕事を経験し、10年前から営業部長として活躍しています。

　　甲社長は乙部長に会社を継いでくれないかと相談したところ、乙部長から「しばらく考えさせて欲しい」と言われました。

- -

【問1】
乙部長が後継者となる場合、従業員から**経営者**に転身しなければいけません。個人のキャリア形成の観点から、**経営者**になるメリットとデメリットは何でしょうか？

【問2】
乙部長が後継者となることを検討する場合、乙部長自身が具体的に検討すべき事項を列挙してください。

── 解説 ──

【問1】

　乙部長は、長年の間、従業員（サラリーマン）として働いてきており、雇用契約に基づいて、与えられた仕事と安定した給与に守られてきました。しかし、経営者になると、その立場は従業員とは全く異なるものとなります。すなわち、「雇われる立場」から「雇う立場」に変わるのです。

　経営者になると、会社の借入金の個人保証をしなければなりません。このため、もし会社が倒産すれば、経営者個人は自己破産することになります。業績悪化で赤字になってしまっても、経営者個人の給与は当然にゼロにせざるを得ませんが、従業員の給与は、銀行から借入を行ってでも支払わなければいけません。つまり、会社の経営リスクを負わなければならないのです。

　それゆえ、従業員であった乙部長が経営者になるときには、この大きなリスクを負担することを覚悟しなければなりません。その代わり、経営者になれば**「企業経営」**という面白い、やりがいのある仕事をすることができます。これは従業員ではできない仕事であり、働く個人に大きな幸せをもたらしてくれる仕事です。乙部長にとってみれば、リスクを負担する代わりに、**企業経営という仕事に就く**というリターンを得ることができるのです。

　一般的に、企業経営という仕事に就くことは容易ではありません。個人の自己実現を追求するために、自ら経営者になろうと考える人はたくさんいます。「起業家、アントレプレナー」という方々です。しかし、起業や創業は容易ではありません。まったく価値がゼロである状態から、事業を興し、価値ある事業を創り上げるのです。

　創業支援の話しとなりますが、**「市場ニーズ」**への適合と**「自分の強み」**の発揮の両方を充足するような事業ドメインを選択しなければ、価値を創造することはできないでしょう。仮に正しい事業ドメインを選択できたとしても、並大抵の努力ではそれを実現することはできません。経営者には「働き方改革」など全く無関係ですから、24時間365日休みなく働くことになります。また、事業の成長を図るため、開始当初に大胆なキャッシュ・アウトを行う投資も必要ですから、創業資金の融資を受けることも必要となります。

　この点、本事例における乙部長の状況はどうでしょうか。**すでに稼働している事業を引き継ぐことができる**のです。リスクが大きな初期投資も必要ありません。すでに従業員を20名も抱えていますので、新たに人材を採用する必要もありません。一通りの経営資源が揃っています。また、乙部長にはA社で20年以上働いた経験があり、それを活かすことができる事業です。このような事業承継は、乙部長個人にとって、非常に貴重な機会であり、**従業員から経営者に転身することができる絶好のチャンス**だと言えるでしょう。

1. 後継者の決意と覚悟　235

【問2】

　後継者候補となった従業員は、その事業が本当に価値あるものであるかどうか、事業承継の前に確認しておかなければなりません。価値がない事業を継いでしまうと、自分が経営者になった後で会社が倒産し、債務を負担する事態もあり得るからです。そこで、以下の課題を必ず検討しなければなりません。

---

① 　変化する経営環境に事業戦略は適合しているか
② 　目に見えない経営資源（知的資産）を承継できるか
③ 　従業員に対してリーダーシップは発揮できるか
④ 　従業員の管理（コンプライアンス、マネジメント）に問題はないか
⑤ 　支配権（株式）をどのように承継するか
⑥ 　借入金・保証債務を承継するか

　企業経営者の方とお話していますと、「**社長の仕事は、売上の拡大、従業員の動機づけ、この2つに尽きる**」と言われることがあります。この点、事業戦略の決定と知的資産の承継は、**売上拡大**に必要不可欠なものです。また、社長のリーダーシップと従業員のマネジメントは、**従業員の動機づけ**のために不可欠なものです。これらの6項目の課題を検討するということは、社長になった後、「社長の仕事」を円滑に遂行することができるかどうか確認しておくということです。社長の仕事ができないのであれば、そもそも社長に就くべきではありません。

　まず、今後の**売上**に係る検討課題です。

①　変化する経営環境に事業戦略は適合しているか

　現在の事業戦略は、現経営者が創業時の経営環境を前提として設定されたものです。事業承継するときに、経営環境が昔と変化していなければ、後継者は現経営者の経営戦略を踏襲すべきです。しかし、インターネット通信、モバイルやIoT、AIなど技術革新が進む中、現在の経営環境は昔とは異なっていると考えるべきでしょう。とすれば、新しい経営環境に適合するような新しい事業戦略を立案しなければいけません。そうしなければ、従来の事業は、新しい経営環境に適合することができず、存続することができなくなってしまうおそれがあるからです。

　事業戦略を再構築するためには、海外輸出など新たな市場の獲得、インターネット通販など新たな販売チャネルの開発、新商品・新サービスの開発などの経営革新が必要となります。近年、急速な環境変化から漸進的な革新では追いつくことができず、全く別の事業へ転換するなど、大胆な経営革新を必要とするケースも出てきています。

② 目に見えない経営資源（知的資産）を承継できるか

　目に見えない経営資源とは、知名度・ブランド、技術・ノウハウ、顧客情報などの知的資産です。経営資源には、ヒト・モノ・カネがありますが、それら以上に重要となるのが、この知的資産です。目に見えないがゆえに、事業承継の際は、散逸させたり消滅させたりせず、その価値をそのまま後継者による経営に引き継ぐことができるかが問題となります。

　中でも、**顧客情報の引継ぎ**は重要です。これは単なる顧客名簿・リストという意味ではなく、顧客との人間関係です。顧客が商品・サービスを購入してもらえるがゆえに売上が上がるのであり、顧客との取引関係が無ければ、事業が存続することはできません。この人間関係は、社長や従業員とお客様との間に築き上げられたものです。いわゆる「馴染みのお客様」です。

　この点、従業員が顧客との人間関係を築いているのであれば、社長交代の影響は受けません。しかし、**社長個人が顧客との人間関係を築いて取引が行われている**のであれば、社長交代によってその人間関係が一気に消滅してしまいます。

　それゆえ、後継者は、現経営者が顧客訪問する際に同行する、顧客との会食やゴルフに行くなど、顧客との人間関係を築く必要があります。また、現経営者も顧客の引き継ぎの必要性を認識し、**後継者との対話**を通じて、顧客に関する情報（顧客ニーズは何か、どのように取引を行えばよいか）を後継者へ伝達しなければなりません。目に見えない経営資源は、現経営者の頭の中に蓄積されていますから、それを**対話**によって明らかにし、後継者に承継することが必要です。

　次に、**従業員（人・組織）**に係る検討課題です。

③ 従業員に対してリーダーシップは発揮できるか

　リーダーシップとは、「**人を通して課題を解決する力**」をいいます。社長自ら動いて経営課題を解決するのではなく、従業員を動かして経営課題を解決することがポイントです。

　現経営者が創業者であれば、会社の成長に向けて、社長個人が直接的に従業員に働きかけることで、従業員を掌握していたはずでしょう。社長と従業員の間に人間関係ができあがっており、社長個人のカリスマ性が、全ての従業員の求心力になっていたのです。一言で言えば、「従業員は、社長のために頑張る！」ということです。

　しかし、これは創業者であるからこそ可能になることです。従業員との間に人間関係ができあがっておら

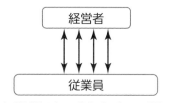

経営者個人の求心力だけで掌握

ともに理念の実現を目指す関係

ず、カリスマ性など個人の求心力を持たない後継者にとっては、極めて難しい関係性です。

そこで、後継者は、**会社の存在意義や共有すべき価値観を見直し、「経営理念」を設定する**のです。現経営者が引退した後、従業員が何のために働くのか、心の拠り所となり、その求心力として機能する「経営理念」です。

後継者は、これを従業員と共有し、経営理念の実現に向けて一丸となって協力する体制を作るのです。すなわち、従業員の求心力は、社長個人ではなく、「経営理念」という考え方そのものに求めます。一言で言えば、「従業員は、会社のみんなのために力を合わせて頑張る！」ということです。

④　従業員の管理（マネジメント、コンプライアンス）に問題はないか

組織におけるルール・規則として、人事制度（勤怠管理、採用・退職、昇給・昇格、教育など）、就業規則、目標管理制度（業績評価）などがあります。これらが、法令遵守（コンプライアンス）のため、従業員のモチベーション向上のために有効に機能しているかどうか、確認します。機能していなければ、社会保険労務士などの専門家の力を借りて、全社的に検討すべきです。

そして、経営者の個人財産に係る検討課題です。

⑤　株式をどのように承継するか

社長（代表取締役）の地位は、株主総会の多数派株主によって支えられています。したがって、社長になるのであれば、自ら多数派株主になることが必要であり、現経営者から発行済議決権株式の過半数を承継しなければいけません。

その承継の方法には、対価を支払う方法（有償）と対価を支払わない方法（無償）がありますが、現経営者と親族関係がなければ、さすがに無償で譲ってくれる（贈与してもらえる）ことはないと考えられるため、後継者は対価を支払わなければなりません。つまり、株式承継の方法は、現経営者からの有償の**株式譲渡**ということいなります。そこで、支払う対価として必要な資金をどのように調達するかが問題となります。

この点、**日本政策金融公庫**の「**事業承継・集約・活性化支援資金**」によって調達することが可能です。融資限度額は、中小企業事業が７億２千万円、**国民生活事業が7,200万円**となっており、通常使うのは国民生活事業のほうでしょう。日本政策金融公庫の融資は、原則的に法人に対する貸付けとなっていますが、この制度を使えば、後継者となる個人に対する貸付けを実行してもらうことができます。

利用対象者	○安定的な経営権の確保等により、事業の承継・集約を行う方 ○**中小企業経営承継円滑化法** 12 条 1 項 1 号の認定を受けた方 ○事業承継に際して経営者個人保証の免除等を取引金融機関に申し入れたことを契機に取引金融機関からの資金調達が困難となっている方であって、公庫が融資に際して経営者個人保証を免除する方（経営者保証免除特例制度または新創業融資制度を適用する方） ○中期的な事業承継を計画し、現経営者が後継者（候補者を含む）と共に事業承継計画を策定している方 ○事業の承継・集約を契機に、新たに第二創業（経営多角化、事業転換）または新たな取組みを図る方（5 年以内）
融資限度額	**7,200 万円**（うち 4,800 万円は運転資金）
返済期間	設備資金 20 年、運転資金 7 年（2 年据置き）
利率	基準利率、特別利率 A、特別利率 B
保証人・担保	原則あり。無担保・無保証の場合もある（利率が高い）

　また、譲渡価額について、現経営者と従業員の取引は、独立した第三者間取引と言うことはできないため、税法上の時価に基いて決定しなければなりません。この場合、個人から個人への譲渡ですので、**相続税法上の時価（相続税評価額）**に基いて決定することになります。この時価から乖離すれば、そこに経済的価値の贈与があったものとみなされ、贈与税が課されることとなります。

⑥　借入金・保証債務を承継するか

　現経営者は会社の借入金に係る**債務保証**を行っているはずです。社長交代に伴い、金融機関は**保証債務**を後継者へ切り替えるよう求めてくるはずです。そこで、これに応じるかどうかが問題となります。

　この点、全国銀行協会が公表する**「経営者保証に関するガイドライン」**に基づき、事業承継時に債務保証の要否の見直しを金融機関に求めることができます。これにより、**後継者が保証債務を引き継がないこと**も可能となるのです。

　経営者保証ガイドラインは、中小企業の経営者による個人保証には、資金調達の円滑化に寄与する面がある一方、経営者による思い切った事業展開や、経営が窮境に陥った場合における早期の事業再生を阻害する要因となっている面があることから、それらの問題を解決するための指針として金融機関に対して課された努力目標です。

　これによれば、**①法人と経営者の資産等が明確に区分されていること、②法人に財務基盤の強化が認められること、③法人から財産状況の正確かつ適切な開示等が行われること**の 3 要件が充足されたならば、中小企業の経営者に対して債務保証を求めないこととなっています。

1. 後継者の決意と覚悟　239

① **法人と経営者との関係の明確な区分・分離**

　・債務者は、法人の業務、経理、資産所有等に関し、法人と経営者の関係を明確に区分・分離し、法人と経営者の間の資金のやりとりを、社会通念上適切な範囲を超えないものとする体制を整備するなど、適切な運用を図ることを通じて、法人個人の一体性の解消に努める。また、こうした整備・運用の状況について、**外部専門家（公認会計士）による検証**を実施し、その結果を、対象債権者に適切に開示する。

② **財務基盤の強化**

　・経営者保証を提供しない場合においても事業に必要な資金を円滑に調達するために、債務者は、**財務状況及び経営成績の改善**を通じた**返済能力の向上**等により信用力を強化する。

③ **財務状況の正確な把握、適時適切な情報開示等による経営の透明性確保**

　・債務者は、資産負債の状況（経営者のものを含む。）、事業計画や業績見通し及びその進歩状況等に関する対象債権者からの情報開示の要請に対して、**正確かつ丁寧に信頼性の高い情報を開示・説明する**ことにより、経営の透明性を確保する。開示情報の信頼性の向上の観点から、**外部専門家（公認会計士）による情報の検証**を行い、その検証結果と合わせた開示が望ましい。また、開示・説明した後に、事業計画・業績見通し等に変動が生じた場合は、自発的に報告するなど適時適切な情報開示に努める。

　以上をまとめますと、結局は事業承継フレームワークと同じものになります。後継者は、このフレームワークを埋めていけば、会社を引き継ぐべきか否か、検討することが可能となるでしょう。

改訂版	課題発見フェーズ			課題解決フェーズ			
	企業経営論			後継者論		手続き論	
	知的資産	事業戦略	キャリア	リーダーシップ	管理	支配権（株式）	債務
親族内	A-1	A-2	A-3	A-4	A-5	A-6	A-7
従業員	B-1	B-2	B-3	B-4	B-5	B-6	B-7
第三者	C-1	C-2	C-3	C-4	C-5	C-6	C-7

2. 過大な債務

事例

　甲社長（70歳）は、高級寿司店5店舗を営むA社（飲食業、従業員数20人、売上高6億円、当期純利益▲2千万円、純資産▲5億円、純有利子負債10億円）の創業者です。30年前に設立して、株式1,000株（発行済議決権株式の100％）を所有し、これまで代表取締役社長として頑張ってきました。A社のお寿司は「新鮮でとても美味しい、板前さんの愛想もよく、サービスが良い」と評判の人気店です。

　引退を考えるようになった甲社長は、後継者を誰にすべきか悩んでいますが、外科医師として活躍する長男、3人の孫の育児に追われる長女には、会社を継ぐことは難しそうです。

　そこで、入社20年目、板前チーフとして頑張ってくれている乙氏（40歳、親族外の従業員）に承継したいと考えています。先日、乙氏と2人で話す機会があり、「会社を継いでくれないか」と打診しました。

　乙氏は、根っからの職人気質を持っており、美味しいお寿司を握ることが生きがいとなっていましたが、自分が後継者になることについて大きな不安を持ちました。なぜなら、A社は10年前に無理な新規出店と不動産投資による巨額な損失を計上した結果、10億円もの借入金を背負ってしまったからです。銀行への利息を毎年3,000万円も支払っており、そのために、ここ数年は赤字が続いてきました。

　乙氏が引き継ぎを躊躇したため、事業承継が進まない状況が続くなか、ある日、甲社長のもとに、「新しく完成したJR駅ビルに出店しないか」という話しが持ち込まれました。この駅の利用客数はとても多く、開店すれば繁盛することが間違いない、年間売上高2億円超は期待できる優良な投資案件です。甲社長は、駅ビルにぜひ出店したいと思いました。

　このような投資案件もあり、甲社長は、事業承継支援の専門家であるあなたに相談してきました。甲社長は、「JR駅ビルに新店舗を出せば、大きな利益を出す

ことができます。これで、借入金を返済できることは確実でしょう。しかし、過去の投資の失敗は、私の責任です。乙氏に返済させるのはかわいそう。儲かる商売だけ引き継ぎたいものですが・・・」と辛い表情を見せています。

【問1】

事業承継の専門家であるあなたは、**債務の承継**に関してどのような指導を行いますか？

―― 解　説 ――

【問1】

　事業承継問題を抱える中小企業で、生命保険を活用して退職金を支払ったり、M&Aで会社売却して創業者利益を獲得できたり、ハッピーリタイヤが可能となるケースは、実は少数派なのです。現実には、中小企業の半数以上は赤字であり、しかも、多くは債務超過に陥っています。

　収益性の悪化は、市場環境の変化に適応することができず、売上が減少したことが主たる原因でしょう。一方の債務超過については、赤字が累積したことも原因の1つですが、大きな原因となっているのは、これまで稼いだ利益を会社内部に留保せず、役員報酬として個人へ移したことだと考えられます。

　オーナー企業では、個人と法人が一体化しています。赤字経営の中小企業を経営している社長は、赤字だから個人も貧乏だということはなく、個人財産として豪邸に住んでいたり、多額の金融商品を持っていたりすることが一般的です。

　本事例は、事業そのものは好調ではあるものの、過去の投資の失敗によって重い借入金を負担することになりました。新規出店は黒字が確実と見込まれていますので、借入金の返済は問題ないようには見えます。

　しかし、**後継者である従業員が、大きな借入金の債務保証に躊躇している**のです。この点、会社経営した経験のない方には、10億円の借入金を個人で債務保証する怖さをイメージできないかもしれません。経営者は、嫌でも個人と法人を一体化させることになるため、会社が倒産すれば、個人も自己破産することになります（金融機関の支援で債務免除してもらえるなど再生スキームが成功すれば、自己破産を回避できますが、そのような幸運なケースは少数です）。

　後継者が怖いのは、一歩間違えたら、自己破産するような保証債務を負うことです。

後継者が「やるぞ！」と言っても、彼の奥様が「止めろ！」と言うかもしれません。いくら後継者に「大丈夫だ、必ず返済できるよ」と説得しても、サラリーマン経営しか経験したことのない従業員に、リスクを取って事業を営む経営者マインドを教え込むことは酷な話でしょう。

そうしますと、従業員には借入金のない身軽な事業だけを引き継がせてやりたいと現経営者が考えることになります。

具体的な方法は、従業員が新会社B社を設立し、JR駅ビルに新しい店舗を出店します。もちろん、サラリーマンである乙氏には、保証金や内装工事・設備購入の資金がありません。そこで、日本政策金融公庫から融資を受けるとともに、足らない資金はA社又は甲社長個人が貸し付けます。

A社について、法人の承継は行いません。借入金の負担が重いからです。これを後継者に継がせてしまうと、既存店舗や新しい店舗が利益を上げても、先代経営者が残した負の遺産である借入金の返済に充てられることとなり、後継者がいくら経営努力を行っても、その成果が後継者の手元に残りません。これでは、後継者に頑張ろうとするやる気がおきないでしょう。

そこで、法人の株式は甲社長が100％所有、その借入金に係る保証債務は全て甲社長が負担することとし、死ぬまで持ち続けてもらうのです。10億円の借金ですから、相続財産はマイナスとなるため、相続人は**「相続放棄」**を行います。既存店舗の運営は「相続放棄」の時点で終了しますが、金融機関との合意ができれば、その時点でB社への事業譲渡を行って、店舗の存続を図ることも可能でしょう。

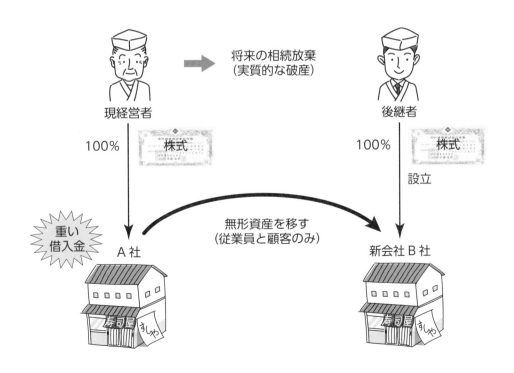

一方、後継者である乙氏は新店舗の事業経営に注力し、従業員や顧客基盤など経営資源を A 社から新会社 B 社へ移すのです。店舗そのものを譲渡すると、対価の支払いや税金の負担が生じますが、従業員の雇用契約やお客様からの評判といった無形資産は、無償かつ非課税で移転させることができます。

この結果、借入金という負の遺産は、将来的に金融機関が貸倒れとなることで消滅します。結局のところ、事業存続のために**金融機関が犠牲になる**ということです。

ただし、注意してほしいのは、このような事業承継を行うのは**従業員承継の場合**に限られます。金融機関との良好な関係が求められる親族内承継の場合は、このスキームを使うべきではありません。犠牲となる金融機関にとってみれば、このような事業承継は最悪のスキームであり、親に対する貸付金が回収不能になれば、子供に対する貸付けには慎重になるからです。また、後継者が新たに立ち上げた会社が成功したとしても、金融機関からの評価や関係者からの評判は、最悪になるからです。

第5章

第三者売却

1.

競争入札と株式価値評価

事 例

A社（機械製造業、従業員数 20 人、売上高 10 億円、純資産 2 億円、**土地の時価 1 億円**）は、関東の郊外にある創業 50 年の町工場であり、創業者である甲社長（代表取締役、75 歳）が株式 100 ％を所有しています。

（単位：百万円）

貸借対照表			
現金預金	50	借入金	100
営業債権	50	営業債務	50
土地	**250**	純資産	200
（合計）	350	（合計）	350

※土地には含み損があります。

（単位：百万円）

損益計算書	
売上高	1,000
営業利益	80
当期純利益	30

しかしながら、子供は会社を継ぐ気がなく、親族は誰も社内で働いていません。そこで、中堅社員として頑張っている乙部長（45 歳、営業担当、親族外の従業員）を後継者にしようと考えました。

甲社長は乙部長に「会社を継いでほしい」と 1 か月にわたって説得してみましたが、乙部長からの最終回答は、「じっくり検討したのですが、私が社長となる自信がありません。後継者になるのはお断りします」とのこと、乙部長から後継者になることを拒絶されてしまいました。

そこで、顧問税理士に相談したところ、「M&A で他社に引き継いでもらうしかありません」とのアドバイスを受け、業界最大手の M&A 仲介業者を紹介して

もらいました。

　M&A 仲介業者の営業マンとの会話は以下の通りです。

　営業マン：「このリストをご覧ください。当社の情報力は豊富で、これだけ多
　　　　　　くの買い手候補をご紹介することができますよ」
　甲 社 長：「なるほど、上場企業も含めて、予想以上にたくさんありますね。
　　　　　　これならば、買い手は見つかりそうですね」
　営業マン：「この中で、当社で検討した結果、買収のための資金力があり、事
　　　　　　業戦略が御社と似ていて成長が期待できるのは、X 社であると判断
　　　　　　しました。X 社の乙社長は人格的にも素晴らしい経営者であり、貴
　　　　　　社の従業員を安心して任せることができます。近いうちにトップ面
　　　　　　談を設定しますので、お会いになってみませんか？」
　甲 社 長：「わかりました。ぜひお願いします」

　甲社長は、X 社の乙社長と面談したところ、その一週間後には、X 社から「A
社と当社とのシナジー効果は抜群です。ぜひ当社に事業をお譲りください。後日、
意向表明書を提出します」との連絡がありました。

　営業マン：「最高のお相手です。ぜひ X 社に決めてください。当社が仲人役と
　　　　　　して両社を仲介しますよ」
　甲 社 長：「それでは X 社との交渉を進めてください。御社にお支払いする手
　　　　　　数料はどうなっていますか？」
　営業マン：「手数料はレーマン方式によって計算します。こちらの業務委託契
　　　　　　約の締結をお願いします。私が双方の仲人役となり、ハッピーな
　　　　　　M&A を仲介しますよ！」

【問 1】

甲社長は A 社の売却先（M&A の買い手）をこの段階で X 社と決めて
よいでしょうか。

【問 2】

M&A 仲介業者との契約内容を確認したところ、買い手と売り手の双
方にアドバイスを提供し、双方から報酬をもらうとのことでした。また、
以下の内容が入っていました。

「当社以外の専門家の助言を受けてはならない。当社以外の専門家の

1. 競争入札と株式価値評価　247

助言を受けて M&A が成立した場合であっても、成功報酬の全額を当社に支払うものとする。」

甲社長は、M&A 仲介業者との業務委託契約を締結するべきでしょうか。

- -

　M&A 仲介業者との業務委託契約を締結した甲社長は、A 社がいくらで売れるのか心配になり、聞いてみました。

　甲　社　長：「私の株はいくらで買ってもらえるのですか？そちらのパンフレットに『株価算定サービス無料』って書いてありますよね、計算してもらえますか？」

　営業マン：「一般的に、株価は【時価純資産＋営業権】で計算することができます。営業権の評価が難しいところですが、一般的には、「年買法」という方法がとられ、営業利益の 3 年から 5 年分だと言われています。そうしますと、営業権は 2 億 4 千万円（＝ 8 千万円× 3 年）くらいでしょう。御社の純資産は 2 億円ですから、**4 億 4 千万円**になります。これくらい金額で売却できる可能性がありますよ」

　甲　社　長：「本当ですか！？そんなに高い金額で売れるんですか？ぜひお願いします」

　営業マン：「お相手もある話ですので保証はできませんが、交渉は仲介役の私にお任せください」

- -

【問 3】

M&A 仲介業者は A 社の株価を計算をしましたが、この計算方法は正しいものでしょうか？

- -

　営業マン：「先ほど、株価が 4 億 4 千万円と申し上げておりましたが、御社の純資産を時価で評価したところ 2 億円ではなく、5 千万円となりました。それゆえ、1 億 5 千万円を減額し、**2 億 9 千万円**が適正な株価となります。たいへん失礼しました」

　（数日後）

　営業マン：「X 社から意向表明書には、【DCF 法による買収価格 **2 億 3 千万円**】という記載がありました。ちょっと安いですが、ここは妥協しましょう」

甲　社　長：「話しが違うじゃないですか。先日は、2億9千万円で売れるとい
　　　　　　　う話しでしたよね？これはどういうことですか？」

営業マン：「まあ、相手がある話ですから、簡単に価格は決まりませんよ。買
　　　　　　い手は安く買いたいと思うのが当然ですから、最初の段階では、低
　　　　　　い買収価格を提示してきたのでしょう。これから私が仲介役として
　　　　　　価格交渉しますので、任せてください！」

- -

【問4】

買い手候補から提示された買収価格は、M&A仲介業者が計算した株
価を大きく下回るものでしたが、このような差異が生じるのはなぜで
しょうか？

【問5】

M&A仲介業者は、買い手と売り手それぞれの妥協点を探って価格交
渉の合意を目指すことが一般的ですが、このような交渉は、**売り手の
利益を犠牲にするもの**だと言われることがあります。これはなぜでしょ
うか？

―― 解　説 ――

【問1】

　甲社長は、買い手をX社に決めてしまうのではなく、**他の買い手候補とのM&Aも
並行して検討すべき**です。売却価格が高くなる、承継される従業員が幸せになれるよう
な有力な買い手候補は、他に存在しているかもしれません。それゆえ、M&A仲介業者
だけでなく、メインバンク、顧問税理士などに買い手候補の紹介の可否を聞き、幅広く
情報を集めるべきです。そうしたうえでX社が最適であると判断すれば、X社を買い
手として交渉を始めればよいでしょう。そうでなければ、**複数の買い手候補と並行して
交渉を進めるべき**です。

　一般的に、買い手候補とのM&Aの交渉を進める方法には、「相対取引」と「競争入
札」の2つがあります。

1. 競争入札と株式価値評価　　249

① 相対取引

相対取引とは、特定の買い手候補と一対一で交渉を行う方法です。特に、対象会社の同業者が強い関心を示した場合に採用されることになります。

相対取引のメリットは、交渉がシンプルであるため、短期間で交渉をまとめることができ、対象会社の機密情報が漏洩するリスクが低くなることです。その半面、買い手候補に競争相手が存在しないため、売り手の交渉力が弱くなり、売却価格が低くなる傾向にあります。

売却価格の最大化の必要性や、外部の利害関係者への説明責任がない場合、相対取引が比較的多く採用されているようです。

② 競争入札

競争入札とは、複数の買い手候補に対して同時にM&A提案を行い、交渉を並行して進めることで、取引条件が最も良い買い手1社を絞り込む方法です。複数の買い手候補を見つけ、取引条件を競わせることによって高い売却価格を実現させるために採用されることになります。

競争入札のメリットは、**買い手側に競争環境が生じるので、売却価格の最大化が実現すること**です。その半面、交渉プロセスが複雑になるため、交渉が長期化する可能性があり、情報漏洩が起こりやすいというデメリットがあります。

競争入札とする場合には、中小企業のM&Aであれば、1回の入札で買い手を決めてしまうケースがほとんどです。しかし、買い手候補の競争環境を厳しくする戦術もとりたいのであれば、大企業のM&Aのように2回の入札を実施することも可能です。その場合、意向表明の段階で1回、デュー・ディリジェンス実施後にもう1回入札を行い、徐々に買い手候補を絞り込みながら、価格や条件を競わせることになります。多額のコストを負担してデュー・ディリジェンスを実施した買い手候補が、思い切って譲歩してくる可能性があります（買収価額引き上げなど）。

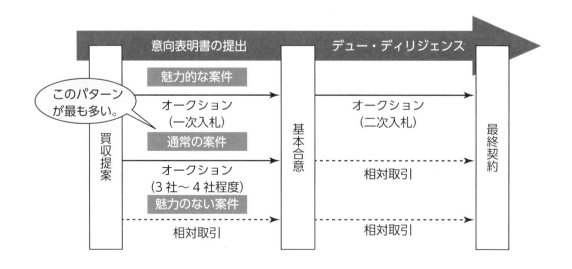

売り手の立場からは、**相対取引よりも競争入札を実施すべき**です（買い手の立場からは、逆に相対取引を実施すべきです）。競争入札を実施することによって、売却価格などの取引条件、売り手側の利益は最大化されます。時間とコストが掛かっても、M&Aアドバイザー（仲介業者ではなく片側に助言を行う専門家をいいます）を雇い、複数の買い手候補と並行して交渉を進めてもらうべきでしょう。

しかし、複数の買い手候補が見つかるとはかぎりません。魅力のない事業がM&Aの対象となる場合、買い手候補を1社見つけることだけでも、かなりの時間と労力を必要とすることがあります。結果的に1社しか見つからなければ、競争入札は実行することができず、相対取引とせざるを得ません。中小企業のM&Aでは、実際にはこのようなケースがほとんどです。

相対取引しか選択できない場合、売り手から取引条件を提示して交渉する余地がほとんどないため、買い手から提示される取引条件を受け入れるしかありません。提示された取引条件を拒否しようとすれば、M&Aが成立しなくなり、事業承継は断念することになります。結果的として、相対取引では、不利な取引条件でのM&Aを強いられることになります。

買い手候補が1社しか見つからない最悪のケースを回避するためにも、高く買ってもらえる事業になるよう、事業承継を行う前に磨き上げておくことが必要です。これはM&Aを行う中小企業の経営者にとって必須の経営課題なのです。

【問2】

M&A仲介業者が双方代理で両手取引の業務委託契約を提示したとしても、その契約をそのまま締結してはいけません。

M&A仲介業者の「双方代理」とは、利害対立する当事者双方に対して役務を提供し、その対価として報酬を受け取ることをいいます。また、双方から報酬を受け取ることが「両手取引」です（不動産業界では一般的です）。

この点、利益相反取引に関して金融庁の厳しい監督を受ける金融機関は、「片側代理」の「片手取引」でしか役務を提供することはできません。しかし、M&A仲介業者は金融庁の監督を受けていないため、「双方代理」の「両手取引」が認められるのです。

この結果、M&A仲介業者は、顧客の利害対立に関与することができなくなります。たとえば、価格交渉の現場をイメージしてみましょう。買い手は「最も安い価格」で買収したいと考えますが、売り手は「最も高い価格」で売却したいと考えます。それゆえ、M&A当事者の利害は対立しており、双方の利益を同時に実現することは理論的に不可能なのです。

一歩譲って、M&A仲介業者が、唯一存在する理想的な買い手を見つけてくれたとしましょう。そのような場合、取引条件の交渉は問題となりませんので、双方代理の両手取引であってもよいでしょう。

1. 競争入札と株式価値評価　　251

しかしながら、M&A仲介業者が、理想的な買い手を見つけてくるとは限りません。他方でメインバンクが思いもよらなかった別の買い手候補を紹介してくれるかもしれません。また、「事業引継ぎ支援センター」のデータベースに、他にも素晴らしい買い手候補が登録されているかもしれません。つまり、最適な買い手候補を見つけるためには、情報源を1つに絞らず、幅広く情報収集すべきなのです。

　それゆえ、ここで問題となるのが、**「他の専門家の排除」**に係る契約内容です。

> 「当社以外の専門家の助言を受けてはならない。当社以外の専門家の助言を受けてM&A
> が成立した場合であっても、成功報酬の全額を当社に支払うものとする。」

　このような契約を結んでしまえば、情報源はM&A仲介業者の1社に限定されてしまい、他の専門家から情報提供を受けることができなくなります。これでは別の方面から買い手候補を探すことができません。M&A仲介業者からこのような契約内容を提示されたときは、この条文は必ず削除するよう依頼しなければいけません。**削除の要求を行えば、応じてくれるでしょう。**

　M&A仲介業者がこのような契約内容を提示するのは、報酬（手数料収益）を大きく稼ぐためです。M&A仲介業者は、片手取引の報酬を50%ずつ折半して請求するのではなく、買い手と売り手の双方から片手取引の報酬100%を同時に請求するため、結果として、1件のM&A成約に対して、金融機関の2倍の報酬を獲得することになります。それゆえ、M&A仲介業は、極めて収益性の高いビジネスとなるのです。

　M&A仲介業者は、自ら獲得する報酬を増やすために、他の買い手候補を見つけ出す手段を失くすような契約を提案します（証券会社の営業マンが回転売買を提案するのと同じ状況です）。このような**「他の専門家の排除」**という契約内容は注意して見つけるようにし、それが提示された場合には、契約書から削除することを求めなければなりません。

【問3】

　M&A仲介業者による株価の計算は以下の通りでした。これを「M&A仲介業者方式」と呼ぶことにしましょう。

> 【M&A仲介業者方式による株価算定（当初の計算）】
> 株価 ＝ 時価純資産 ＋ 営業権
> 　　　＝ 純資産2億円（?）＋ 営業権2億4千万円（＝ 8千万円 × 3年）
> 　　　＝ **4億4千万円（?）**

　純然たる第三者間取引において事業を売却する場合（同族関係者に売却する場合は、話は別です）、売買の対象となる事業の適正な評価額は、どのように計算されるのでしょうか。

非上場株式ですから、市場価格や時価が付いていません。しかし、時価で売却することができれば、その金額が適正だと考えることができるでしょう。それでは、「時価」とは何でしょうか？

　この点、理論上の「時価」は、純然たる第三者である買い手と売り手が交渉によって決めた取引価額ということになります。とすれば、買い手と売り手、2者しか存在していない極めて小さな市場であっても、純然たる第三者間で価格交渉が行われたのであれば、「時価」だと考えることができます。

　その交渉では、売り手は高く売ること、買い手は安く買うことを目指すため、お互いの妥協点の限界を探り、最終的に取引価額を一本化することになります。このような交渉の終着点が、まさに「時価」となるのです。

　経営者がM&Aを決意したとき、誰もが「いくらで売れるだろうか」と考えます。しかし、事業の公正な価値を評価することは非常に難しい問題です。顧問税理士に相談しても、公正な取引価額ではなく、税務上の株式評価額（相続税評価など）しか教えてくれないでしょう。

　ここでよくある間違いは、売り手が事業価値や株式価値を計算しようとすることです。冷静に考えていただきたいのは、事業を承継し、これから事業を営んでいくのは売り手ではなく買い手だということです。つまり、**M&Aによって実現する価値は、これから事業の運営を担う買い手が創り出すもの**なのです。つまり、事業価値は売り手に計算できるようなものではありません。

　したがって、M&A仲介業者が計算した株価は、買い手が使用する可能性のある計算方法の1つを勝手に推測したにすぎず、その計算方法が買い手によって採用されるかどうかわからないため、正しい株価と言うことはできません。買い手が全く異なる計算方法によって評価するのであれば、売り手とは全く目線が合わないことになります。つまり、**売り手が株価を計算しても意味がない**のです。

　仮に、M&A仲介業者の計算方式そのものは正しいとしましょう。それであっても、本事例では、時価純資産の計算が間違っています。時価純資産は、廃業・精算時の残余財産の分配を想定していますから、以下のように計算しなければなりません。純資産を**時価評価**することがポイントとなります。

【M&A仲介業者方式による株価算定（正しい計算）】
含み損 ＝ 時価1億円 － 簿価2億5千万円 ＝ ▲1億5千万円
株価 ＝ 時価純資産 ＋ 営業権
　　＝ 純資産5千万円（＝ 純資産（簿価）2億円 － 含み損1億5千万円）
　　　＋ 営業権2億4千万円（＝ 8千万円 × 3年）
　　＝ 2億9千万円

---

1. 競争入札と株式価値評価　253

【問 4】

　一般的に、経営者（買い手）が事業投資を検討する際、将来生み出される利益またはキャッシュ・フローを予測し、初期投資を何年で回収できるかを感覚的に計算します。これが**投資の採算性評価**です。つまり、黒字であれば実行し、赤字であれば実行しないという意思決定を行います。

　経営者（買い手）は、「将来のこれだけの回収額が見込めるから、現時点でいくらまで支出（投資）することができる、この投資は何年間で回収することができるだろう」、このように考えます。この際、現時点で支出できる金額が「投資額」、すなわちM&Aにおける「買収価格」となります。

① まず、買い手は**将来の収入額**を見積もる

② 次に、買い手は**現在の支出額**（投資額）決める

　このような投資回収計算を行い、投資額を計算する方法として、ファイナンス理論には、**DCF方式**があります。この方法によれば、事業価値は、経営資源（ストック）の価値の積み上げで評価されるものではなく、事業が生み出す将来キャッシュ・フローの割引現在価値の合計額によって評価されることになります。そのうえで、株式価値は、**【株式価値＝事業価値＋非事業性資産・負債－有利子負債】**と計算されます。

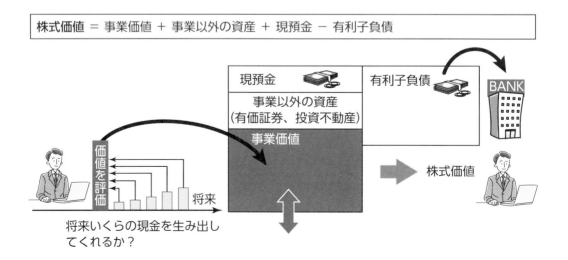

株式価値 ＝ 事業価値 ＋ 事業以外の資産 ＋ 現預金 － 有利子負債

DCF方式によってA社を評価しますと、以下のような計算であろうと推測されます。

法人税率は30％とします。

割引率は、買い手側の要求利回り20％とします。

キャッシュ・フローは、簡便的に税引後営業利益とします。

【DCF方式による株価算定】

　株式価値 ＝ **事業価値** ＋ **非事業性資産** － **有利子負債**

　事業価値 ＝ 将来キャッシュ・フローの割引現在価値

　　　　　 ＝ （営業利益8千万円 ×（1－法人税率30％））÷ 20％

　　　　　 ＝ 2億8千万円

　株式価値 ＝ 事業価値2億8千万円 ＋ 現金預金5千万円 － 借入金1億円

　　　　　 ＝ **2億3千万円**

　一方、M&A仲介業者方式も、営業キャッシュ・フローから回収することを想定しているため、投資回収計算を考える方法の1つだと言うことができます。ただし、【時価純資産＋営業権】という積上げ計算は、営業権の部分を営業キャッシュ・フローから回収し、純資産の部分を廃業・清算時における残余財産の換金によって回収すること（残余財産の分配）を意味しており、回収手段が2種類あるのです。すなわち、「仮に3年後に利益がゼロになって廃業したとしても、**残った事業用資産を叩き売れば、投資の一部を回収することができる**」、このようなイメージです。

　そうしますと、将来における残余財産の換金価値の評価が重要です。廃業・清算時には、残った借入金を返済しなければいけませんが、真っ先にその原資となるのは現金預金などの非事業用資産です。それでも返済し切れないときには、不動産や動産などの事業用資産を換金して返済することになります。その残額が残余財産となり、分配金の原資となるのです。つまり、事業用資産を現金化したとき、どれだけ現金を回収できるか、その換金価値（時価）が問題となります。

　実務の現場では、現金化を期待できる事業用資産は、土地くらいでしょう。つまり、土地を所有している場合は、換金価値があると評価することができます。しかし、工場・営業所・店舗などの建物、什器備品、営業用車両などは現金化することが困難であるため、換金価値は無いと評価せざるを得ません（逆に処分費用が発生します）。

【M&A仲介業者方式の計算式の分解】

　株価 ＝ 時価純資産 ＋ 営業権

　時価純資産 ＝ 資産の売却可能価額 － 借入金返済額

　以上のことから、**M&A仲介業者方式は、残余財産の現金化まで考慮した投資回収計算を行うもの**であり、長期の存続が期待できない事業を、廃業・清算まで視野に入れて経営するのであれば、合理的な評価方法ということができます。

1. 競争入札と株式価値評価

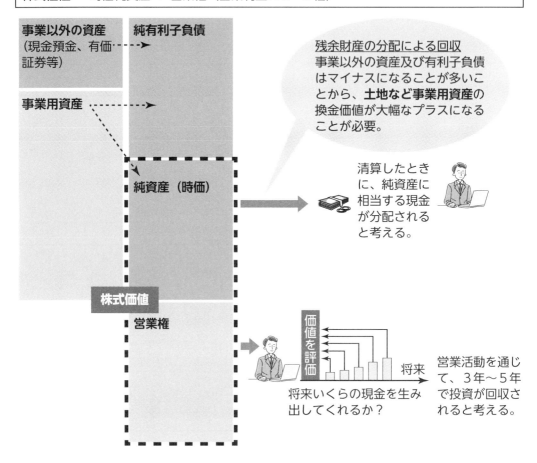

　さらに、「年買法」による評価も、実務で採用されるケースがあります。これは、【株価＝営業利益×3～5年】というシンプルな計算式によるもので、中小企業の指導を行う税理士がよく使うものです。

　年買法は、株式の取得価額そのものを投資額と考え、それを営業キャッシュ・フローから3年～5年かけて回収しようとするものであり、これも投資回収計算の1つと位置づけることができます。

【年買法による株価】
　株価 ＝ 営業利益 × 3～5倍
　　※掛け算の基礎となる利益額は、営業利益ではなく、【営業利益－（1－法人税等）】としたり、税引後の当期純利益としたりするケースもあります。

　この計算は、M&A仲介業者方式の計算から「時価純資産」を除いたものです。つまり、年買法は、廃業・清算することを想定しない、または、廃業・清算を考慮するとしても**残余財産の換金価値はゼロと考える**方法なのです。それゆえ、年買法は、M&A仲

介業者方式の特殊なケースの1つであり、簡便法として位置づけることができるでしょう。

この方法は、計算がシンプルであることから、純有利子負債を考慮する必要のない**事業譲渡スキーム**においてよく使われる方法です。たとえば、土地を所有していないため、残余財産の現金化がほとんど期待できない事業を譲り受ける場合には適していると言えます。

ちなみに、株価の計算で3倍する（3年で回収する）ということは、キャッシュ・フローを33％で割り引くことと等価ですし（1÷33％＝3倍）、5倍する（5年で回収する）ということは、キャッシュ・フローを20％で割り引くことと等価です（1÷20％＝5倍）。倍率（回収年数）と割引率（期待収益率、要求利回り）は表裏一体の関係に

事業価値 ＝ 営業権（営業利益 × 3〜5倍）

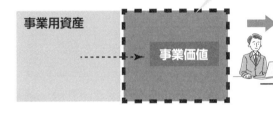

株式価値 ＝ 営業権（営業利益 × 3〜5倍）

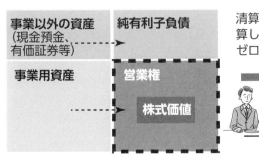
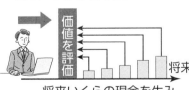

あると言えます。

以上、3つの投資回収方法を説明してきましたが、これらを比較してみたいと思います。DCF方式とM&A仲介業者方式を比較しますと、以下の通りとなります（年買法は、M&A仲介業者方式の簡便法と位置づけますので省略します）。

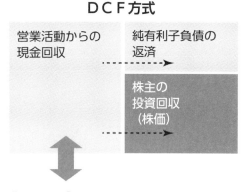

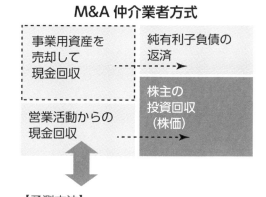

	DCF方式	M&A仲介業者方式
営業活動からの回収額	将来キャッシュ・フロー（割引現在価値）	営業利益（税引前・税引後）の3年～5年
回収手段	営業キャッシュ・フローのみ	営業キャッシュ・フローと残余財産の換金価値
借入金（純有利子負債）の返済方法	将来キャッシュ・フローから返済	事業用資産の売却代金から返済
投資額（株式価値、株価）の決定方法	営業キャッシュ・フローから、純有利子負債を引いた金額	営業キャッシュ・フローと残余財産の換金価値を合算した金額

DCF方式とM&A仲介業者方式は、営業活動から現金を回収することで、借入金を返済し、株主による投資回収に充てるという考え方において共通しています。

しかし、回収額の計算が2つの点で相違します。

1つは、**営業キャッシュ・フローの予測期間**です。M&A仲介業者方式では、事業用資産の使用と売却の両面を考えます。使用期間中は営業キャッシュ・フローが発生しますので、そこから投資回収を行います。その予測額は、営業利益額が営業キャッシュ・フローに近似すると考え、【営業利益×3年～5年】という年買法の計算式を使います。これに対して、DCF方式は、事業用資産の使用しか考えません。使用期間は永久に続き、営業キャッシュ・フローが永久に発生しますので、そこから投資回収を行います。

もう1つの相違点は、**廃業・清算時のキャッシュ・フローを考慮するか否か**です。

M&A 仲介業者方式は、廃業・清算を考慮に入れるため、稼働がストップした事業用資産を売却したときに得られるキャッシュ・フローを投資回収額の一部として扱います。これに対して、DCF 方式は、廃業・清算は考慮には入れない、つまり、未来永劫、営業活動がストップしないため、事業用資産の売却から得られるキャッシュ・フローは計算対象に入れません。

本事例の数値を使って、比較してみましょう。

株式価値（株価）の計算方法	
DCF 方式	M&A 仲介業者方式
（8千万円×（1−30%））÷20% ＋5千万円−1億円 ＝2億3千万円	8千万円×3年分＋時価純資産5千万円 （＝簿価純資産2億円−含み損1億5千万円） ＝2億9千万円
主観的に決められてしまう要素 ・将来キャッシュ・フロー ・割引率	主観的に決められてしまう要素 ・将来の営業利益 ・営業利益の永続年数 ・事業用資産（土地）の売却可能価額

DCF 方式と M&A 仲介業者方式は、いずれも主観的に決められてしまう数字によって計算されるため、これらをどのように考えるかによって、株価が相違します。DCF 方式では、将来キャッシュ・フローと割引率の予測が必要になるのに対して、M&A 仲介業者方式では、将来の営業利益とその永続年数及び事業用資産の売却可能価額の予測が必要となります。

ファイナンス理論的には、DCF 方式のほうが正しいと言うことになるでしょうが、数年以内に事業が行き詰まる可能性の高い会社も現実には数多く存在していることから、M&A 仲介業者方式が正しくないと否定することはできません。したがって、**どちらの株価が正しいと決めることはできない**のです。

そうしますと、問題となるのは、これら2つの方式の**どちらを経営者が納得できるか**ということです。

売り手である経営者の立場から、納得しやすい計算方法は、M&A 仲介業者方式です。なぜなら、これは営業活動からの回収と、清算（残余財産の分配）からの回収を考える方法であり、M&A のイメージが、清算というイメージに適合するからです。これまで実行した投資は、自分の引退時には清算によって回収すべきであるが、それができないため、M&A によって回収するというイメージです。

この点、DCF 方式は投資回収を行う買い手の立場における評価方法であるため、売り手が使用する合理性がありません。結果として、**売り手は M&A 仲介業者方式による株価での売却を望みます。**

これに対して、買い手である経営者の立場から、納得しやすい計算方法は、年買法で

1. 競争入札と株式価値評価　259

す。なぜなら、これは営業活動だけからの回収を考える方法であり、3年から5年かけて回収した後に利益が発生するイメージが、経営者の投資回収計算に適合するからです。もちろん、そこでは清算することは考えず、継続企業を前提として考えることでしょう。

しかし、買い手のM&Aには、買収資金の調達が必要となることから、買い手には金融機関がアドバイスするケースが多くなります。その際、専門家によって理論的に正しい計算が行われることから、買い手側の株式評価にはDCF方式が採用されることになります。結果として、年買法をイメージしつつも、専門家の後押しによって、**買い手はDCF方式による株価での買収を提案します。**

しかし、現実には、買い手の経営者はDCF方式を理解していないケースがほとんどです。「よくわからないが、専門家がそう言っているので、それに従おう」と考えて、DCF方式を採用するケースがほとんどなのです。

一般的に、**DCF方式による株価は、M&A仲介業者方式による株価よりも低くなる傾向にあります。**その主たる原因は**土地評価**にあります。DCF方式は、土地売却を想定しておらず、土地の含み益を評価対象としないため、評価が低くなるのです（本事例は土地に含み損が生じています）。

そうしますと、M&Aの価格交渉では、双方にとって適正な評価額を使ったとしても、売り手が公正と考える株価が、買い手が公正と考える株価よりも高くなる傾向にあります。加えて、売り手は価格上乗せを求めますし、買い手は価格引下げを求めますから、その差異はますます拡大する方向に向いています。

結果として、買い手と売り手との間で、**価格交渉**が行われます。交渉プロセスを通じて、双方が株価を加算・減算します。最終的に同じ価格で合意することができれば、価格交渉がまとまるのです。

【問5】

本事例では、売り手の想定する2億9千万円と買い手の希望する2億3千万円の間で交渉が行われ、合意を目指すこととなります。

売り手が公正と考える株価		買い手が公正と考える株価
M&A仲介業者方式		DCF法（→理想は年買法）
2億9千万円		2億3千万円

この点、価格交渉が無い場合はどうでしょうか。すなわち、M&A仲介業者が、売り手にアドバイスすると同時に、買い手にもアドバイスするケースです。

M&Aで専門家のアドバイスの対象となるのは、全て交渉事です。しかし、その専門家が双方にアドバイスする状態にあれば、**売り手の価格目線が買い手に筒抜けになりま**

す。

　もし、売り手の交渉相手が、売り手にとって唯一の買い手候補であり、それ以外に買い手候補が全く見つからないという不利な状況にあったならば、価格目線を買い手に知られてしまうこととなり、価格交渉の駆け引きができなくなります。その結果、交渉は買い手に買い叩かれる結果に終わるでしょう。

　また、売り手の交渉相手以外にも買い手候補が存在している、または存在している可能性があるのであれば、いま交渉している相手との相対取引を実行することによって、他の買い手候補から高値で買収提案を受ける機会を失ってしまうことになります。

　つまり、『売り手に不利な事柄をすべて知り得る、売り手の M&A アドバイザーが、同時に買い手の M&A アドバイザーでもあれば、**売り手にとって致命的な失敗をもたらす可能性がある**ことは明確』（服部暢達『M&A 成長の戦略』1999 年）と言われるように、M&A 仲介業者の双方代理は、**売り手の価格交渉力を低下させるもの**です。M&A 仲介業は、顧客の利益を犠牲にして手数料収益を獲得するビジネスだと言っても過言ではないでしょう。

1. 競争入札と株式価値評価　　261

2.

取引スキームの選択

事 例

Ａ社（機械製造業、従業員数 20 人、売上高 10 億円、営業利益 7 千万円、当期純利益 3 千万円、純資産 2 億円、借入金 1 億円）は、関東の地方都市にある創業 50 年の町工場であり、創業者である甲社長（代表取締役、75 歳）が株式 100 ％を所有しています。後継者がいないため、甲社長は事業を第三者に承継することを考えました。現在、事業承継支援の専門家であるあなた（中小企業診断士）のアドバイスを受けています。

（単位：百万円）

貸借対照表			
資産	350	負債	150
		資本金	10
		利益剰余金	190
（合計）	350	（合計）	350

あなたは、提携している金融機関から買い手情報の提供を受け、候補先 3 社を甲社長に紹介しました。甲社長はその 3 社と面談を行った結果、最も高い価格（4 億円）を提示してくれた Ｙ社を買い手の最有力候補として、条件交渉を始めることとなりました。

あなたと甲社長との会話は以下の通りです。

あ な た：「取引条件として決めるべきことは、譲渡価額、譲渡スキーム、スケジュール、譲渡後の運営方針の 4 つです。今日は**譲渡スキーム**を検討したいと思います」

甲 社 長：「譲渡スキームですか？株を売って、現金をもらうだけでしょう？」

あ な た：「いえ、**株式を譲渡する方法**だけではなく、**事業を譲渡する方法**もあります。図に描きますと、このような感じです」

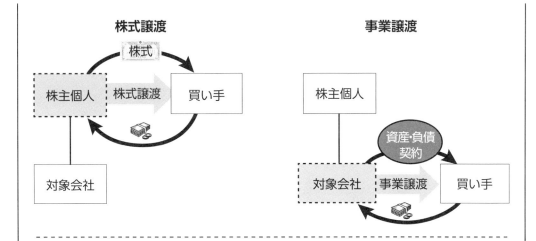

【問1】

株式譲渡と事業譲渡の相違点を、税負担や手取額の観点から説明してください。

あ な た：「ところで社長、M&Aが成功すれば、多額のお金を受け取ることになりますが、そのお金はどのように使いたいですか？」

甲 社 長：「私は、老後に贅沢な生活をすることは考えていません。お金はできるだけ多く子供に遺して、孫の教育資金にでも使ってほしいですね」

あ な た：「売却代金の現金を相続したいのであれば、個人で現金を持たないほうがいいですね」

甲 社 長：「それはどういうことですか？株を売ったら、私の手元にお金が入るでしょう？」

あ な た：「おっしゃる通りで、株式譲渡では、売却代金は社長個人の手元に入ってきます。しかし、個人財産を増やしてしまうと相続税負担が重くなるため、それは得策ではありません」

甲 社 長：「それでは、どうすればいいのですか？」

あ な た：「はい、甲社長の場合、**事業譲渡を行うべき**でしょう」

【問2】

相続税対策を考える甲社長が、株式譲渡ではなく**事業譲渡を行うべき**理由は何でしょうか？相続税負担の観点から説明してください。

---

2. 取引スキームの選択　263

甲　社　長：「実は当社はコンプラ上の問題がいろいろあって粉飾決算していたのですが、大丈夫でしょうか？」

あ な た：「それは困りましたね。粉飾決算を行っていたのであれば、Y 社に開示した決算書が適正な財政状態及び経営成績を表していないことになります。これは事前に Y 社に伝えておいたほうがいいですね」

甲　社　長：「そんなことを言えば、買収に乗り気になった Y 社が買収を断念すると言い出さないでしょうか？」

あ な た：「確かに、問題のある会社を丸ごと買収する話になれば、買い手は躊躇するでしょう。しかし、**事業譲渡**であれば、買い手側に生じる問題が解消され、買収しやすくなるはずです」

【問 3】

買い手の立場から、M&A において**事業譲渡**が選好されやすいことを、財務デュー・ディリジェンスの観点、株式譲渡契約書における補償条項の観点から説明してください。

── 解 説 ──

【問 1】

　第三者への事業承継のために、M&A で売却する方法には、**株式譲渡**と**事業譲渡**があります（合併や株式交換などの組織再編は M&A の方法ではありますが、売却する方法ではありません）。

　株式譲渡とは、対象会社の株式を、対象会社の株主個人が買い手に対して譲渡し、その対価として株主個人が現金を受け取る方法です。つまり、対象会社の株主個人が売り手となります。この方法によれば、対象会社の法人格をそのまま引き継ぐことから、対象会社の全ての権利義務をそのまま包括的に移転することができます。そして、対象会社の株主個人が譲渡代金を受け取ることから、株主個人には、譲渡損益が生じることになります。

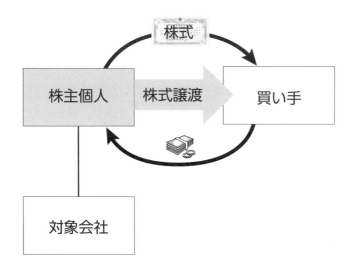

　一方、**事業譲渡**とは、対象会社の事業を、対象会社が買い手に対して譲渡し、その対価として対象会社が現金を受け取る方法です。つまり、対象会社（法人）が売り手となります。この方法によれば、対象会社の法人格を引き継ぐことはないため、対象会社の簿外債務の承継を排除することが可能となりますが、資産・負債・契約を個別に移転する手続きが必要となることから、事務手続きが煩雑になります（このため、現金交付型会社分割を使用するケースが多く見られます）。そして、対象会社が譲渡代金を受け取ることから、対象会社には、譲渡損益が生じることになります。

　事業譲渡によれば、対象会社に譲渡代金が支払われることになるため、対象会社の株主個人が現金を受け取るためには、対象会社から剰余金の配当を行ったり、清算により分配金を支払ったりする必要があります。

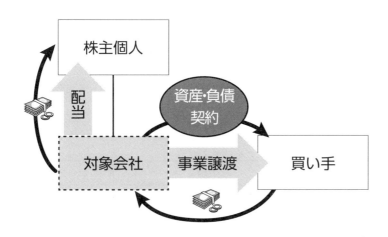

　この譲渡スキームの選択において、一般的に、事業譲渡ではなく株式譲渡が採用される傾向があります。その理由は、対象会社の資産に含み益があってもそれに課税されることがないこと、オーナー株主個人が現金を受け取る場合、配当所得ではなく**譲渡所得**になり、税負担が軽くなることが挙げられます。

しかしながら、近年の税制改正によって法人税の実効税率が下がっており、対象会社の含み益に対する課税は、ほとんど問題とならなくなりました（含み損を抱えているケースのほうが多いでしょう）。

それにもかかわらず、依然として株式譲渡が採用されるケースが多いのは、M&A 実行の際に、資産税に精通した税理士のアドバイスを受けず、M&A 仲介業者から出された方法を、買い手及び売り手の双方が安易に受け入れてきたからだと考えられます。M&A 仲介業者の営業マンの立場からすれば、事業譲渡の事務手続きよりも、株式譲渡の事務手続きの助言のほうが簡単であるため、手間を省いて手数料収益を稼ぐことができます。

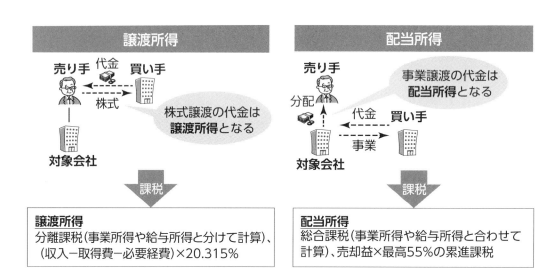

A 社のこれまでの経緯をイメージしてみましょう。A 社は、50 年前の創業時には以下のような状況だったと推測されます。すなわち、10 百万円を資本金として出資したばかりの状況です。

(単位：百万円)

貸借対照表			
資産	10	負債	0
		資本金	10
		利益剰余金	0
(合計)	10	(合計)	10

その後、50 年間の経営を通じて、利益が内部留保され、以下のような状況になったと考えられます。

（単位：百万円）

貸借対照表			
資産	350	負債	150
		資本金	10
		利益剰余金	190
（合計）	350	（合計）	350

　ここで、100％株主である甲社長が、A 社を買い手 Y 社に売却することを決定し、Y 社との価格交渉の結果、**売却価格は 4 億円**に決まったとしましょう。その場合、税負担は以下のように計算することができます。

【株式譲渡の場合】

　株式譲渡の場合、甲社長には、株主個人として譲渡所得に対する課税が生じます。

株主個人に対する所得税等
　　＝（譲渡収入－取得費－経費）× 20％
　　＝（400 百万円－ 20 百万円）× 20％
　＝ 76 百万円
　（注）取得費は、当初の出資額 10 百万円よりも、概算取得費 20 百万円（＝ 400 百万円× 5％）のほうが大きいため、概算取得費を使っています。
　（注）所得税には復興特別所得税が加算されるため、厳密には、所得税 15.315％と住民税 5％を合わせて、20.315％となります。

　対象会社には、法人税等の課税は生じません。株主が変わるだけです。

対象会社に対する法人税等
　ゼロ

【事業譲渡の場合】

　事業譲渡の場合、対象会社には、法人税等の課税が生じます。

対象会社に対する法人税等
　　＝（400 百万円－簿価純資産 200 百万円）× 30％
　　＝売却益 200 百万円× 30％
　＝ 60 百万円
　（注）中小法人の実効税率は 30％と仮定します。

　法人から株主個人に現金を渡さなければならないことから、甲社長には、株主個人として配当所得に対する課税が生じます。

2. 取引スキームの選択

残余財産の分配額
　　　＝ 400 百万円－法人税等 60 百万円
　　　＝ 340 百万円
株主個人に対する所得税等
　　　＝（分配額－資本金等）× 50％
　　　＝（340 百万円－ 10 百万円）× 50％
　　　＝ **165 百万円**
（注）オーナー社長個人は高額所得者であることを想定し、配当所得に対しても総合課税の最高税率である 55.945％（＝所得税率 45.945％＋住民税率 10％）が適用され、配当控除 6.4％（＝所得税率 5％＋住民税率 1.4％）となることを前提とし、税率は約 50％として計算します。

　これに加えて、事業譲渡の場合、買い手は営業権（税務上は資産調整勘定）を認識することができるため、買い手側の会社に営業権償却による節税効果が生じます。

買い手に対する法人税等の節税効果
　　　＝（400 百万円－簿価純資産 200 百万円）× 30％の節税（マイナス効果）
　　　＝ 200 百万円×▲ 30％
　　　＝**▲ 60 百万円**
（注）資産調整勘定は 5 年間の均等償却です。5 年間にわたり税務上の損金が計上されるため、課税所得が減り、実効税率 30％を乗じた法人税等が減少します。すなわち、節税効果は 5 年間かけて実現することになります。

【株式譲渡と事業譲渡の比較】

株式譲渡	株主個人に対する所得税等　76 百万円 対象会社に対する法人税等　ゼロ 買い手に対する法人税等の節税効果　ゼロ （合計）**76 百万円**
事業譲渡	株主個人に対する所得税等　165 百万円 対象会社に対する法人税等　60 百万円 買い手に対する法人税等の節税効果　▲ 60 百万円 （合計）**165 百万円**

　株式譲渡を採用した場合の税負担は **76 百万円**ですが、事業譲渡を採用した場合の税負担は **165 百万円**（＝ 60 百万円＋ 165 百万円－ 60 百万円）となりました。このように、最終的に株主個人に現金を渡すことを前提とするならば、株式譲渡を採用するほうが、税負担は軽くなるため有利になります。

　しかしながら、株式譲渡では、買い手側で営業権（税務上は資産調整勘定）を認識することができません。

【問2】

　ここで立ち止まって考えるべきことは、**M&A実行後の売り手個人の相続税対策**です。売り手個人は、M&Aの売却代金として多額の現金を受け取ることになりますが、その現金は個人で直接所有することができますし、法人を通じて間接所有することもできます。

　この点、相続税対策の観点からは、個人財産は直接所有するよりも、法人で間接所有するほうが有利になります。なぜなら、現金そのものの財産評価を引き下げることはできませんが、法人に係る非上場株式の財産評価は比較的容易に引き下げることができるからです。特に、**経営承継円滑化法の贈与税または相続税の納税猶予制度**を適用すれば、税負担をゼロにすることもできます（ただし、資産保有型会社等に該当することを回避しなければなりません）。

　そのように考えますと、事業譲渡で法人が受け取った売却代金を株主個人に分配すべきではありません。法人から個人へ現金を分配しますと、配当所得として重い所得税負担を伴うことに加え、その後に発生する相続の際に重い相続税負担が伴います。現金を法人に蓄えておき、その法人の非上場株式を個人が所有しておけば、重い税負担を回避することができます。

株式譲渡
法人を手放すケース
相続財産は**現金**

相続 → 妻と子供
相続税 重い

事業譲渡
法人が残るケース
相続財産は**非上場株式**

 株式

相続 → 妻と子供
相続税 軽い

対象会社

　このように相続税対策まで考慮しますと、上述の比較検討結果が変わってくるでしょう。なぜなら、事業譲渡に伴う全体の税負担が変わるからです。

【株式譲渡と事業譲渡の比較（相続税対策を考慮するケース）】

株式譲渡	株主個人に対する所得税等　76百万円 対象会社に対する法人税等　ゼロ 買い手に対する法人税等の節税効果　ゼロ （合計）　76百万円

	株主個人に対する所得税等　**ゼロ（分配しない）**
事業譲渡	対象会社に対する法人税等　60百万円
	買い手に対する法人税等の節税効果　▲60百万円
	（合計）ゼロ

　相続税対策を考慮するケースでは、株式譲渡を採用した場合の税負担は**76百万円**ですが、事業譲渡を採用した場合の税負担は**ゼロ**（＝60百万円－60百万円）となりました。このように、**事業譲渡を採用しても、その売却代金を株主個人に分配しないことを前提とするならば**、事業譲渡を採用するほうが、税負担は軽くなり有利だという結果となります。これは、事業譲渡では、買い手が営業権（税務上は資産調整勘定）を認識することができるからです。

【問3】

　買い手の立場から考えた場合、株式譲渡よりも事業譲渡が選好される傾向があります。事業譲渡を採用することによって買い手が営業権（税務上は**資産調整勘定**）を認識することができることは、M&Aにおける大きなメリットの1つです。

　一方、買い手による企業経営の観点からは、株式譲渡による買収は、対象会社の簿外債務や偶発債務まで引き継ぐことになるため、大きな問題となることがあります。

　一般的に、簿外債務や偶発債務を見つけるためには、財務デュー・ディリジェンスが必要となります。これによって、未払社会保険料や退職給付債務などの簿外債務を見つけ出すことが必要となります。

　しかし、財務デュー・ディリジェンスでも見つけ出すことができない偶発債務が存在するおそれがあります。中小企業はコンプライアンス意識が希薄であるため、残業代の未払いが偶発債務となって潜んでいるケースが多く見られますが、経営者が交代したことを契機として従業員がこの未払残業代の支払いを要求し始めるケースがあるでしょう。

　また、損害賠償責任や連帯保証債務などの偶発債務は、仮に見つけることはできても、それを価値評価して価格交渉に反映させることは困難です。

　結局、公認会計士がどれだけ多くの監査手続きを実施しても、簿外債務や偶発債務を漏れなく見つけ出すことは不可能なのです。加えて、中小企業の多くが平気で粉飾決算を行っているため、真実の財政状態および経営成績を明らかにするためには、膨大な時間と手間を費やして監査手続きを実施することになります。

　このように、対象会社の問題点を洗い出そうとしても、中小企業を対象としたM&Aでは、**財務デュー・ディリジェンスに費やすコスト（公認会計士の報酬）が、そのメリット（リスクの発見）に見合わないことが多い**のです。それゆえ、買い手は財務デュー・ディリジェンスの調査対象の範囲を限定し、コストを削減しようと考えます。

　また、株式譲渡で買収する場合、譲渡契約書には補償条項（主として表明保証違反に

基づく損害賠償請求）を規定することによってリスクヘッジを行うことになりますが、中小企業を対象としたM&Aの場合、譲渡代金が小さいことから、売り手個人が借入金返済や生活費などで受け取った現金をすぐに消費してしまい、十分な補償を行う資金が残されていないケースがほとんどです。つまり、株主個人と譲渡契約を締結したとしても、その**補償条項の実効性はない**と考えるべきなのです。

　以上のことから、簿外債務や偶発債務の承継を回避することを目的として、買い手は**事業譲渡**を選好することになります。事業譲渡によって、承継する資産および負債を限定すれば、財務デュー・ディリジェンスの対象となる資産および負債の範囲も小さくなり、公認会計士の報酬を安く抑えることが可能となります。

【参考】M&A後に残された法人に対する事業承継税制の適用

　全部の事業を譲渡してしまうと、M&Aで事業が引き継がれ、オーナー個人は、現金しか所有しない会社を所有することとなります。

　これに対して、**一部の事業だけを譲渡**するのであれば、オーナー個人は、受け取った現金に加えて、M&A対象外の事業が存続する会社を所有することとなります。つまり、会社は多額の現金と小さな事業を抱えることになります。

　そのような場合、多額の現金と小さな事業の承継に関して、**経営承継円滑化法の贈与税または相続税の納税猶予制度**（事業承継税制）を適用することが可能となります。

　この点、M&Aによって受け取った現金が多すぎる場合、法人が「**資産保有型会社**」または「**資産運用型会社**」に該当すると、納税猶予制度の適用を受けることができなくなるため、問題となります。

　資産保有型会社とは、贈与日の属する事業年度の直前の事業年度の開始日から納税猶予に係る期限確定日までの期間内において、次の①または③の合計額に対する②および③の合計額の割合が**100分の70以上**となる会社をいいます。

①　総資産の簿価
②　「特定資産」の簿価
③　経営承継受贈者および同族関係者が会社から受け取った配当金と過大役員給与額

「特定資産」

・有価証券およびみなし有価証券（**子会社が資産保有型会社または資産運用型会社に該当しない場合には、その子会社株式は除外します。**）
・遊休不動産および賃貸不動産
・ゴルフ会員権
・絵画、骨董品、貴金属
・現金および預金
・経営承継受贈者および同族関係者に対する金銭債権

---

2. 取引スキームの選択　271

一方、**資産運用型会社**とは、贈与日の属する事業年度の直前の事業年度の開始日から納税猶予に係る期限確定日までに終了する事業年度の末日までの期間内のいずれかの事業年度における総収入金額に占める特定資産の運用収入の合計額の割合が**100分の75以上**となる会社をいいます。

ただし、資産保有型会社又は資産運用型会社に**該当したとしても、次の要件を全て満たす場合**には、**事業承継税制の適用を受けること**が可能となります。

---

① 贈与日まで引き続き3年以上にわたり、商品販売その他の業務で財務省令に定めるものを行っていること
② 親族外従業員が5人以上勤務していること
③ 親族外従業員が勤務する事務所、店舗、工場その他の施設を所有または賃貸していること

したがって、一部の事業だけを譲渡するM&Aの場合、**残された会社がこれら3要件を満たす「小さな事業」を継続しているのであれば**、事業承継税制の適用が可能となるのです。全部の事業を譲渡するM&Aであれば、残された会社がまた一から事業をスタートすればよいでしょう（スモールM&Aで小さな事業を買収します）。この点において、M&A実行後の財産承継を検討する余地があると言えましょう。

3.
従業員と第三者の選択

第5章 第三者売却

事 例

甲社長（70歳）は、40年前に設立したA社（印刷業、従業員数10人、売上高3億円、当期純利益1千万円、純資産1億円、借入金5千万円）の創業者で、これまで代表取締役社長として頑張ってきました。

株主構成は以下の通りです。

株主名	持株数	持株比率
甲社長（代表取締役、70歳）	2,500株	25%
甲の妻（社外、65歳）	500株	5%
乙（常務取締役営業部長、40歳）	500株	5%
丙（専務取締役、65歳）	3,000株	30%
丁（監査役、65歳）	2,000株	20%
従業員持株会	1,500株	15%
合計	10,000株	

顧問税理士による株式の相続税評価@10,000円×10,000株＝1億円

甲社長には子供がいませんので、有望な若手である**乙部長（常務取締役営業部長、40歳、親族外の従業員）**が後継者として最適ではないかと考えました。しかし、乙部長は、生え抜きサラリーマンであり、顧問税理士が評価した**1億円**という評価の株式100％を買い取る資金がありません。甲社長は「私と妻の持株を合わせると30％になる。これであれば3,000万円で乙部長が買い取ることができるだろう」と考えています。その一方で、銀行からの借入金5,000万円について個人で連帯保証しており、この**保証債務**の承継についても気になるところです。

ある日、業界最大手のX社（上場）から「グループ傘下に入らないか」との提案がありました。専務取締役の丙氏によれば、「X社が導入した最新の印刷機械を使えば、当社の収益性は大幅にアップするだろう」とのことです。しかし、監査役の丁氏は、「X社の傘下に入れば、当社の工場は操業停止となり、従業員が解雇されてしまうおそれがある」と反対しています。

3. 従業員と第三者の選択 　273

ある日、メインバンクである信用金庫が、事業承継支援を専門とするあなたを連れて面談を行いました。

　あなたは甲社長との打ち合わせにおいて、今後の事業承継に関する提案を行います。

【問 1】

後継者を乙部長（常務取締役営業部長）とする場合、事業承継を進めるために検討すべき課題を列挙して下さい。

【問 2】

後継者候補であった従業員が経営者としての資質に欠き、後継者とすべきではないと判断された場合、事業を誰に承継すればよいでしょうか？

【問 3】

第三者へＡ社を売却することを決めた場合、最適な取引条件を実現するためにどのような戦術を使うべきか、提案してください。

—— 解 説 ——

【問 1】

　従業員承継で最初に検討すべきことは、後継者候補となる従業員が**「経営者」としての資質を持っているかどうか**です。その人が優秀であったとしても、従業員はこれまでサラリーマンでした。会社経営の経験はありません。優秀な営業マンが優秀な部長になれるわけではない、プレイヤーとマネージャーは異なると言われることがありますが、社長交代についても同様であり、優秀な従業員だからと言って、優秀な経営者になれるわけではありません。これについては、事業承継を決定した後、**後継者の能力を高めるための教育**が必要となります。OJT など社内での教育もあれば、後継者研修など社外での教育もあります。時間をかけて教育することも、先代経営者の仕事の１つでしょう。

　次に検討すべきことは、後継者候補となる従業員が、**株式買取資金**を持っているか、

保証債務を引き継ぐ覚悟があるかどうかです。

　株式買取り資金については、取得する株式数が問題となります。この点、社長としての支配権を確保するために持株比率は何％必要かという典型論点がありますが、理想的には100％であるものの、現実的には難しいケースもあることから、**3分の2超**を目指しつつ、最低でも過半数（議決権50％超）が必要だと考えるべきです。

　そうしますと、本事例で甲社長が考えている、自分（および妻）が所有する株式30％では足りず、他の株主が所有する株式も取得しなければなりません。現実的には、従業員持株会15％を除く、85％の買取りを行うこととなるでしょう。

　しかし、株式100％評価で1億円ですから、株式85％の買取価額は8,500万円です。この資金をどのように調達すればよいでしょうか。

　仮に、甲社長が「従業員はお金を持っていない。株式は安く売ってやるよ」と考えたとしましょう。たとえば、甲社長が相続税評価で1株1万円の株式を1株1,000円という割安価格で乙部長へ売却してもよいのでしょうか。

　このような考え方は、対税務署の関係において通用しません。譲渡所得の過小計上となるからです。従業員への事業承継は、純然たる第三者間の売買となるM&Aの場合と異なり、**税務上の時価**（この場合、個人➡個人ですから相続税評価額）を使って売買しなければいけません。

　この株式評価の問題については、親族内承継の場合と同様、株価引下げという対策が考えられます。退職金の支給によって特別損失を計上すれば、評価額は下がり、8,500万円の評価額を、たとえば半額の4,000万円程度まで下げるような対策が行われるケースがあります。

　株式評価額が引き下げられましたら、後継者である従業員の**資金調達**を考えます。その資金は、**日本政策金融公庫の**「事業承継・集約・活性化支援資金」の融資を使えばよいでしょう。これは、7,200万円まで（国民生活事業、中小企業事業では7億2,000万円まで）、返済期間20年（据置期間2年）で、事業承継に必要な資金を融資してもらえる制度です。同時に、経営承継円滑化法の金融支援の適用申請を行えば、通常よりも低い優遇金利が適用されます。

【問2】

　従業員を後継者にするつもりでいたとしても、最終的に経営者としての資質に欠けると判断されるケースもあります。そのとき他に候補者がいなければ、第三者に事業を承継すること、すなわち、**M&A**という選択肢を検討します。

　その一方で、従業員に経営者としての資質が十分あると判断されたとしても、経営環境が厳しくなり、事業存続に不安がある、成長を続けることが困難であると判断される場合、あえてM&Aを選択し、大企業グループの傘下で事業の存続を図るという選択肢もあります。特に、内需産業など業界再編が進んでいる業界では、このような選択肢

が採られるケースが多いようです。

　本事例においても、印刷業は、衰退産業である、単独の生き残りは厳しいと判断される可能性があるでしょう。事業の将来性に不安があれば、独立路線を維持することは得策ではありません。甲社長が引退した後、会社を経営するのは、甲社長ではなく後継者だからです。後継者に苦労させることがないよう、また、残された従業員の幸せを優先して考えるべきでしょう。業界最大手のX社にA社売却すれば、従業員の雇用維持も可能になると考えられます。

【問3】

　X社にM&Aで譲渡することを決めた場合であっても、いきなりX社と交渉を始めてはなりません。なぜなら、X社が最適な相手とは限らないからです。

　ここで一歩立ち止まって、業界全体を見回してみましょう。業界トップの企業、上場企業、M&Aに積極的な企業など、買い手になる可能性がある企業は他にも見つかるはずです。最終的に事業の引き継ぎは1社となりますが、最適な相手を見つけるため、買い手候補を幅広くリストアップすることが必要です。

　しかしながら、現経営者は、このような業界調査の仕事に慣れていないはずです。そこで、事業承継支援の専門家に依頼して、買い手候補のリストアップを依頼すべきです。

　この点、事業承継支援の専門家には、金融機関、M&A仲介業者、公認会計士、中小企業診断士が挙げられます。

　買い手候補をリストアップできましたら、次に取引条件交渉を開始します。取引条件交渉は、譲渡価額、譲渡スキーム、スケジュール、承継後の運営体制を決めることを目的とするものです。

　この点、交渉の進め方の戦術には、「**相対取引**」と「**競争入札**」の2種類があります。

　相対取引とは、交渉を「1対1」の関係で進め、合意できれば取引実行、合意できなければ破談となり、別の相手との交渉に乗り換えるというものです。これによれば、交渉を簡単に進めることができますが、比較対象とすべき他社からの条件を入手することができないため、買い手候補から提示された条件が最適なものであるのか否かを判断することができません。

　これに対して、競争入札とは、交渉を「1対多数」の関係で進め、そのうち1社と必ず合意し、取引を実行するというものです。これによれば、同時並行で進む複数の交渉をコントロールすることが難しくなりますが、同時に提示される複数の取引条件を比較検討することができますので、最も良い条件が提示された買い手候補を選ぶことによって、最適な相手を1社に絞ることができます。競争入札は、いわゆる「相見積もり」であり、最適な取引条件を獲得するために効果的な手法です（具体的な進め方は別の事例で説明します）。

4. M&A 売却の準備

事 例

　甲社長（70歳）は、50年前に設立したホテルX社（旅館業、従業員数150人、売上高50億円）の2代目社長であり、株式1,000株（発行済議決権株式の100％）を所有し、30年前に代表取締役社長に就任してから頑張ってきました。

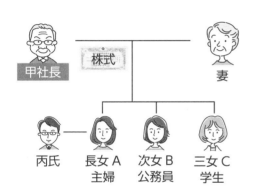

【甲社長の個人財産】
自社株式 5 億円
その他の財産 5 億円
（合計）10 億円

相続税額の試算＝約 3 億円
（相続人合計）

　引退を考えるようになった甲社長は、事業承継を考えましたが、長女A、長女B、長女Cいずれも経営意欲が無く、ホテル事業に全く関心を持っていません。そこで、甲社長は、長女Aの婿の丙氏（外部のサラリーマン）を入社させ、後継者にしたいと考えていました。

　しかし、妻や他の幹部社員は甲社長の考えには反対で、創業時から会社を支えてくれた乙取締役を後継者にすべきと考えていました。乙取締役は、高い営業力を持ち、経理や財務にも精通していることから、経営者としての適性を有していると考えられています。

　しかし、地元の名士である甲社長一族の知名度は非常に高く、政治家など一流の人脈を持つため、乙取締役は、偉大な創業家から家業を引き継ぎ、社長の地位を継ぐには、明らかに自分の器量が小さく、「自分は経営者には向いていない」と明確に拒否していました。

　X社は5年前に売上がピークを迎えた後、会社の業績は毎年悪化しており、甲社長が自力で回復させることが困難な状況です。しかも、今年に入って、大雨の影響で建物の一部が壊れる被害がありました。そのせいで3ヶ月休業することと

なり、売上が激減しています。

	3 期前	2 期前	前期
売上高	70 億円	65 億円	60 億円
営業利益	7,000 万円	4,000 万円	2,500 万円
当期純利益	2,500 万円	1,500 万円	1,000 万円

前期の減価償却費 3,200 万円
現金預金 1 億 5,000 万円、運転資本（＝営業債権—営業債務）5,000 万円、
事業用不動産 10 億円、保険積立金 5,000 万円、銀行借入金▲ 3 億円
簿価純資産 9 億 5,000 万円、資本金 3,000 万円、法人税等 30%

　この被害の修復を含めて心身ともに疲労した甲社長は、ホテル経営のリスクを感じるとともに、体力と気力の限界に来たと悟りました。そこで、甲社長は、第三者売却（M&A）の検討を開始し、事業承継支援の専門家であるあなたに相談しました。

　あ な た：「後継者には乙取締役が最適だと、他の幹部社員の方々がおっしゃっていますよ、（　ア　）を使えば、不動産から事業を切り離すことができ、資金負担を軽くして乙取締役に承継させることができますよね、それではダメなのですか？」

　甲 社 長：「できれば乙取締役に継いで欲しいですよ、しかし、彼自身が社長はやりたくないと言うのです」

　あ な た：「そうですか、乙取締役の気持ちが変わることを期待しつつ、M&Aを検討することにしましょう。甲社長の**希望する売却価格**はいくらですか？」

　甲 社 長：「正直なところ、できるだけ高い金額で売却できればうれしいです。具体的な金額は考えていません。先生から見て、うちの事業はいくらで売れそうですか？」

　あ な た：「M&A は買い手から見ると大きな投資ですから、事業価値に見合う金額で評価されるべきでしょう。買い手から見て、貴社の事業は安定しており、長期的な経営が可能であるとすれば **DCF 方式**を使って評価します。逆に、貴社の事業はリスクが大きく、短期的に投資回収すべきとするのであれば **M&A 仲介業者方式**を使って評価するでしょうね」

　甲 社 長：「わかりました。M&A では、買い手が投資回収するという観点から計算するのですね。それらの方法で当社の株式価値を試算してみ

ていただけませんか？」

あ な た：「まず、DCF方式で評価しましょうか。税引後営業利益が約1,800
万円（注）ですので、（　イ　）を足し戻して**簡易キャッシュ・フロー**
を計算しますと、約5,000万円になりますね。近いうちに設備投
資は予定されていますか？」

（注）1,800万円 ÷ 2,500万円 ×（1 － 法人税等30％）

甲 社 長：「投資といいますか、台風の被害を受けましたので、前倒しで大規
模修繕を実施すべき状況にあります。来年改修工事を行う予定で、
その予算は5,000万円です」

あ な た：「そうですか、ホテルの修繕によってお客様からの人気が回復する
といいですね。非事業用資産である現金預金と（　ウ　）ですが、
含み益はありますか？」

甲 社 長：「（　ウ　）を解約しますと、1億円の現金を受け取ることができます」

【問1】

（　ア　）（　イ　）（　ウ　）に入る用語は何でしょうか。

あ な た：「わかりました。そうしますと、DCF方式による株式評価額は、約
4億円になりそうです」

甲 社 長：「ちょっと待ってください、先生。純資産が10億円近くあるのに
株価が4億円ってどういうことですか？」

【問2】

X社株式の評価額が、DCF方式によれば4億円となり、簿価純資産の
10億円を下回るのはどういう状況なのか、説明してください。ただし、
割引率（要求利回り）は10％が想定されているものとします。

あ な た：「リゾートホテルを巡る現在の競争環境が厳しくなってきています
から、これまでと同じ事業のやり方では存続することすら厳しいか
もしれません。仮に営業を停止するとすれば、不動産はいくらで売
れますか？」

甲 社 長：「建物3億円は、旧耐震基準ですので、いずれは建て替えないとい
けません。土地も含み損が2億円くらいあるのですが、売れないこ

4. M&A 売却の準備　279

とはないでしょう。そうすると、不動産（建物＋土地）の**時価**は概ね5億円くらいでしょうか」

あなた：「そうですか、土地を保有しているのは強いですね、それだけで資産価値が維持できますから。中小企業M&Aでよく使われる（　エ　）で評価しますと、6億円を超える評価になりそうです。したがって、売却価格の目線は、**4億円から6億円**ということになりそうですね」

【問3】

X社株式の評価額が、（　エ　）によれば約6億円となり、簿価純資産10億円を下回るものの、DCF方式4億円よりも高い評価となりました。（　エ　）による株式評価の計算過程を説明してください。

甲社長：「売却価格がその水準であれば、私としても満足できます。しかし、売ったときに税金が課されますよね？株式譲渡を行った場合、税金と手取額はどうなりますか？」、

「ちなみに、生命保険は私の退職金の財源となることを想定して加入していたのですが、もしこれで**退職金を1億円**支払う場合には、税金と手取額はどうなります？」、

「それから、**退職金1億円**を支払った後で株式譲渡する場合、税金と手取額はいくらになりますか？」

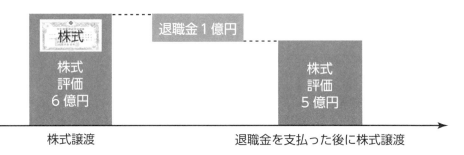

【問4】

株式評価額（退職金支払い前）が6億円であることを前提にして、仮に退職金は一切支払わずに株式譲渡を行う場合、**株式譲渡**に係る税金と手取額を計算してください。

【問 5】

現状の株式評価額（退職金支払い前）が 6 億円であることを前提にして、**退職金**に係る税金と手取額、退職金を支払った後の株式譲渡に係る税金と手取額を計算してください。ただし、所得税等の税率は 40％として計算してください。

- -

あ な た：「株式評価が 4 億円〜6 億円でしたので、希望売却価格は 6 億円で提示することとしましょう。次に買い手候補へ買収の提案を行うことになりますが、甲社長のお知り合いの同業者で、貴社の事業を引き継いで欲しいと思う人はいますか？」

甲 社 長：「これからのホテル経営は当社の規模ではやっていけません。資金力のある大手ホテルチェーンの H リゾート社の傘下に入るのがいいと思います。H 社長であれば、新しいアイデアを持ち込んで経営革新してくれるでしょう。当社の従業員も、H リゾート社の社員になることができれば、雇用は一生安泰でしょう」

あ な た：「確かに H リゾート社は最も有力な買い手候補です。しかし、H リゾート社が甲社長にとって最も有利な取引条件を実現する相手であるかどうかわかりません。また、H リゾート社から提示される金額だけ見ても、X 社の評価として妥当な金額なのか判断することができません」

甲 社 長：「それではどうすればいいのでしょうか。H リゾート社ではダメなのですか？」

あ な た：「M&A 提案を持ち込む相手は、とりあえず、甲社長が想定する H リゾート社と、最近急速に伸びてきている AP 社の 2 社ということにしましょう。甲社長は H 社長とお知り合いとのこと、連絡を取っていただくことはできますか？」

甲 社 長：「はい、H 社長とは飲み会で一度ご一緒したことがありますので、電話してアポを入れることはできます。しかし、AP 社とは何ら関係がないため、連絡しようがありません」

あ な た：「わかりました。それでは、AP 社に関しては私にお任せください。提携している都市銀行の M&A チームを通じて提案を持ち込みたいと思います」

- -

4. M&A 売却の準備　281

【問6】

事業承継支援の専門家であるあなたは、買い手候補へ M&A 提案を持ち込むことになりました。どのようなアプローチ方法が考えられますか？

── 解 説 ──

【問1】

（　ア　）事業譲渡

（　イ　）減価償却費

（　ウ　）生命保険契約（保険積立金）

【問2】

　貸借対照表の資産は、過去の取得原価で記録されており、将来のキャッシュ・フローを意味するものではありません。事業用資産10億円は、ホテルの建物、土地、設備などが計上されているものと考えられますが、それが生み出す将来キャッシュ・フローの割引現在価値は9億円を下回るのです。近年は、業績が低迷しているうえに、大規模修繕が目前に控えているため、将来キャッシュ・フローは小さくなると予想され、**DCF方式**による株式の評価額が低くなったと考えることができます。

（試算過程）

　仮に、割引率を10%とすると、

　（**簡易キャッシュ・フロー**5,000万円÷10%）－修繕費5,000万円＝事業価値4億5,000万円

　事業価値4億5,000万円＋非事業用資産（現金預金1億5,000万円＋生命保険（時価）1億円）－銀行借入金3億円＝**株式価値4億円**

【問3】

（　エ　）M&A 仲介業者方式

　M&A 仲介業者方式は、**時価純資産＋営業権（営業利益×3年〜5年分）**と計算する方法です。これは、継続企業を前提とはせず、3年から5年後に廃業して清算することを前提にしますので、土地の時価を株式評価に反映させることになります。DCF 方式

では、事業用資産を個別に時価評価することはありません。

（試算過程）

事業用資産（時価）＝ 10 億円 − 建物除却損 3 億円（価値ゼロ）− 土地含み損 2 億円 ＝ 5 億円

営業権 ＝ 2,500 万円 × 3 年〜5 年分 ＝ 7,500 万円〜1 億 2,500 万円

時価純資産 ＝ 現預金 1 億 5,000 万円 ＋ 運転資本 5,000 万円 ＋ 事業用資産（時価）5 億円 ＋ 生命保険（時価）1 億円 − 銀行借入金 3 億円 ＝ 5 億円

時価純資産 ＋ 営業権 ＝ **株式価値 5 億 7,500 万円〜6 億 2,500 万円**

【問 4】

退職金を支払わないとすれば、売却価格は 6 億円のままです。取得費 3,000 万円ですから（資本金の額）、譲渡所得 5 億 7 千万円に税率 20％を乗じた所得税等は **1 億 1,400 万円**、手取額は **4 億 8,600 万円**となります。

（試算過程）

（6 億円 − 取得費 3,000 万円）× 長期譲渡 20％ ＝ 所得税等 1 億 1,400 万円

手取額 ＝ 6 億円 − 1 億 1,400 万円 ＝ 4 億 8,600 万円

【問 5】

退職金 1 億円に係る所得税等は **1,700 万円**、手取額は **8,300 万円**となります。

（試算過程）

退職所得控除額 ＝ 800 万円 ＋ 70 万円 ×（30 年 − 20 年）＝ 1,500 万円

退職所得 ＝（1 億円 − 1,500 万円）× 1/2 ＝ 4,250 万円

所得税等 ＝ 4,250 万円 × 40％ ＝ 1,700 万円

手取額 ＝ 1 億円 − 1,700 万円 ＝ 8,300 万円

退職金 1 億円を支払うと、株式価値が約 1 億円低下するため、売却価格は 5 億円となります。取得費 3,000 万円ですから（資本金の額）、譲渡所得 4 億 7 千万円に税率 20％を乗じた所得税等は **9,400 万円**、手取額は **4 億 600 万円**となります。

（試算過程）

（5 億円 − 取得費 3,000 万円）× 長期譲渡 20％ ＝ 所得税等 9,400 万円

手取額 ＝ 5 億円 − 9,400 万円 ＝ 4 億 600 万円

4. M&A 売却の準備　283

	内訳	所得税等	手取額
退職金を支払わない	譲渡対価 6 億円	1 億 1,400 万円	**4 億 8,600 万円**
退職金を支払う	退職金 1 億円	1,700 万円	8,300 万円
	譲渡対価 5 億円	9,400 万円	4 億 600 万円
	（計）	1 億 1,100 万円	**4 億 8,900 万円**

　以上のように、譲渡対価の一部を退職金として支払うことによって税負担が軽くなり、手取り額が 300 万円だけ大きくなります。

【問6】

　買い手候補の絞り込みが終われば、次は買い手候補にアプローチする段階となります。初期的な M&A 提案を行う方法として、以下の4つの方法があります。どれを採用するかはそのときの状況によって異なりますので、M&A アドバイザーと現経営者が検討して決めることになります。

> 売り手の経営者が自らアプローチする方法

> M&A アドバイザーがアプローチする方法

> 金融機関を通じてアプローチする方法

> M&A 仲介業者に丸投げする方法

　第1の方法は、**現経営者（社長）によるアプローチ**です。M&A の提案は、日常的な営業トークとは全く次元が異なる機密事項であるため、従業員を通じて話すようなものではなく、売り手と買い手のトップ（社長）同士が直接話すべきものです。このような重要な提案を行うわけですから、M&A アドバイザーなどの第三者を通じて行うのではなく、経営者同士の人間関係を通じたアプローチが原則です。アプローチを受けた買い手候補の経営者は、身近な同業者を対象とする M&A であれば、どのような場合でも真摯に対応するはずです。

　この点、「機密情報を扱うからこそ、M&A アドバイザーが代理人として提案を持ち込むべきだ」という見解もあります。しかし、提案を受ける買い手側の立場からすれば、M&A という極めて重要な話に、当事者でもない第三者を間に入れる必要性を理解でき

ないケースのほうが多く、「本気で M&A を考えているならば、なぜ社長が自ら相談に来ないのか」と不信感を持たれるデメリットのほうが大きいのです。

最初の経営者同士のトップ・ミーティングで、M&A の検討に入ることに合意することさえできれば、それ以降の実務手続きは、M&A アドバイザーに任せてしまっても構いません。現経営者が細かい実務手続きまで関与する必要はありませんから、具体的な交渉段階に入った後は、社内で M&A 実務担当者を任命し、M&A アドバイザーとの二人三脚で実務手続きを進めさせることになります。

第 2 の方法は、**M&A アドバイザーによるアプローチ**です。しかし、中小企業診断士など個人の M&A アドバイザーは、狭い営業活動と人脈しか持たないため、これまでの関係性が全くない会社へ初めてアプローチするケースも出てくるはずです。その場合の具体的な手段は、生命保険の営業マンが行うようなコールド・コール（代表番号への電話）や、飛び込み訪問となります。そのような手段をとることになっても、M&A 提案であれば正面から拒絶されるケースは少なく、丁寧に対応してもらえるものと思われます。M&A が身近で関心の高い話になったということです。

第 3 の方法は、**金融機関を通じたアプローチ**です。個人の M&A アドバイザーが自力でのアプローチを断念し第三者の情報力に頼るのであれば、金融機関に依頼することが最適です。既存の取引先であれば、金融機関は比較的容易に経営者のアポを入れることができます。買い手候補が M&A に積極的な上場企業であれば、社内に専任の M&A 担当者を設け、M&A 案件の持ち込みを日々待ち構えていることもあるでしょう。

金融機関のうち銀行は、融資を本業としており、顧客の M&A は融資機会を獲得するチャンスであると捉えます。それゆえ、一般的に銀行は買い手側の M&A アドバイザーに就きたいと考えます。利益相反取引が禁じられている銀行は、売り手側か買い手側のいずれか片側の M&A アドバイザーにしか就くことができませんが、大きな収益チャンスを得るには、当然ですが、買い手側に就くことを好みます。

4. M&A 売却の準備　　285

金融機関を通じたアプローチ

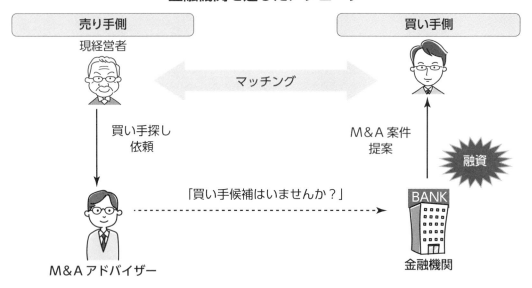

　第4の方法は、**M&A仲介業者へ丸投げすること**です。個人のM&Aアドバイザーが自力でのアプローチを断念して第三者に頼る場合、これが最後の手段となります。商工会議所などに設けられている「事業引継ぎ支援センター」への持込みも、M&A仲介業者への丸投げと同じ取扱いとなります。

　M&A仲介業者は、売り手と買い手の両方と契約して、実務手続きを全てコントロールしようとするため、いったん紹介してしまうと、もはや事業承継の専門家という立場でアドバイスする余地が無くなります。その結果、お客様へのアドバイスは全て丸投げすることとなり、結果として、M&A仲介業者から紹介料（相場は30％）をもらうだけの立場となります。

　この方法によれば、ほとんど手間がかからず、ラクして比較的大きな紹介料収益を得ることができます。それゆえ、多忙な税理士など、自らM&A業務を遂行することを好まない専門家が利用する方法となっています。現状では、中小企業M&A案件の半数以上でこの方法が採られていると考えられます。

5. M&A 売却の競争入札

事例

甲社長（70歳）は、40年前に設立したホテル運営X社（旅館業、従業員数50人、売上高20億円、当期純利益500万円）の2代目社長であり、株式1,000株（発行済議決権株式の100％）を所有し、30年前に代表取締役社長に就任してから頑張ってきました。

引退を考えるようになった甲社長は、親族内承継と従業員承継を断念し、第三者売却（M&A）へ進めることとし、事業承継の専門家であるあなたにM&Aのアドバイスを依頼しました。

（X社のオフィスにて）

あなた：「有力な買い手候補であるHリゾート社は甲社長が直接連絡を取ってください。私が同行訪問します。一方、AP社については、来週、私が銀行のM&Aチームと同行訪問して先方の乙社長と面談し、M&A提案を行ってきます」

甲社長：「そうですか、よろしくお願いします」

【問1】

M&Aを支援するあなたが買い手候補へM&A提案を持ち込む際、どのような**提案書**を使って提案しますか？

（後日、AP社のオフィスにて）

あなた：「本日はご提案の機会をいただき、ありがとうございます。私は、売り手のM&Aアドバイザーに就任した中小企業診断士の岸田康雄と申します」

乙社長：「当社は、M&Aを重要な成長戦略と位置づけています。貴重なM&A案件をご紹介いただき、ありがとうございます」

あなた：「こちらの提案書を御覧いただきながら、本件の概要をご説明させ

ていただきます。今回は、会社名は非開示とさせてください」

↓　10分程度の説明

乙　社　長：「なるほど、このホテルは、当社 AP グループのホテルの空白地帯
　　　　　　にありますし、外国人向けに改装することで業績を改善できる可能
　　　　　　性が高いです。ぜひ詳細に検討させてください。会社名を教えてい
　　　　　　ただけますでしょうか？」
あ　な　た：「承知しました。それでは、明日書類を郵送させていただきますので、
　　　　　　（　ア　）契約書をご締結ください。そのうえで、対象事業の情報
　　　　　　をまとめた（　イ　）を開示させていただきます」

- -

【問2】

あなたは、M&A 提案した買い手候補から、「買収を検討したい」との
回答を得ました。（　ア　）と（　イ　）の空欄を埋めたうえで、次に
対象事業の情報を開示する際に、あなたが進めるべき M&A プロセス
を説明してください。

- -

（後日、また X 社のオフィスにて）
あ　な　た：「AP 社の乙社長は、前向きに検討したいとのことでした。秘密保持
　　　　　　契約を締結しますので、貴社の情報を開示してもよろしいでしょう
　　　　　　か？」
甲　社　長：「そうですか、それはよかった。ぜひ進めてください。どんな情報
　　　　　　を開示することになりますか？」
あ　な　た：「事業（会社）の概要、組織の概要、財務情報、事業計画です。こ
　　　　　　れらをまとめたパッケージを作って、提供することになります。甲
　　　　　　社長は**高く売却したい**というご意向を持っておられますから、魅力
　　　　　　的な事業計画を出すことが重要です。5 年分の損益予測で、貴社の
　　　　　　ホテル事業が成長することをアピールしなければいけません」
甲　社　長：「当社は単年度の予算は作っているのですが、5 年分の計画は作っ
　　　　　　ていません。仮に作ったとしても、先生もご存知のようにここ数年
　　　　　　業績が低迷しているので、苦しい数値になるでしょう」
あ　な　た：「それでは、今から業績回復のシナリオを描いたうえで、5 年分の
　　　　　　事業計画を一緒に作りましょう。私が指導します」

- -

【問 3】

「高く売りたいのであれば、事業計画が重要」だと言われることがありますが、それはなぜでしょうか？また 5 年分の事業計画として、売上高からキャッシュ・フローまで予測するとしたとき、その計画の作り方を説明してください。

（後日、また AP 社のオフィスにて）

　あ な た：「先日お渡しした情報に基づいて、買収をご検討いただけましたでしょうか」

　乙 社 長：「ホテルの現場責任者にも見せて検討させましたが、当社とのシナジー効果が大きいため、X 社様には、ぜひ当社 AP グループの仲間に入っていただきたいと考えております」

　あ な た：「そうですか、それでは**意向表明書**（Letter of Intent、LOI「エル・オー・アイ」）を提出いただけますでしょうか。実は、本件、他にも関心を持っていただいた買い手候補がいますので、私が窓口となって競争入札の形式を採らせていただきます。**意向表明書**の記載要領のご案内状（インビテーション・レター）を郵送しますので、よろしくお願いします」

　乙 社 長：「何ですか？他社にも提案しているのですか？」

【問 4】

買い手候補は、M&A で複数の候補先と競わされることを嫌がります。しかし、M&A アドバイザーであるあなたは、売り手であるお客様の利益最大化に資する助言を行うことが職業的義務であると考え、複数の買い手候補を競わせることとしました。その際、買い手候補の選考プロセスはどのように進めるべきでしょうか？「**ロング・リスト**」と「**ショート・リスト**」という単語を使って説明してください。

【問 5】

買収に関心のある買い手候補が「**意向表明書**」に記載すべき事項は何でしょうか。

----

5. M&A 売却の競争入札　289

（AP 社のオフィスにて）

あ な た：「X 社甲社長によれば、X 社の事業価値を最も高く評価してくださる方に譲りたいとのこと、最適な買い手を探すため、複数の買い手候補を募らせていただきました。貴社は最も有力な買い手候補です」

乙 社 長：「そうですか、当社を選定していただくとうれしいですね。ところで、売り手の**希望売却価格**はいくらですか？」

あ な た：「甲社長の意向はまだ確定していませんが、M&A アドバイザーとしての私の立場から申し上げるとすれば、適正な売却価格は 6 億円だと考えております」

乙 社 長：「そうですか、わかりました。当社の顧問税理士に相談して、適正な買収価格を計算してみることとします」

【問 6】

買い手候補から売り手の希望売却価格を質問されましたが、競争入札するのであれば、明確な金額をここで提示すべきでないという見解もあります。買い手候補からの意向表明に先立って希望売却価格を提示すべきか否か、あなたの考えを述べてください。

（後日、また X 社のオフィスにて）

あ な た：「AP 社と H リゾート社の両方から**意向表明書**が提示されましたね。H リゾート社からの提示額は 3 億円、AP 社からの提示額は 4 億円、いずれも株式譲渡を希望するとのことでした」

甲 社 長：「そうですか、想定していた売却価格よりも低いですね。彼らは当社の事業価値を適切に評価できていませんよ」

あ な た：「彼らはいずれも買収に強い意向を表明していますから、交渉すれば価格を引き上げることが可能だと思います。価格交渉しますので、私にお任せください」

【問 7】

売り手にとっての**価格交渉力**とは何か、説明してください。今後、2 社のうち 1 社を決定する価格交渉プロセスはどのようなものになるでしょうか。

【問 8】

本件では**意向表明書**が 2 社から提出されましたが、仮に 1 社しか提出されなかった場合、最終的に合意する売却価格はどのようなものになるでしょうか？

—— 解 説 ——

【問 1】

最初に買収提案を持ち込む際に作成すべき提案書は、「**会社概要書**（事業概要書）（Teaser：ティーザー・シート）」です。初期の段階では情報管理を優先し、会社名を伏せた（ノンネームの）概要書を用いて提案が行われることになります。ノンネームであっても、事業の概要だけでも伝えることができれば、買い手候補は初期的な関心の有無くらいは返すことができるはずです。このような匿名のアプローチは、売り手が**M&A アドバイザー**を雇うことによって可能となる方法です。会社名を見透かされないギリギリのところまで情報を開示し、効果的なプレゼンテーションを行うことによって買い手候補の関心を引き出します。

会社概要書（ティーザー・シート）の記載事項

- ・売却する理由
- ・事業内容
- ・設立年月日、簡単な沿革
- ・本店所在地（都道府県名までに）
- ・売却対象となる株式の数、持株比率（株式譲渡の場合）
- ・事業所（本社、主たる営業所・工場、子会社）と従業員数
- ・業績推移（直近 3 期分の主要な財務情報、たとえば、売上高、営業利益、EBITDA、総資産額、純資産額、純有利子負債の額）
- ・取引スキーム（株式譲渡または事業譲渡）
- ・回答期限と M&A アドバイザーの連絡先

買収提案を行った後、買い手候補には、通常、2〜3 週間の検討期間を与えます。会社概要書（事業概要書）に関心を持った買い手候補からは、その間に質問がくるはずですから、M&A アドバイザーは可能な範囲において回答します。

5. M&A 売却の競争入札　291

実際のところ、会社概要書（事業概要書）を見せて提案しても、関心を示す買い手候補の数は、意外と少ないものです。大手上場企業には毎日のように M&A 案件が持ち込まれますが、検討に値するものはほとんどなく、具体的に交渉に入るものは僅かであるといわれています。

1つの買い手候補の検討が長引くようなときは、結果的に「見送り」とされる可能性が高いと判断し、すぐに別の買い手候補への提案に切り替えなければいけません。買収に強い関心を持った買い手候補であれば、検討期間を長引かせるようなことはなく、短期間で反応を返してくるはずです。反応の速さで関心の強さの度合いを判断すればよいでしょう。

【問 2】

（　ア　）秘密保持（NDA）
（　イ　）インフォメーション・メモランダム（IM）

買収提案を持ち込んだ買い手候補が関心を表明した場合、次に対象事業の情報をまとめて開示することになります。この開示情報一式のことを **「インフォメーション・メモランダム」** といいます。

提案を持ち込んだ買い手候補から「関心がある」と回答された場合、次に、買い手候補が買収するか否か、いくらで買収するかを検討するに足る情報をインフォメーション・メモランダムを通じて開示することになります。

そこで、情報開示を行う際、必ず **秘密保持契約** を締結しなければなりません。M&A という機密情報の漏えいを防ぐためです。この点、M&A に慣れていない買い手候補から、以下のように言われることがあるかもしれません。

　　「実際に交渉に入ることができるかどうかわからないので、具体的な資料をある程度見せてもらってから、秘密保持契約を締結するかどうか決めたい」

　　「社内手続が面倒なので、秘密保持契約は勘弁してほしい」

このように難色を示す買い手候補は、M&A に対する真剣さが乏しく、取引実行まで進む可能性が低いと考えるべきです。それゆえ、無理に秘密保持契約の締結を求める必要はなく、M&A 提案そのものをその時点で中断したほうがよいでしょう。秘密保持契約は、買い手候補の真剣さを確かめる「踏み絵」でもあるのです。

秘密保持契約のひな型

秘密保持に関する誓約書

　○○株式会社（以下、「当社」という。）は、△△株式会社（以下、「貴社」という。）に対し、以下に定める本件に関して情報の開示を受けるにあたり、下記の事項を遵守することを誓約いたします。

> 【注意点】
> 売り手のお客様の手間を省くため、買い手候補からの一方的な差入型とします。買い手候補から要求されたときは双方調印型でも構いません。

第1条　定義
　本誓約書でいう秘密情報とは、本誓約書差し入れの事実、並びに貴社が検討している□□の売却等（以下、「本件」という。）に関し、貴社から当社に対し文書、口頭、磁気ディスク又はその他の媒体により開示される情報（貴社のM&Aアドバイザーを通じて開示される情報並びに貴社が本件を検討している事実を含む。）をいいます。

> 【注意点】
> 買い手候補は守秘義務の範囲を最小限に抑えたいと考えますので、「書類に【秘密情報】と明記したものだけを秘密情報とする。」といった修正案を返してくるケースがあります。しかし、すべての情報を紙に印刷して「秘密情報」のスタンプを押すなどの煩雑な作業は実務的に困難であるため、そのような修正案を受け入れることはできません。

第2条　秘密情報の利用目的
　当社は、秘密情報を、当社が本件の実行等を検討する目的のみに使用するものとします。

第3条　秘密保持
1. 当社は、本契約締結の内容及び秘密情報を第三者に開示しないことに同意します。ただし、以下の各号の一に該当する場合はこの限りではありません。
   (1) 本件の実行等を検討するため目的のために秘密情報の開示を受ける必要のある当社の取締役及び従業員、並びに当社が委嘱する弁護士、公認会計士、税理士及びM&Aアドバイザー（以下、総称して、「開示可能対象者」といいます。）に対して、当社が負う守秘義務と同程度の義務を課したうえで開示する情報

> 【注意点】
> 買い手候補がM&Aアドバイザーを雇った場合、M&Aアドバイザーに対する情報開示に伴う責任は、買い手候補が負担することになります。

   (2) 貴社から事前に承諾を得た情報開示先（以下、「情報開示先」という。）に対して、当社が負う守秘義務と同等の義務を課したうえで開示する情報
   (3) 本誓約書差し入れ前に既に公知となっている情報又は差し入れ後に貴社若しくは当社の責によらず公知となった情報
2. 当社が前項の規定に基づき秘密情報を開示したことにより、開示可能対象者及び情報開示先以外の第三者に対して秘密情報が開示・漏洩され又は目的外利用された場合の責任は、当社の過失の有無に拘らず当社が負うものとします。
3. 当社は、本条第1項の定めに拘らず、法令若しくは規則に基づき、又は政府、所轄官庁、規制当局、裁判所による要請に応じて秘密情報を開示することが必要な場合には、開示を行うことができることとします。この場合、当社は貴社の要求に従い、秘密情報の開示先、

5. M&A売却の競争入札

開示内容等について速やかに貴社に報告いたします。

第4条　秘密情報の管理

1. 秘密情報の漏洩を防止するため、当社は、秘密情報の複写、秘密情報の書面化及びその複写、秘密情報の電子化及びその複写、磁気ディスクその他媒体への入力については、本件を検討するために必要な範囲で行うものとします。

2. 当社は、秘密情報、秘密情報を書面化したもの及び秘密情報を電子化したものその他秘密情報が含まれている電子媒体並びにこれらを複写したもの（以上を総称して「秘密情報等」という。）について、第三者への漏洩又は目的外使用がないように管理するものとします。

第5条　秘密情報等の廃棄、消去、返却

理由の如何を問わず、本件が終了したときは、当社は、貴社より開示された秘密情報等を破棄、消去し、又は貴社に返却しなければならないものとします。

第6条　有効期間

本誓約書の有効期間は、本誓約書差し入れの日から3年間とします。

> 【注意点】
> 買い手候補が期間の短縮を要求してくることもありますが、短くするとしても2年間でしょう。

第7条　損害賠償

当社は、その責めに帰すべき事由に基づき本誓約書に定める義務に違背した場合には、貴社及び貴社の関連会社に生じた一切の損害を賠償するものとします。

第8条　協議解決

本誓約書の解釈その他の事項につき生じた疑義および本誓約書に規定のない事項については、貴社及び当社双方が誠意を持って協議の上、解決するものとします。

第9条　準拠法及び管轄裁判所

本誓約書の準拠法は日本法とします。本誓約書に関する紛争等について協議により解決することができない場合、東京地方裁判所を第一審の専属的管轄裁判所とするものとします。

本誓約書は正本1通を作成し、貴社宛てに差し入れ、その写しを当社で保管するものとします。

2019年1月○日

会社名　㊞

　　同じ業界内でのお付合いがある経営者同士の会話では、同業者のM&Aの話題がよく出ると言われます。経済界の頂点を支える経営者同士のつながりは、巷の人間同士を縛る守秘義務を超越した、高い次元に存在しているため、彼らが秘密保持義務を意識して話すようなことはありません。経営者同士の会話では、M&A情報が公然と開示されている状況にあると考えるべきでしょう。

　　したがって、現実的には、一定の情報漏洩を避けることはできないと考えるべきです。

情報漏洩があったときに、その相手方を守秘義務違反で訴えたとしても、損害額を立証することは困難でしょう。

秘密保持契約を締結したならば、M&A アドバイザーは、買い手候補に対して、インフォメーション・メモランダムを開示し、その内容を説明します。インフォメーション・メモランダムとは、対象事業を買収するかどうか、**買収価格をいくらにするか**、検討するために必要な情報を一式まとめたパッケージをいいます。買収価格は、買い手候補にとって極めて重要な取引条件ですから、必要十分な情報が提供され、買収の意思決定を後押しするような魅力的な情報でなければいけません。

ただし、この段階では買い手候補と条件交渉を始めると決めたわけではありませんので、対象事業の情報を洗いざらいさらけ出す必要はありません。たとえば、製造業の場合には、工場の製造原価や工程レイアウト図などの機密事項や、工場の土壌汚染などの深刻なマイナス情報は、極めて重大な企業秘密ですから、後から実施されるデュー・ディリジェンスに入るまでそれらを開示する必要はありません。

インフォメーション・メモランダムの一般的な記載内容は、製造業を前提とすれば、以下のようになります。開示書類の作り方に決まったフォーマットはありませんが、投資銀行のバンカーが作るように Power Point を使ったプレゼン資料を作成し、ビジュアル的にも美しく体裁を整えた上で製本して提出すべきでしょう。そこまで丁寧に作成する時間的余裕がない場合には、売り手の現経営者が用意した書類一式をコピーし、バインダーに綴り込んで提出することでも構いません。

ただし、**「事業計画」** の説明資料だけは、その見せ方に工夫しなければなりません。事業計画は、経営者へのヒアリングに基づき、3 年から 5 年の損益予測として開示されることになりますが、数値データ（およびグラフ）だけでなく、その根拠となる事業戦略やアクションプランも同時に説明し、効果的なプレゼンテーション資料としてまとめておくべきでしょう。

インフォメーション・メモランダムの構成

(1) 会社概要（設立年月日、沿革、株主構成などの基本情報、会社パンフレットなど）

(2) 事業の概要
- 業界動向の分析（競合他社の説明、市場占有率）
- 製品カタログ、製品の強みを説明
- 商流図、事業系統図、子会社との資本関係
- 主要な固定資産（土地、建物、機械設備など）のリスト
- 事業別・地域別・製品別売上高明細書
- 得意先リスト（売上高上位）
- 仕入先リスト（仕入額上位）
- 許認可、知的財産権のリスト

5. M&A 売却の競争入札　295

(3) 組織の情報

- 組織図（各部署ごとの人数）
- 経営陣の紹介（担当職務、略歴）
- 従業員（名前は個人情報なので隠すが、職種と年齢、保有する技能や資格を記載）
- 社内規程（就業規則、退職金規程など）

(4) 財務情報

- 過去3年間の財務諸表（P/L、B/S、C/F）
- 直近の事業年度の税務申告書
- 土地の時価情報
- 生命保険の解約返戻金の情報
- 退職給付債務
- 銀行借入金、保証債務の明細書（銀行名、残高、返済期限、月額返済額、利率など）

(5) 事業計画

- 将来3年～5年の損益予測、運転資本予測、投資計画（減価償却費）
- 具体的な事業戦略の説明（経営環境に対する見方、投資計画の詳細、営業計画、組織・人事計画、製造、情報システム、財務）

　なお、M&Aアドバイザーは、買い手候補と直接面会してインフォメーション・メモランダムを手渡し、口頭での補足説明を行わなければなりません。買い手候補と直接会うのは、その場で質疑応答を行うことによって、買収を検討するために必要な情報を迅速に提供すること、そして、買い手候補の初期的な反応を見ることによって買収意欲の強さを確かめることが目的です。また、M&Aアドバイザーと買い手候補との間の人間関係の基礎を作り、その後の交渉プロセスにおける円滑なコミュニケーションに役立てるという目的もあります。

　情報開示を行いますと、当然ですが、それを受け取った買い手候補から質問や追加情報の依頼が出てきます。これに対して、M&Aアドバイザーが回答し、追加で作成した資料を提供することになります。

　買い手候補から出てくる質問の典型例は、以下のようなものとなります。M&Aアドバイザーは、これらの質問が出てくることは当然のことだと認識し、質問が届いたときに即座に答えられるよう、事前に回答を準備しておくことが必要です。

買い手候補から出てくる質問

✓ 退職給付債務に対する引当金は全額が計上されているか？

✓ 棚卸資産が増加しているが、不良在庫、陳腐化在庫はないか？

✓ 売掛金が多いが、回収可能性は問題ないのか。不良債権はないか？

✓ 工場に土壌汚染などの環境問題は発生していないか？

- ✓ 大口得意先との関係は良好か、今後も継続して取引できる見込みか？
- ✓ 機械設備の入れ替えなど更新投資は適切に行ってきたか。大規模修繕を行う必要性はないか？
- ✓ オーナーや関係会社からの間接業務の提供はないか？
- ✓ 大口得意先やライセンス供与元との契約書に「チェンジ・オブ・コントロール条項」（オーナーの異動があった場合、契約を継続するためには相手方の事前同意を必要とする条項）は入っていないか？
- ✓ 従業員の中で重要なキーパーソンは誰か？
- ✓ 未払残業代など重大な簿外債務はないか？

　また、現経営者と買い手候補の社長との**トップ・ミーティング**を設定し、現経営者（または対象事業の役員）によるプレゼンテーションを実施することも必要です。財務情報など定量的な情報は、データを渡せば十分ですが、事業内容そのものや事業戦略などの定性的な情報は、口頭による補足説明が不可欠だからです。

　そのようなトップ・ミーティングの場所は、M&Aアドバイザーの事務所やホテルの貸会議室などを用意し、秘密を保持できる場所を確保しましょう。

　このミーティングが、出席者同士の初顔合わせの場となるケースもありますが、買い手候補にとっては、対象事業の経営体制や経営者の資質と能力を評価する場として位置づけられるため、経営陣の考えを積極的にアピールしたほうがよいでしょう。

　このマネジメント・プレゼンテーションが、M&Aという売買取引において、対象事業という「商品」を売り込む場となりますから、いかに買い手候補に「買いたい」と思わせるかが勝負になります。対象事業の経営陣には、プレゼンテーションのために入念な準備を行うことを依頼し、M&Aアドバイザーとしてもプレゼン資料作成などで最大限のサポートを提供します。

　なお、製造業の場合であれば、プレゼンテーションだけでなく、**工場見学**の機会を設けることで、買い手候補に生産プロセスに関する理解を促すことも必要です。工場見学では、対象事業の経営陣だけではなく、現場の工場長など、製造部門の責任者によるプレゼンテーションも同時に行います。

　一般的に、製造業の経営者は、同業者の工場の中を一度見ただけで、その生産性や技術力、機械設備の稼働状況や最大生産能力などを瞬時に評価できるといわれています。買い手候補にとって、工場見学は、対象事業の価値評価のために不可欠なプロセスとなります。

　以上のように、対象事業の経営陣によるマネジメント・プレゼンテーションは、買い手候補にとって非常に重要なプロセスとなります。ここで買収するかどうかが実質的に決定されるといっても過言ではないでしょう。

5. M&A売却の競争入札

情報開示のプロセス

【問3】

　買い手候補に対して開示する情報の中でも、**事業計画**は最も重要な情報となります。その作成を手伝うことはM&Aアドバイザーにとって重要な仕事です。

　どのような買い手候補であっても、事業計画を見て、買収すべきか否かを判断します。これは、一般的に経営者は、「投資額はいくらで、買収後にどれだけの利益（キャッシュ・フロー）が生み出されるのか」、すなわち、**投資回収計算**を考えるからです。つまり、経営者は、事業計画における利益（キャッシュ・フロー）を見れば、逆算して、それに対する妥当な投資額を直感的に判断できる能力を持っているのです。

　そこで、売り手の経営者は、**買い手側の経営者の投資判断に資する情報**を提供しなければなりません。つまり、事業計画の基礎にある事業戦略、経営環境に対する見方を詳しく説明する必要があるのです。

　たとえば、売り手側から「希望売却価格は10億円以上」だと提示する場合、M&Aアドバイザーは、売り手が評価する10億円の価値は、どのような事業計画に基づいているのか、その計画を実現させる事業戦略は何か、金額の根拠をわかりやすく説明しなければなりません。M&Aアドバイザーは、事業計画を通じて、対象事業を魅力あるものとしてアピールするのです。

　一般的に、M&Aの買収価格の評価のために用いられる**DCF方式**は、かなり主観的な方法であり、買い手側の経営者によって評価結果が大きく変わります。将来予測に過ぎない事業計画は、経営者の考え方によって大きく異なるものだからです。それゆえ、**買い手側の経営者の「買いたい」と思う気持ちの強さ**が買収価格に反映されることになるため、事業計画を説明するM&Aアドバイザーのプレゼンテーション能力が価格評価に影響を与えることになるのです。また、**「買いたい」と強く思ってくれる買い手**を

見つけること が、M&A アドバイザーの役割として期待されます。

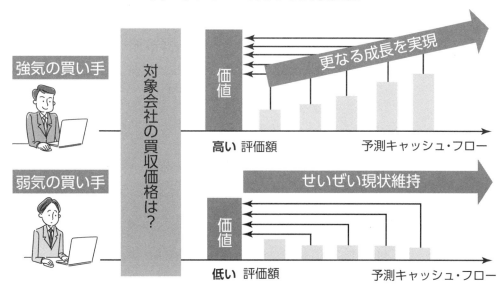

買収価格を高く評価する買い手候補の特徴

- 対象事業を成長させる自信と経営能力がある。
- 買い手側の事業と統合させることによってシナジー効果（収益拡大、コスト削減）が期待される。
- 他の競合他社には絶対に買収されたくない。
- ワンマン社長の感情で投資決定が決まる、とにかく買いたい気持ちが強い。
- 余剰資金が豊富にあり、とにかく買収案件が欲しい。
- 上場企業のサラリーマン経営者であるため、買収に失敗しても責任を取る必要はない、買収に投じるのは自分のカネではないと考えている。

将来予測と事業価値

	外部経営環境	内部経営環境
事業価値をプラスに評価する要因	市場全体の拡大（売上増加）	既存事業とのプラスの相乗効果（売上増加）
	競合他社に対する競争力の向上（売上増加）	重複部門の統合などによる経営効率化（費用減少）
事業価値をマイナスに評価する要因	市場全体の縮小（売上減少）	既存事業とのマイナスの相乗効果（売上減少）
	競合他社に対する競争力の低下（売上減少）	組織の混乱などの経営非効率（費用増加）

事業計画とは、将来予想される損益及びキャッシュ・フローの計画のことを言います。この計画は、具体的には以下の要領に従って作成していくことになるでしょう。この点、M&A アドバイザーが税理士であれば、顧問先の決算を見てきていますから、今後の計画の作成についても、的確なアドバイスを提供できるはずです。

事業計画の作り方

予想売上高	予想売上高（トップ・ライン）については、買い手候補から得意先明細を要求されますので、用意しておきます。また、「地域」や「事業」などセグメントごとの売上高の合計について、過去の実績と将来の経営環境の見通しに基づいて、予測することとなります。 　可能であれば、製品・商品・サービスの**単価および販売量を分解**して、単価の上昇（競争力強化）と販売量の増加（市場拡大、シェア拡大）を反映させた金額とします。 　予測が困難であれば、予測期間にわたって一定の成長率で推移するものと仮定し、簡便的に計算するしかないでしょう。
予想売上原価	予想売上原価については、売上原価（製造原価）に属する減価償却費とそれ以外の原価に区分し、それぞれ売上高に対する比率を見積もり、当該比率を各期の予想売上高に乗じて算出します。 　可能であれば、製品・商品・サービスの**単価および販売量を分解**して、単価の下落（コスト削減）と販売量の増加を反映させた金額とします。 　予測が困難であれば、予測期間にわたって一定の原価率で推移するものと仮定し、簡便的に計算するしかないでしょう。
予想販売費及び一般管理費	販売費及び一般管理費の予想については、減価償却費とそれ以外の費用に区分して予測します。 　固定費に大きな変動がある場合には、買い手候補からその理由を質問されますので、事前に変動要因を説明できるように準備しておきましょう。大規模な修繕や事業所の開設など大きな投資を予定している場合には、予算や見積額を調べておくべきです。 　また、過大な役員報酬を現経営者に支払っている場合、社長交代を前提とした適正な水準まで減額することで、営業利益を増加させることができます。 　予測が困難であれば、それぞれ売上高に対する比率を見積もります。売上原価と同様、当該比率を各期の予想売上高に乗じて計算します。
予想減価償却費	買い手候補の価値評価において、**EBITDA マルチプル**（＝企業価値／EBITDA）を使われることが多いため、EBITDA の構成要素である減価償却費は、製造費用と販管費から抽出しておきます。 　EBITDA ＝営業利益＋減価償却費 　すなわち、売上原価の中に含まれる減価償却費と販管費の中に含ま

	れる減価償却費の金額を別建てで計算しておきます。無形固定資産の減価償却費（ソフトウェア、のれん）も含まれますので注意しましょう。
予想営業外損益予測、特別損益	原則として、営業外損益と特別損益は DCF 方式などの評価に使用しませんので、その予測数値の作成は不要です。予測貸借対照表を作成するために必要な場合は、直近の事業年度と同じ数値が継続するものと仮定するしかないでしょう。 　ただし、合理化に伴う多額の退職金支払い等の予定がある場合は、予測数値に織り込みます。また、固定資産の売却予定がある場合には、その売却価額を損益予測に織り込むようにします。損失が多額になる場合には、それに伴う法人税等への影響も無視できないものとなるでしょう。 　また、**経常的に発生する営業外収益**がある場合にはそれを明確にします。たとえば、事業用建物の遊休部分を賃貸して家賃を受け取っているケースです。このような営業外収益は、価値評価の際に、営業利益や EBITDA のプラス要因として加算されることになります。
設備投資計画	ほとんどの買い手候補は DCF 方式を使って評価を行いますので、予測期間にわたって設備投資計画を作成しておく必要があります。 　特に、経営再建のための大規模な事業再編、工場移転を予定している場合には、合理化の目的、設備投資の具体的内容・時期、コスト削減計画の詳細（予想される費用の減少額）について説明しなければなりません。 　予測が困難であれば、生産能力を維持するための更新投資のみ必要であると想定し、毎期の減価償却費と同額を投資額とします。
予想運転資本	これも DCF 方式による評価に必要な数値となりますので、債権回収や債務支払いの決済条件の変更などを見込んで、将来の運転資本の予想残高を記載しておくとよいでしょう。 　この数値を売り手から提出しない場合、買い手候補は、過去の業績分析で計算した「運転資本対売上高比率（回転率、回転期間）」を一定値と仮定し、予想売上高に乗じることによって計算します。その結果、運転資本がプラスの会社であれば、売上高が成長するにしたがって運転資本が増加し、キャッシュ・フローが減少する予想になってしまいます。

　事業計画では、通常３年から５年分の損益予測として提示されますが、ここで買い手候補が重視する数値は、対象事業の**正常収益力**です。買い手候補は、過去実績の趨勢を考慮しつつ、将来予測に買い手独自の目線から修正を加えて正常収益力を評価します。この正常収益力に基づいて買収価格が決定されることになります。

　ただし、競争入札の場合、競合他社に勝つための価格を提示しなければなりませんので、買い手候補は正常収益力を超えた金額の提示を強いられることになります。そのよ

5. M&A 売却の競争入札

うな場合、正常収益力の利益に対して、買収による**シナジー効果**や**防衛的価値**（ディフェンシブ・バリュー）が加算され、買収価格を高めに評価することになります。

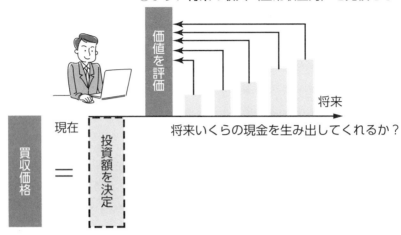

このように、買収価格は単純に決まるものではありませんが、いずれにしても、将来の正常収益力（キャッシュ・フロー）が買収価格を規定するのです。

それゆえ、将来予測の発射台となる**「直近の事業年度の実績値」**は極めて重要な数値です。実績値を大きく上回る収益力を評価させようと思うのであれば、2年ほど前から利益が増え始め、直前に過去最高水準の利益を計上するような状況を作っておかなければいけません。損益推移のグラフを描くとすれば、直前の実績値の延長線上に、右肩上りの予測数値が描くことによって、最適な事業計画を見せることができます。買収価格を高く評価させるためには、**業績好調のタイミング**を捉えてM&Aを行う必要があるのです。

なお、M&Aアドバイザーは、買い手候補からの質問に対応するため、経営陣が今後の事業の見通しをどのように考えたのか、理解しておかなければなりません。経営環境に対する見方、事業戦略やそのアクションプランを整理して想定問答集を作っておき、質問に対して即答することができれば、実現可能性の高い計画だと買い手候補に感じさせることができるでしょう。

また、事業計画を説明する際には、その作成根拠だけでなく、M&Aが実現した場合に期待される買い手候補とのシナジー効果を、売り手側から提案することも効果的です。シナジー効果は、買い手候補による買収価格の評価のプラス要因となるため、売り手側で考えるアイデアを積極的に提供することで、買収価格を引き上げることができる可能性があります。

以上のように、お客様の利益最大化を実現するためには、M&A アドバイザーは、いかにして事業計画に合理性を付与できるのか、適切にアドバイスしなければなりません。特に、最適な売却タイミングを捉えるために、M&A を実行する事業年度だけでなく、それ以前の数年間にわたって**経営改善**のアドバイスを提供し、買い手候補に事業価値を高く評価させるよう、**事業の磨き上げ**を行っておくことが必要です。

【問4】

売り手であるお客様の利益最大化を実現するためには、買い手候補に競争環境をもたらす必要があります。つまり、買い手候補同士を競わせることによって、有利な取引条件を引き出すのです。基本となる戦術は、**競争入札**（オークション）を実施することです。買い手候補として外国企業まで対象を広げる場合もあれば、国内企業だけを集めて競争入札を行う場合もあります。買い手候補の数を多くすればするほど競争環境は厳しくなり、売り手にとって有利な状況を作ることができます。

しかし、幅広い買い手候補にアプローチするには、多大な労力が必要とされることに加え、業界内に機密情報が流出してしまうデメリットがあります。

そこで、M&A 実務では、情報開示によって不利益が生じる同業者へのアプローチを控えたり、実現可能性が低い買い手候補を排除したりすることによって、買い手候補をある程度少数に絞り込みます。すなわち、買い手候補の情報を集めて、それを調査分析することによって、実現可能性の高い**買い手候補を数社に絞り込んだ競争入札**（クローズド・ビッド）を行うのです。これによって、機密情報の拡散を抑えるとともに、適度な競争環境を醸成することができます。

買い手候補を選考する実務プロセスとしては、まず M&A アドバイザーが業界動向を調査して、アイデア・ベースで買い手候補を 10 社から 20 社程度リストアップします（これを**「ロング・リスト」**といいます）。競合他社を中心に、投資ファンドや多角化を推進するコングロマリット企業も含めて、幅広く選考すればよいでしょう。それを売り手であるお客様に提示し、承継してほしい相手を選別してもらいます。また、リストから漏れている買い手候補を追加記入してもらいます。

その上で、実際に買収提案を持ち込む買い手候補を 5 社から 10 社程度に絞り込みます（これを**「ショート・リスト」**といいます）。これらにアプローチし、関心の有無を探るわけです。

そのアプローチを M&A アドバイザーが行うのであれば、買い手候補に訪問し、会社名非開示の会社概要書（ティーザー・シート）を使って提案することになりますが、「関心あり」との回答があれば、秘密保持契約を締結した上で、買収を検討するために必要な情報一式（インフォメーション・メモランダム）を提供します。その結果、買い手候補から「業績が悪いので、買収できません」と言われて終了することもありますが、「ぜひ買収させていただきたい」と言われると、次のステップに進むことになります。

5. M&A 売却の競争入札　303

ここで競争入札が始まるのです。

　買い手候補5社から10社くらいに提案したとしても、半数以上はお断りになるものと想定しておけばよいしょう。そうすると、「買収したい」という意向表明書が提出されるのは、2社から3社ということになります。これらの買い手候補に競争させて、最も有利な取引条件を勝ち取るのです。

ロング・リストから競争入札までのプロセス

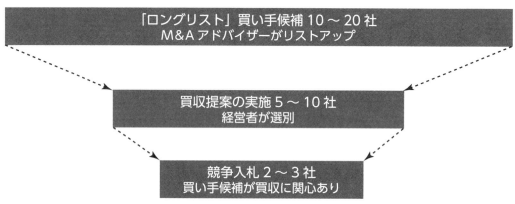

　しかし、競争入札がいつでも通用するとはかぎりません。買い手にとって魅力のない事業が対象となる場合には、買い手候補をやっと1社見つけることだけでも、かなりの時間と労力を必要とします。結果的に1社しか見つからなければ、競争入札は実行することができず、交渉は1対1の**相対取引**となります。

　相対取引しかできない状況では、売り手からの条件交渉の余地がほとんどなく、交渉が決裂してしまえば、もはや次の相手を探しても見つかるかどうかわかりません。それゆえ、無理やり合意しようとして、結果的に著しく不利な条件での取引条件を強いられることになります。

　売り手の利益最大化を実現するための戦術は競争入札ですので、M&Aアドバイザーは、最低でも買い手候補を2社は見つけ、相対取引による交渉はできる限り避けなければなりません。

　しかし、利益最大化を実現する必要がない場合、たとえば、売り手個人が大富豪で価格条件に全くこだわらない場合は、競争入札は必要ありません。売り手の現経営者が売りたい相手先を自由に決めればよいでしょう。その場合、条件交渉は全て相対となりますから、取引実行に進む買い手候補が見つかるまで、1社ずつ提案を続ければよいということになります。

　逆に、対象事業の魅力がなく、M&Aアドバイザーがどんなに探し回っても、買い手候補が全く見つからないケースがあります。たとえば、対象事業の業種や業態に魅力がなく、市場が縮小して赤字になっているような事業の売却です。このような状況では、

仮に買い手候補が1社見つかったとしても、売り手の交渉力が全くありません。その場合、M&Aの取引条件は、買い手から提示される条件を全て受け入れるしかありません。

買い手候補が容易に見つからない苦しいM&A案件であっても、M&Aアドバイザーは、できるかぎり多くの情報を集め、複数の買い手候補を見つけ出す執念と情報力が求められるでしょう。

【問5】

売り手からの情報開示を行ったならば、その次は買い手側の手番です。2～3週間程度の検討期間を与え、締切日を明確に伝えたうえで、全ての買い手候補から、法的拘束力のない、差入れ型の**「意向表明書」**を代表者のサイン（押印）入りで提出してもらいます。これには法的拘束力はないものの、買い手候補が想定する基本的な取引条件を書面に記載させることによって、目標とする最終契約条件を明確化させるとともに、M&Aを実行する心理的な縛りを与えるものとなります。

意向表明書の主要な記載項目は、譲渡価額、譲渡スキーム、取引実行後の運営方針、今後の進め方の4つです。

意向表明書の記載事項

(1) 譲渡価額（希望買収価格）

(2) 譲渡スキーム

(3) 取引実行後の運営方針

(4) 今後の進め方

ただし、案件によってはこれら4項目で十分とは言えず、様々な付帯条件が記載されることでしょう。たとえば、「対象事業の一部だけを買収としたい」、「取引先との関係を維持することを条件に買収したい」、「工場を閉鎖し、従業員を全員解雇するのであれば、10億円上乗せすることが可能」など、買い手候補の方から提案される譲渡スキームです。真剣に検討している相手ほど、意向表明書の追加項目の記載は多くなるはずです。

意向表明書のサンプル

2018 年 12 月○日

○○株式会社
代表取締役（売り手の経営者）○○様

（買い手）株式会社
代表取締役　○○　㊞

意 向 表 明 書

拝啓　貴社ますますご隆盛のこととお喜び申し上げます。

　さて、当社は、○○株式会社の株式 100％の譲り受け（以下、「本件取引」といいます。）に強い関心を持っております。

　今後本件取引を実行するための具体的手続き等、貴社と実務的な話合いを進めるにあたり、当社は下記の基本的内容で協議させていただきたいと考えております。よろしくお願い申し上げます。

記

(1)　本件取引の対象
　　○○株式会社の発行済み普通株式○株

(2)　譲渡価額
　　○億円（1 株当たり○円）
　　　ただし、デュー・ディリジェンスの結果として譲渡価格の減額修正を行う場合があります。

(3)　今後の予定
　　○月○日～○月○日　デュー・ディリジェンス
　　○月○日まで　　　　株式譲渡契約の締結
　　○月○日まで　　　　株式譲渡の実行

(4)　取引実施後の運営方針
　　取締役の方々全員に退任していただきます。また、従業員の継続雇用を前提として運営いたします。

(4)　独占交渉権
　　○月○日まで、当社に独占交渉権を付与していただき、当社以外の第三者との間で本件取引に関する協議を行わないようお願い申し上げます。

　本書は、本件取引に関する当社の現時点での意向を表明するものであり、取締役会での決議等当社における正式な社内手続きを経たものではありません。したがって、本書の差し入れにより、貴社ないし当社が何らかの法的義務を負うものではありません。

　また、デュー・ディリジェンス、今後の協議および取締役会等での検討により、本書に記載された内容が変更され、または最終契約の締結に至らない可能性があります。

以上

売り手は、意向表明書で提示される取引条件によって買い手候補を絞り込み、取引実現の可能性が高いと考えられる買い手候補にのみデュー・ディリジェンスの機会を提供します。

競争入札を実施している場合には、意向表明書が複数の買い手候補から提出されることになります。ここで、売り手は、意向表明書で提示される取引条件に係る**「基本合意書」**を締結するかどうか、検討することになります。

基本合意書とは、買い手候補から提示された基本的な取引条件に基づいて交渉を開始することを売り手が合意した事実を書面にまとめたものです。買い手候補から要求された「独占交渉権」を付与する場合には、基本合意書の締結が必要となります。

そして、次の段階であるデュー・ディリジェンスを複数の買い手候補に実施させるのか（現実的には2社が精一杯）、1社だけに実施させるのか（相対取引への移行）を決定します。

【問6】

価格交渉の局面では、「先手必勝」といわれることもあり、先に価格を提示したほうが有利に交渉を進められるという見解があります。これは、非上場会社を対象としたM&A実務でも同様であり、**売り手から先に提示するほうが、交渉を有利に進めることができます。**

なぜなら、非上場会社のように客観的な価格が存在しない取引では、公正な評価額は誰にもわからないという状況にありますが、そこで売り手側から先に価格提示があれば、**交渉の出発点としてアンカリングされるから**です。

現実には、売り手側の価格提示の次に出される買い手候補からの提示額は、売り手の提示額を大幅に下回っているケースがほとんどです。買い手候補は安く買いたいと考えていますから、低い価格を提示するのが当然です。

しかし、売り手側からの提示額を無視して、話にならないほど低い価格を提示するわけにいきません。それゆえ、売り手側の提示額が、買い手側の価格形成プロセスに影響を与え、結果として**買収価格を高めに誘導する効果が生じる**のです。

5. M&A 売却の競争入札

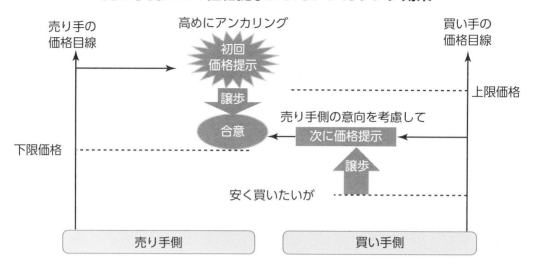

売り手側からの価格提示によるアンカリング効果

【問7】

　価格交渉はお客様の利益に直結する重要なプロセスですが、売り手の交渉力の強さは、買い手候補の競争環境の厳しさによって異なります。売り手が他の買い手候補との交渉を見越して、現在の買い手候補との**交渉からいつでも離脱（Walk Away）することができる**場合に、**売り手に交渉力がある**といえます。したがって、競争入札で入手した意向表明書の数が交渉力の強さということになります。

　基本合意の段階になりますと、独占交渉権を付与することもありますが、そのような場合であっても、他に有力な買い手候補を見つけていれば、今の交渉相手との交渉決裂を気にすることなく、強気のスタンスで交渉することができるでしょう。すなわち、買い手候補から提示された取引条件を受け入れられない場合には、取引から離脱するという強気の姿勢で交渉に臨み、相手側の譲歩をもたらすということです。

　買い手候補が、複数の競合他社との競っていることを認識している場合（競争入札が明らかなケース）、買い手側の戦術は、「とにかく他社より高い金額を出せ！」です。買い手候補は、売り手の希望売却価格ではなく、競合他社から提示される価格を予想し、それに負けない買収価格を提示しようと考えます。この結果、**買い手にとっての上限価格に近い価格**が提示されることになります。

　しかし、競争入札プロセスでは、売り手は、買い手候補に対して価格の引上げ交渉を行うことができます。

　たとえば、価格の順位が2番手にいる買い手候補に対して、「その価格では、他の候補に負けています。○○円まで引上げないとこれ以上交渉は続けられません」と伝えます。その交渉の結果として、価格の順位が入れ替わったならば、他の買い手候補に対し

ても同様の価格引上げ要求を行い、全ての候補が「これ以上の価格は出せません」というところまで交渉を繰り返せばよいのです。

このような交渉を通じて引き上げることができた価格は、最終契約書における価格交渉の基礎となります。デュー・ディリジェンスに入ってしまうと、あとは価格の減額交渉に対応するだけとなりますから、**デュー・ディリジェンスに入る前の価格交渉が交渉の山場**だといっても過言ではありません。

買い手候補は、当初想定していた上限価格を超える状況に直面した場合であっても、すぐに交渉から離脱してしまうことはありません。手の届く水準であれば、買収後のシナジー効果やディフェンシブ・バリューなどを考慮して買収価格の上乗せを行うことになるでしょう。結果として、多くのM&A事例では、買い手による割高な買収が行われ、買い手のM&Aが失敗に終わっているようです。

意向表明が2社以上から出た場合の価格交渉

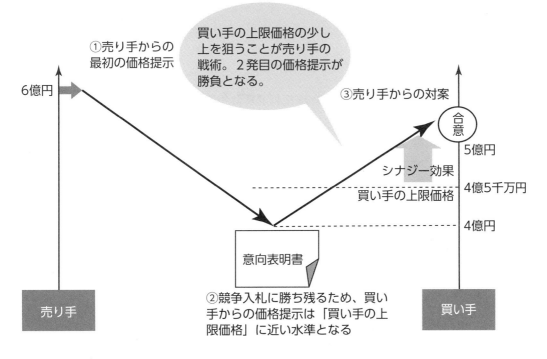

なお、この段階での合意の内容は、暫定的なものであり、その条件交渉は、買い手候補との駆け引きの要素が強く、最終条件交渉に向けた通過点に過ぎません。この点、早い段階でお客様が自ら条件交渉を行ってしまうと、提示した取引条件が最終回答として捉えられるおそれがあり、また、デュー・ディリジェンス段階での条件変更ができなくなるおそれがあります。それゆえ、ここでの条件交渉は、できる限りM&Aアドバイザーだけで進めるほうがよいでしょう（もちろんお客様の指示に基づいて交渉を進めます）。

【問8】

　交渉相手である買い手候補がとり得る戦術は、その置かれた競争環境によって異なります。買い手候補が、自社が唯一の交渉相手であることを認識している場合（相対取引が明らかなケース）、買い手側の戦術は、「初回提示は、最低価格を狙って出せ！」です。すなわち、合意するためにある程度は価格上乗せしなければならないことを想定しつつも、初回提示額を最低価格にアンカリングするというものです。もちろん、あまりに低い価格を出せば、売り手の現経営者の気分を害し交渉から離脱されるおそれがありますから、売り手の許容範囲の下限を狙うことになります。

　この場合、買い手候補からの低い価格提示に対して、売り手が対抗する手段は、**交渉から離脱すること**しかないため、交渉決裂を覚悟して価格引上げを要求するしかありません。しかし、他に買い手候補がいない状況で交渉から離脱してしまうと、M&Aの断念という危機的状況に陥ることとなります。そのため、売り手には逃げ場がなく、大幅に譲歩して、買い手候補からの提示額を受け入れるしかないのです。

　したがって、意向表明が1社だけの場合、2社以上が競う場合と比較して、**売却価格は低くなります**。

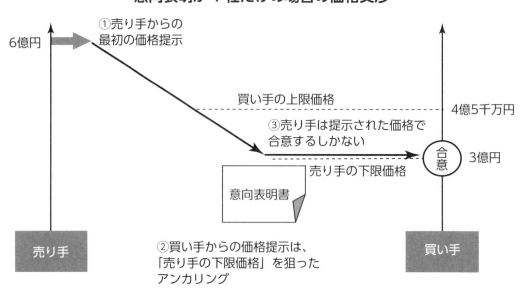

意向表明が1社だけの場合の価格交渉

6.
M&Aの応用論点 Q&A

質問 1 （譲渡スキーム）

　甲氏は、事業承継した後、老後はマレーシアに移住して、のんびり暮らしたいと考えていました。現在、株式 100％を所有する A 社（情報システム開発業、純資産額 2 億円）を買い手 B 社に対して売却しようと交渉中であり、売却価格 **10 億円**の株式譲渡で概ね合意に近づいてきています。株式譲渡であれば、繰越欠損金▲ 1 億円を買い手に引き継ぐことができるからです。

　しかしながら、突然 B 社から、「事業全部を事業譲渡してくれるのであれば、**12 億円**で買収します」という提案が来ました。価格が 2 億円増えています。

　甲氏はこの提案に応じるべきでしょうか？ただし、法人税率 30％、所得税率 50％と仮定します。

【回答】

　甲氏は、事業譲渡の提案に応じるべきではありません。

　取引スキームを立案する際の基本的なテクニックは、株式譲渡と事業譲渡の選択、またはそれらの組み合わせになります。このように言えば、単純な話に聞こえるかもしれませんが、採用し得る組織再編ストラクチャーが数多く存在することに加え、取引主体が個人か法人かによっても結果が異なってきますので、M&A 実務では、様々な取引スキームが出てくることになります。

　取引スキームの作り方を理解するために、ここでは、株式譲渡と事業譲渡の簡単な計算例を確認しておくこととします。M&A 実務で取り扱う様々な取引スキームは、一見複雑に見えても、結局はこれらの派生的な組み合わせに過ぎません。

　個人株主の**株式譲渡**では、個人株主が取引主体（売り手）となり、株式を譲渡します。それにより、個人株主は、売却価格と株式の取得費との差額を譲渡所得として計上し、所得税等（税率 20.315％）を分離課税され、現金対価を受け取ることができます。

　一方の買い手は、株式を取得することになります。これは単なる株主の交代にすぎませんので、対象会社の資産・負債の時価評価が行われることはなく、資産調整勘定が認識されることもありません。ただし、繰越欠損金を抱える場合、買い手はそれを引き継ぐことができ、節税効果を享受することができます。

　これに対して、**事業譲渡**（手続きの簡便性から、M&A 実務では、現金交付型会社分割が使われることになります）は、株主個人ではなく、対象会社そのものが取引主体（売り手）となり、事業を第三者へ譲渡します。対象会社は、簿価純資産額と売却価格

との差額を利益として計上し、法人税等が課税されることになります。その結果、現金対価は対象会社が受取ることになるため、それを残余財産として株主に分配しなければなりません。結果として、株主個人には所得税等が課税され、現金が支払われることになります。

一方の**事業譲渡**における買い手は、時価で事業を買収し、その買収価格と時価純資産額との差額を営業権（税務上の資産調整勘定）として認識します。この結果、資産調整勘定の償却によって税負担が軽くなるため、実質的に買収価格を引き下げたと考えることができます。

このように、個人株主が現金対価を受け取ることを前提とすれば、**株式譲渡**のほうが現金の手取額が大きくなるため、有利といえます。マレーシア移住を考える甲氏には現金が必要です。したがって、個人の手取額の最大化を図るため事業譲渡ではなく株式譲渡を選択しなければなりません。

質問2（アーン・アウト）

甲氏は、株式100%を所有するA社を売却しようとしており、現在、B社と価格交渉しています。しかしながら、**将来の事業計画**に対する見方が異なることから、あと一歩のところで合意できません。甲氏の希望する売却価格は**15億円**であるのに対して、B社の提示する買収価格は**14億円**です。

何とか合意する方法はないでしょうか？

【回答】

事業計画に対する見方の違いが原因で価格面での合意に至らない場合、**アーン・アウト**（Earn-Out）による価格調整メカニズムを採用することが効果的です。

アーン・アウトとは、クロージング日以降一定期間における対象事業の一定の財務数値を基準として、財務数値の目標値が達成された場合（または達成されなかった場合）には、追加で譲渡対価を支払う（または一部を支払わない）という方式です。

このような価格調整は、事業計画の実現可能性について買い手と売り手との間で見解の相違があることに起因して価格が合意に至らない場合、両者の見解の不一致を埋めるための手段として用いることができます。

たとえば、クロージング日から「2年後」において、「〇円のEBITDA」を達成した場合に、買い手が追加的な対価を支払うという条件で、価格調整の計算式を譲渡契約書に規定します。

この方法は、欧米でのM&Aでは頻繁に出てくるものですが、日本のM&Aで使われているケースはまだ少ないようです。

ただし、アーン・アウトの対象となる財務数値は、買い手に経営権が移った後の経営

成績ですから、買収後の買い手が恣意的に財務数値を作り出すことが問題となります。また、財務数値は、会計基準の適用の仕方によって異なってくることから、売り手が納得できるような財務数値を規定し、それを、客観的に測定することは容易ではありません。

　アーン・アウトを採用する場合は、後からトラブルが発生するおそれがあるため、弁護士のアドバイスに従い、基準となる財務数値の測定方法など、詳細な検討が必要となります。

質問 3（基本合意）

　甲氏は、株式100％を所有するＡ社を売却しようとしており、現在、買い手を探しています。買い手候補4社に打診したところ、2社から意向表明書が出てきました。ここで、Ａ社の役員の1人から、「まずは**基本合意書**の締結を検討しましょうか。」との発言がありました。
　これからどのように進めるべきでしょうか？

【回答】

　売り手は、買い手候補の意向に加えて自らの意向を表明し、両者で合意できた内容を記載した**「基本合意書」**（MemorandumofUnderstanding、MOU「エム・オー・ユー」と呼ばれます）を締結するかどうか判断します。

　基本合意書を締結するかどうかの判断は、何社の買い手候補をデュー・ディリジェンスに進ませるかによって異なります。

　デュー・ディリジェンスを実施させる**買い手候補を1社だけに限定する**場合、複数の買い手候補から提出された意向表明書に記載されている条件を比較し、最も良い条件を出してきた買い手候補と基本合意書を締結します。

　もちろん、意向表明書に記載された条件が売り手とって何の不満もないものでしたら、もはや基本合意書を締結する必要はありません。しかし、実務では、売り手は、買い手候補に対して独占交渉権を付与することの見返りに、譲渡価額の引上げを求めます。そこで、価格引上げの交換条件とするため、基本合意書を締結するケースが多く見られます。

　これに対して、デュー・ディリジェンスを実施させる**買い手候補を2社以上とする**場合、デュー・ディリジェンスの後で、もう一度入札を行うことを予定しているため（二次入札）、この段階で基本合意書を締結することはできません。この場合、口頭での合意をもって基本合意と考えます。

　以上のように、デュー・ディリジェンスを実施させる買い手候補を1社に限定する場合で、かつ、買い手候補から提出された譲渡価額を引き上げる交渉を行いたい場合に、

6. M&A の応用論点 Q&A

意向表明書を締結することになります。

　なお、デュー・ディリジェンスが実施させた後は、買い手候補からの価格引下げ要求に対応するのみであり、売り手からの価格引上げ要求は、実質的に不可能な状況となります。それゆえ、基本合意書の交渉は、価格引上げ交渉の最終局面になりますので、可能なかぎり譲渡価額を引き上げておく必要があります。

質問4（条件交渉）

　甲氏は、株式100％を所有するA社（化学製品製造業）を売却のため、買い手B社と交渉中であり、売却価格**30億円**で基本合意した後、財務デュー・ディリジェンスが進められています。

　途中経過で、B社から、「デュー・ディリジェンスの結果、工場の地下水と土壌が汚染されていることが発覚した。これにより、法令に基づく浄化義務を負担する可能性が高い。仮に工場を移転する場合、浄化コスト（金額はおそらく3億円）が必要となる。」との報告を受けました。

(1)　売り手として最初に対応すべきことは何でしょうか？

(2)　最終契約書において、B社からどのような条件を提示されると想定されますか？価格条件と価格以外の条件の2つを挙げてください。

(3)　もしA社がB社による価格条件の提示を受け入れることができず、それを拒否する場合、A社から代替案として提示することができる条件はどのようなものでしょうか？

【回答】

(1)　土壌汚染の発覚

　M&A実務では、土壌汚染が発見された場合、その浄化コストを見積もって債務として認識し、譲渡価額に反映させるかどうかが検討されます。売り手が拒否し、そのコストを譲渡価額に反映させることができない場合、取引スキームを見直す、あるいは、表明保証と補償で手当てするといった対応が行われます

　A社は、すぐに環境調査会社に土壌汚染の浄化コストの測定を依頼すべきです。

(2)　条件交渉

　B社から、譲渡価額を3億円下方修正し、27億円とすることが提示されるものと想定されます。

　また、B社から、クロージング前に第三者機関による環境調査を実施し、浄化コストが3億円を超えていないことを、クロージングの前提条件とすることが要求されるはずです。

(3) 代替案

A社が譲渡価額3億円の下方修正を拒否する場合、その代替案として、クロージング後に浄化コストが顕在化した場合には、3億円を上限として補償するという条件を提示することが考えられます。

質問5（責任の限定）

　甲氏は、株式100％を所有するA社を売却するため、買い手B社と最終契約書の交渉を行っています。B社の買収意向はとても高く、甲氏は交渉上極めて優位な立場にあります。以下の契約書ドラフトがB社から提示されました。【　　】内にマークアップすべき言葉は何でしょうか？

> ＜途中省略＞
>
> <u>表明保証</u>
> 　(1) 財務諸表
> 　　　買主に開示された対象会社の財務諸表は、日本において一般に公正妥当と認められる企業会計の基準にしたがって作成されている。また、財務諸表は、貸借対照表日における対象会社の財政状態及び経営成績を【　　　】適正に表示している。
> 　(2) 取引先との関係
> 　　　対象会社が当事者となっている【　　　】契約につき、対象会社及び契約の相手方のいずれも債務不履行に陥っていない。また、対象会社と取引先との関係は【　　　】良好に保たれており、本件取引により【　　　】悪影響を受けない。
> <u>クロージングの前提条件</u>
> 　　　売主が、クロージング日以前に履行されまたは遵守されるべき本契約の【　　　】義務を全て履行しかつ遵守していること。

【回答】

　契約書の条件交渉では、売り手からは、契約違反の可能性を可能な限り小さくすることを目的として、表明保証の範囲を狭くしようとします。その際、**「重要性による限定」**や**「売り手の認識による限定」**を付すことによって、可能な限り範囲を小さくしていきます。

　日常業務の従事しているわけではない売り手（株主の甲氏）が、個別の契約違反まで全て把握することは不可能であるため、「売り主の知る限り」という限定は必ず入れるよう交渉します。

　また、クロージングの前提条件については、軽微な違反でクロージングされない事態に陥ることを避けるため、「重要性の限定」を付すことを要求します。

　たとえば、「重要な点において」のみ正しいと表明保証している場合、重要でない範囲で事実と相違していることが判明したとしても、直ちに表明保証違反となることはあ

6. M&Aの応用論点 Q&A　　315

ません。つまり、重要ではない瑕疵であれば、表明保証違反によってクロージングできなくなったり、補償責任の原因が生じたりすることはありません。

瑕疵の大きさがどこまでの範囲内であれば「重要ではない」と判断されるかは、事後的に争うことになるかもしれません。しかし、売り手は重要性の限定を付すことによって、クロージングできない事態は回避することができます。

このように、重要性の限定は、売り手のリスクを軽減する手段となるものですから、売り手は、提示する契約書の中に、可能な限り多くの重要性の限定を入れるべく、マークアップを行うことになります。

もちろん、買い手は、当然にこれらの限定を削除するよう要求してきます。結果として限定を付すことができるかどうかは、その後の両者の交渉によって決まることになります。

表明保証
　（1）　財務諸表
　　　　買主に開示された対象会社の財務諸表は、日本において一般に公正妥当と認められる企業会計の基準にしたがって作成されている。また、本財務諸表は、貸借対照表日における対象会社の財政状態及び経営成績を【重要な点において】適正に表示している。
　（2）　取引先との関係
　　　　対象会社が当事者となっている【重要な】契約につき、対象会社及び契約の相手方のいずれも債務不履行に陥っていない。また、対象会社と取引先との関係は【売主の知る限り】良好に保たれており、本件取引により【重大な】悪影響を受けない。
クロージングの前提条件
　　　　売主が、クロージング日以前に履行されまたは遵守されるべき本契約の【重要な】義務を全て履行しかつ遵守していること。

質問6（クロージング前提条件）

　甲氏は、株式100％を所有するＡ社を売却するため、買い手Ｂ社と最終契約書の調印を行いました。最終契約書に記載されたクロージング日の当日になりましたが、クロージングの前提条件の一部が充足されていないことが発覚しました。

　今後、買い手Ｂ社がとり得る行為について説明してください。

【回答】

　表明保証が正しいことは、通常、**クロージングの前提条件**とされます。買い手は、表明保証が付された開示情報を基礎として譲渡価額を決め、対価を支払うわけですから、クロージング時点で表明保証に違反があることが判明すれば、買い手はクロージングの中止を選択することができます。

　また、違反が軽微だと判断された場合には、クロージングを実行した上で、買い手は

売り手に対して表明保証違反に基づく**補償**を請求することもできます。

そもそも、契約書で定められた譲渡価額は、契約締結時までに開示された情報を通じて明らかにされた事実を前提として評価されたものです。買い手は、開示情報を前提として評価された価値を取得したいと判断したからこそ、それに見合う対価を支払おうとします。

しかし、この前提がクロージング日までに変化した場合、または前提としていた状態が事実と異なっていた場合には、買い手はそのままの状態で取引を実行することはできません。

そのような事実との乖離を生じるリスクを回避するため、契約締結時点で対象事業がある一定の状態にあることを売り手に表明保証させ、それが正しいことを**クロージングの前提条件**とする仕組みが、譲渡契約書において用いられているのです。

したがって、表明保証した事項に違反があった場合には、クロージングの前提条件を充足されないことになり、買い手は取引を中止することができます。

しかし、ここまで積み上げてきた交渉を白紙にして、また一から交渉をやり直すのは、買い手にとっても非効率な話でしょう。そこで、前提条件となる一定の状態が崩れた場合には、とりあえずクロージングしつつも、損害を金銭的に補償する仕組みを設け、事後的に調整できるようにしているのです。

その場合の交渉では、(1)クロージングの前提条件が充足できるまでクロージングを延期するのか、(2)譲渡価格の減額によって解決するのか、(3)クロージング以降に解決することを売り手の義務として残すかなどの対応策が協議され、クロージングのための追加的な契約**（クロージング契約）**が締結されることになります。

6. M&A の応用論点 Q&A

著者紹介

岸田 康雄（きしだ やすお）

事業承継コンサルティング株式会社代表取締役
島津会計税理士法人東京事務所長、テクノアルファ株式会社（JASDAQ上場）監査役

国際公認投資アナリスト（日本証券アナリスト協会検定会員）、一級ファイナンシャル・プランニング技能士、公認会計士、税理士、中小企業診断士。一橋大学大学院商学研究科修了（経営学および会計学専攻）。
中央青山監査法人（PwC）にて事業会社、都市銀行、投資信託等の会計監査および財務デュー・ディリジェンス業務に従事。その後、メリルリンチ日本証券、SMBC日興証券、みずほ証券に在籍し、中小企業経営者の相続対策から大企業のM&Aまで数多くの組織再編と事業承継をアドバイスした。

現在、相続税申告を中心とする税理士業務、富裕層に対する資産コンサルティング業務、中小企業経営者に対する事業承継コンサルティング業務を行っている。

日本公認会計士協会中小企業施策調査会「事業承継支援専門部会」委員。中小企業庁「事業承継ガイドライン」改訂小委員会委員、東京都中小企業診断士協会中央支部「事業承継支援研究会」代表幹事。

著書には、『図解でわかる 中小企業庁「事業承継ガイドライン」完全解説』（ロギカ書房）、『専門家のための事業承継入門』（共著、ロギカ書房）、『プライベート・バンキングの基本技術』（清文社）、『信託&一般社団法人を活用した相続対策ガイド』（中央経済社）、『資産タイプ別相続生前対策パーフェクトガイド』（中央経済社）、『事業承継・相続における生命保険活用ガイド』（清文社）、『税理士・会計事務所のためのM&Aアドバイザリーガイド』（中央経済社）、『証券投資信託の開示実務』（中央経済社）などがある。

```
事業承継支援研究会
Web    jigyohikitsugi.com/kenkyu
E-Mail kishida.yasuo@kishida-cpa.com
```

事例で学ぶ！
事業承継支援完全マニュアル
【経営・手続き・後継者の３つの側面】

発行日	2019 年 3 月 15 日
著　者	岸田　康雄
発行者	橋詰 守
発行所	株式会社 ロギカ書房
	〒 101-0052
	東京都千代田区神田小川町 2 丁目 8 番地
	進盛ビル 303 号
	Tel 03 (5244) 5143
	Fax 03 (5244) 5144
	http://logicashobo.co.jp/

印刷・製本　藤原印刷株式会社

©2019　yasuo kishida
Printed in Japan
定価はカバーに表示してあります。
乱丁・落丁のものはお取り替え致します。
無断転載・複製を禁じます。
978-4-909090-21-8 C2034

ロギカ書房の好評既刊書

図解でわかる
中小企業庁「事業承継ガイドライン」完全解説

公認会計士・税理士
岸田 康雄 著

A5判・220頁・並製
定価：2,400円＋税

平成28年12月に策定された、
中小企業庁「事業承継ガイドライン」の策定委員による
完全解説版です。

第1章　事業承継の重要性
第2章　事業承継に向けた準備の仕方
第3章　事業承継の類型ごとの課題と対応策
第4章　事業承継の円滑化に資する手法
第5章　個人事業主の事業承継
第6章　中小企業の事業承継をサポートする仕組み
第7章　事業承継診断票と事業承継計画書